Restaurant La Jadouine
51 24 61 50

Saveurs des terroirs de FRANCE

TOURTE AUX BLETTES (en haut, recette page 238), OREILLETTES (à droite, recette page 247) ET TARTE AU CITRON (en bas, recette page 238).

Saveurs des terroirs
de
FRANCE

RECETTES
LES SŒURS SCOTTO

TEXTE
GILLES PUDLOWSKI

PHOTOGRAPHIES
PIERRE HUSSENOT
PETER JOHNSON
LEO MEIER

Robert Laffont

Ouvrage publié sous la direction de Claude Lebey

Ouvrage conçu par
Weldon Owen Pty Ltd, 43, Victoria Street,
MacMahons Point, Sydney, 2060 Australie

Weldon Owen Inc., 90 Gold Street,
San Francisco, CA 94133 USA

Membre de Weldon International Group of Companies
Sydney - San Francisco - Paris - Londres

Président : John Owen
Directeur de l'édition : Stuart Laurence
Responsable éditions étrangères : Derek Barton

Direction artistique : John Bull, The Book Design
Company
Carte : Mike Corman
Illustrations : Yolande Bull
Art de la table : Janice Baker, Laurence Mouton

Titre original : FRANCE THE BEAUTIFUL
COOKBOOK

© 1989 Weldon Owen Pty Limited
USA © 1990 Weldon Owen Inc.
Traduction française : Éditions Robert Laffont,
S.A. Paris, 1991.

ISBN 2-221-06724-X
(Édition originale 0-00-21542-9)

Composition : SCCM, Paris

Imprimé par Mandarin Offset, Singapore

Dépôt légal : septembre 1991
Nº d'éditeur : 33189

À DROITE : CHOUCROUTE (à droite, recette page 180),
BAECKEOFFE (à gauche, recette page 180), ÉCHINE À LA BIÈRE
(en bas à droite, recette page 178) ET HOCHEPOT (au centre,
recette page 168), PHOTOGRAPHIÉS EN ALSACE.
PIERRE HUSSENOT/AGENCE TOP

PAGES 2-3 : LE PITTORESQUE PAYSAGE DE LA VALLÉE DE LA
LOIRE, UNE DES RÉGIONS AGRICOLES LES PLUS FERTILES DE
FRANCE.
LEO MEIER

PAGES 8-9 : TIAN DE COURGETTES (en haut à gauche, recette
page 211), FLEURS DE COURGETTE FARCIES (à droite, recette
page 199) ET BEIGNETS DE LÉGUMES (au premier plan, recette
page 200), PHOTOGRAPHIÉS EN PROVENCE.
PIERRE HUSSENOT / AGENCE TOP

PAGES DE GARDE : DANS LE CHARMANT BOURG DE SAINT-
ÉMILION, PRÈS DE BORDEAUX, DE PETITES RUES PAVÉES
MÈNENT À DES RESTAURANTS TENTATEURS.
LEO MEIER

BOUILLABAISSE (en haut à droite, recette page 110) ET BOURRIDE (recette page 109), PHOTOGRAPHIÉES EN PROVENCE.

SOMMAIRE

ROLLAND

LEO MEIER

LE DRAPEAU TRICOLORE RÉPUBLICAIN, SYMBOLE DE LA FRANCE, A REMPLACÉ LA FLEUR
DE LIS EN TANT QUE DRAPEAU NATIONAL APRÈS LA RÉVOLUTION DE 1789.

PRÉFACE

Une certaine idée de la gourmandise

Cher et vieux pays aux cent couleurs ! Il n'a guère changé, en vérité, depuis un millénaire. Il suffit de zigzaguer dans ses halliers, de s'aventurer dans ses chemins détournés, de s'en aller glaner dans ses sentes, et ce sont des myriades de parfums frais qui se font jour. Où retrouver ailleurs ce sentiment d'exotisme qui vous transporte du paysage à la table ?

Car tout en France finit par de bons plats. De Flandres au Pays basque, du Cotentin au Comté de Nice, d'Ardennes en Bigorre, le bel Hexagone demeure une terre d'odeurs inégalées. Mieux, une réserve de bons produits qui donnent lieu à mille bonnes recettes, de fumets lorsqu'on soulève le couvercle dans la halte d'une auberge de campagne, d'odeur de salaison séchée, l'hiver, au creux d'un chalet d'alpage, d'iode et d'algue vertueusement marines sur un port aux bateaux affairés.

Il n'est pas de bonne France sans monceaux d'huîtres, sans cassoulet, sans hochepot, sans bourride, sans chou frisé et vert, ni bon vin ou bonne bière pour les accompagner. À quoi bon refuser la carte postale ? Ce livre-ci n'est rien d'autre que le témoin d'une richesse infinie. Celle de traditions régionales pieusement conservées malgré les nouvelles découpes administratives, indiquant autant paysages et habitat différent, que saveurs gourmandes, bons et vertueux produits, bien sûr, mais aussi modes de préparation propres à chaque « petit pays » français.

FRANCE DE L'HUILE ET FRANCE DU BEURRE
Ne vous récriez pas si, d'un seul mot, l'on vous dit : « la France ! ». Contentez-vous de sourire. Et chantez après moi les jolis noms de Rouergue et d'Auvergne, de Berry et de Quercy, d'Aunis et de Saintonge. Chaque province, petite ou étendue, est le morceau d'un puzzle immense qui se découpe comme un gâteau.

Et pourquoi donc ? Parce qu'à travers l'histoire, les coupes administratives, les changements de frontières, chaque région a conservé l'originalité de ses traditions culinaires. Rien d'anormal en vérité : ces dernières correspondent le plus souvent à un climat.

On est davantage « bière et charcuterie » dans l'Est et davantage « légumes et herbes » du jardin dans le Midi. On pourrait distinguer facilement deux France : celle du beurre et celle de l'huile, qui correspondent, peu ou prou, à celle du Nord et celle du Sud. Le beurre cuit, plus lourd ; l'huile fraîche, plus fine et plus digeste. Le beurre où l'on fait rissoler andouillettes et volailles ; l'huile qui caresse les poissons de Méditerranée. D'olive au sud-est, de noix au sud-ouest. Ne pourrait-on s'amuser encore à déceler ici une France des tubercules, des pommes de terre, mais

CETTE CHARMANTE ENSEIGNE ET CETTE STATUE APPARTIENNENT À LA PÂTISSERIE ROLLAND, À QUIMPER, OÙ LES SPÉCIALITÉS LOCALES, NOTAMMENT LE KOUIGN AMANN, SONT À NE PAS MANQUER.
LEO MEIER

PAGES PRÉCÉDENTES : CANARD AUX OLIVES (à gauche, recette page 138), FOIE GRAS FRAIS AUX RAISINS (à droite, recette page 140) ET MAGRET GRILLÉ SAUCE AILLADE (au centre, recette page 135). PHOTOGRAPHIÉS EN LANGUEDOC.
PIERRE HUSSENOT/AGENCE TOP

aussi de l'artichaut, de la betterave, du chou sous toutes ses formes : choux-fleurs, choux frisés, choux verts, choux rouges, choux de Bruxelles, choux à choucroute ? Une France qui relierait une couronne étroite, serrée de pays du Nord, qui irait de Bretagne en Alsace, en pointant vers les Flandres du Nord et qui s'opposerait à celle des légumes aux couleurs vives et chantantes et des saveurs pimentées : de l'ail, mais aussi du piment doux, du potiron, du poivron rouge ou vert, de la tomate, de la courgette ou de l'aubergine.

On pourrait s'amuser encore à diviser la France en deux clans : celui de la mer, volontiers poissonniers, de celui de la terre, volailler et charcutier, et trouver des racines communes à la Bretagne et au Midi, au nord de la côte d'Opale et du Touquet avec le Sud combattant de la côte basque. Des produits identiques, des microclimats nés des grandes et des petites marées : rien de mieux pour rapprocher entre eux des hommes qui se croient à des milliers de kilomètres les uns des autres.

De montagne en montagne, aussi, les racines se croisent, se nouent, s'épousent. Les fromages d'Auvergne ne sont-ils pas les proches cousins, avec leur bonne et fraîche odeur de lait caillé sur les alpages, de ceux de Savoie ? Le munster du val d'Orbey et de Lapoutroie dans les Vosges alsaciennes n'a-t-il pas quelque lien de parenté avec le tamié produit dans l'abbaye du même nom par des moines quasi perdus dans les arbres ? Les agneaux de haute Provence ne sont-ils pas frères — même éloignés — des brebis

ACHETEURS AUTANT QUE VENDEURS, TOUS SEMBLENT APPRÉCIER L'ATMOSPHÈRE DES MARCHÉS, LA PLUS ANCIENNE LA PLUS SIMPLE ET PROBABLEMENT LA PLUS AGRÉABLE FORME DE COMMERCE EN FRANCE.

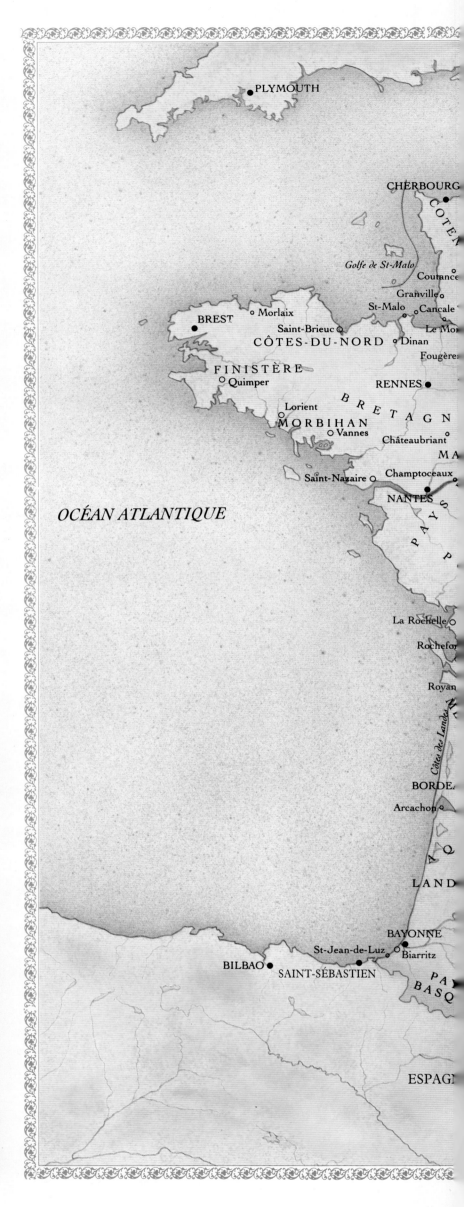

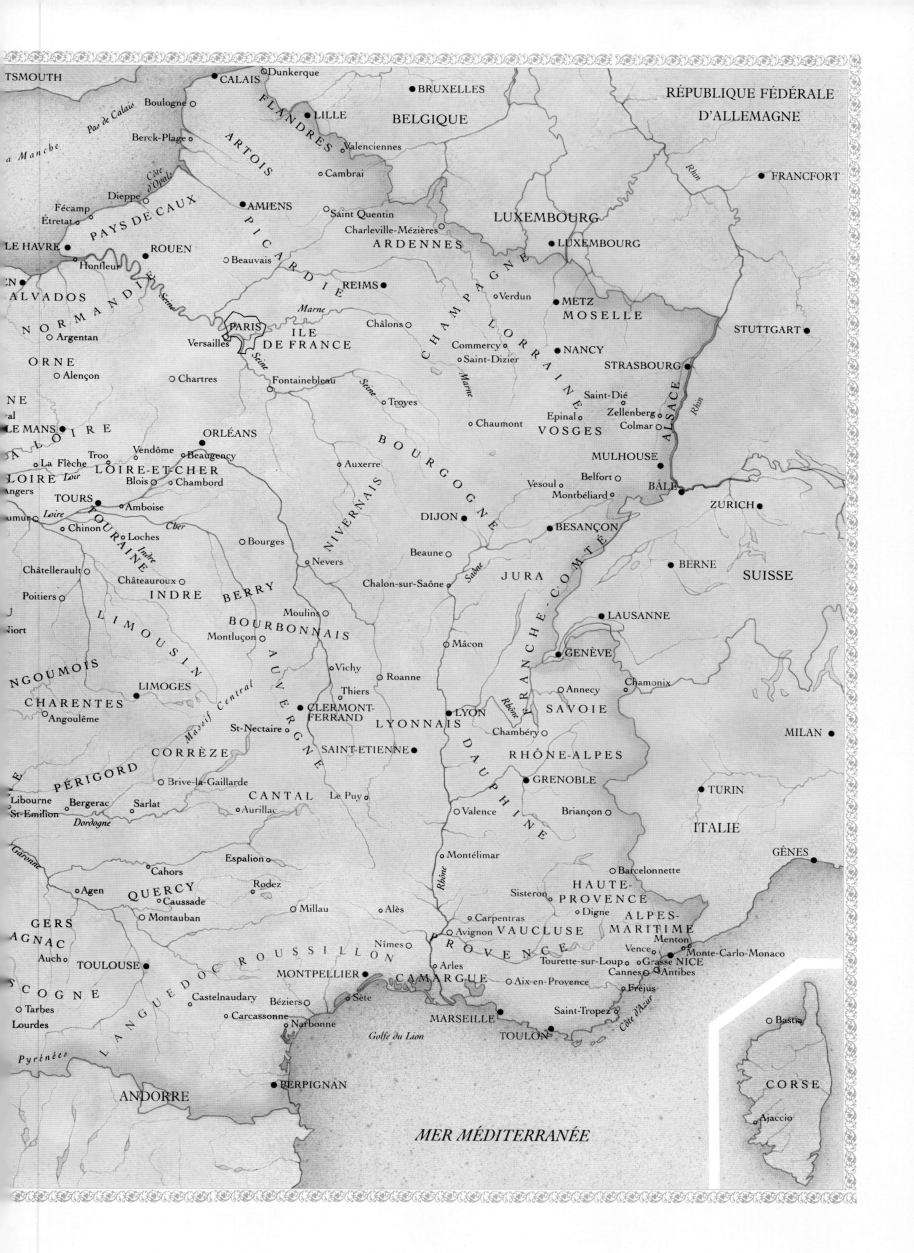

LA FRANCE EST CÉLÈBRE POUR SES PÂTISSERIES ; DANS CHAQUE VILLAGE, DANS
CHAQUE VILLE — COMME ICI À DINAN, EN BRETAGNE —, ON EST ASSURÉ DE TROUVER
LES TARTES, LES GÂTEAUX ET DES BISCUITS PLUS POPULAIRES.

UN MOMENT D'INTIMITÉ
LORS DES VENDANGES, EN CHAMPAGNE.

des Pyrénées ? Le veau élevé en plein air et que l'on
dit « broutard » en Corrèze ne pourrait-il point
descendre du veau rouge des monts du Charolais ?
Ainsi, la France qui paraît morcelée, divisée, tisse-
t-elle d'étroits liens entre ses diverses parcelles.

LE TRIOMPHE DU NATUREL !
De tous temps, le goût des Français pour la cuisine
s'est affirmé avec netteté. On prise fort les épices au
Moyen Âge, les rejetant au début de la Renaissance.
Aux aromates exotiques succède le goût des herbes
indigènes : oignons, échalotes, ail ou rocambole. On
met les champignons à l'honneur et place la truffe
sur un piédestal. Les sauces acides et épicées du
Moyen Âge cèdent le pas devant le gras qui envahit
les plats. Le beurre fait son intrusion dans la cuisine.

Les Français découvrent alors leur propre terroir
mais ils ne l'exportent guère. Les maîtres livres de la
fin du XVIIe siècle — tel *Le Cuisinier François* —
préconise l'usage du naturel, l'utilisation des légumes
croquants et la cuisson *al dente,* celle des asperges
par exemple. Le goût s'affine. À la quantité infinie,
prônée jadis par les banquets médiévaux, succède
une exigence de raffinement que traduisent des
classiques comme *Le Cuisinier Royal et Bourgeois.* Le

18

AVEC SES DEUX MONASTÈRES, LA VILLE DE SAINT-ÉMILION DANS LE BORDELAIS EST UN TRÉSOR D'ARCHITECTURE RELIGIEUSE ET MÉDIÉVALE.
ON TENDRAIT À OUBLIER QUE CES BÂTIMENTS SONT BEL ET BIEN DES HABITATIONS.

XIXe siècle, qui verra l'éclosion de la grande restauration parisienne (Café de Foy, Véry, Café Français), sera aussi le siècle de la richesse en cuisine : plats alambiqués, volontiers ornementaux, en tout cas fortement sauciers. On n'hésite pas à masquer le goût du produit naturel par de « grandes » préparations qui ont pour but de flatter l'œil plus que le palais. Ainsi les flambages, en salle, les chartreuses, procédés consistant à déguiser les viandes sous un amoncellement de légumes, corollaires des pièces montées en pâtisserie.

Il y a aussi peu de cuisine régionale dans les restaurants parisiens ou dans les maisons bourgeoises que de touristes à la campagne. Le XXe siècle, à partir des années 30, sera celui du retour au naturel et, d'abord, aux vertus régionales. Pour La Mazille, qui signe, en 1929, *La Bonne Cuisine du Périgord,* l'ennemi, c'est Paris, qui n'admet que la cuisine au beurre, fustige l'ail, les senteurs fortes et les vieilles recettes d'antan.

« Prince élu des gastronomes », Maurice-Edmond Saillant dit Curnonsky édicte ce juste et bon principe, selon lequel « la bonne cuisine, c'est lorsque les choses ont le goût de ce qu'elles sont ». En 1946, il fonde le magazine *Cuisine et Vins de France* où il s'efforce,

avec son équipe, de faire le tour des spécialités régionales : recettes, bons produits, bonnes tables. L'exigence du naturel et de son retour va de pair avec celui de l'exégèse du vieux fonds de richesses de la gastronomie des régions de France.

Trente ans plus tard, Henri Gault et Christian Millau lancent le slogan de la « nouvelle cuisine », prônant eux aussi le retour au naturel, édictant des règles qui feront date dans la cuisine moderne : cuissons courtes, sauces réduites, bannissement du gras et de la farine inutiles, disparition des « roux » néfastes pour la digestion, légumes cuits *al dente,* comme au XVIe siècle, alliances de saveurs sucrées-salées, comme au Moyen Âge. En corollaire, ils décernent des « lauriers du terroir » aux mainteneurs des traditions gourmandes.

Parallèlement, les grands cuisiniers innovent, imaginant des plats nouveaux à partir des recettes et des produits traditionnels de leur région. Le sandre à la choucroute d'Émile Jung à Strasbourg, les escargots aux orties de Bernard Loiseau en Bourgogne, le poivron à la morue de Firmin Arambide en Pays basque sont l'illustration d'une tradition régionale réinventée. On ne se contente pas de recopier ou de marier la chèvre et le chou, le canard et le kiwi, mais

AZAY-LE-RIDEAU EST, DIT-ON, LE PLUS FÉMININ DES CHÂTEAUX DE LA LOIRE. L'INDRE FORME DE LARGES
DOUVES EN ENTOURANT CETTE QUINTESSENCE DE LA GRÂCE ET DE LA PERFECTION RENAISSANCE.

on réutilise le cadre ancien et les produits d'antan pour leur redonner une saveur neuve.

Retrouver le goût d'hier avec la technique d'aujourd'hui : ce pourrait d'ailleurs être le maître mot de la cuisine de notre époque. Tandis que le renouveau régional secoue la province, la capitale et ses cuisiniers huppés — qui ont pour la plupart des racines provinciales — s'amusent à pasticher la cuisine de ménage. Le plat qui fait fureur dans le Paris des années 80 : une « vulgaire » tête de cochon mijotée à la sauge servie avec une « simple purée » de pommes de terre. Mais réalisée avec une finesse inégalée, et une perfection tranquille. Comme s'il fallait à tout prix retrouver le goût des choses simples.

Ainsi, la France de la fin du XXe siècle a-t-elle fait la sage synthèse de toutes ses traditions : cuisine régionale diverse, cuisine bourgeoise remettant à l'honneur les « vieux » plats mijotés (blanquette, daube, navarin, pot-au-feu), conservant avec un soin jaloux les grands classiques du terroir. La bouillabaisse marseillaise, l'aïoli de Provence, la bourride du Midi, le cassoulet du Sud-Ouest, comme le confit et le foie gras périgourdins, la choucroute alsacienne, la potée lorraine, les tripes normandes et l'aligot auvergnat sont quelques-uns de ces « chefs-d'œuvre » culinaires que l'an 2000 doit conserver et promouvoir comme des témoins — désormais universels — du génie français.

Si la cuisine hexagonale est aujourd'hui considérée comme un art majeur — un art quotidien, sans cesse renouvelé — c'est bien à la grande richesse de son terroir qu'elle le doit. À chaque génération appartient une mission de conservation et d'adaptation. La dernière partie du XXe siècle aura été l'époque de l'allégement et, tout à la fois, de la fidélité. Le chic de la cuisine française aura été de savoir s'adapter aux nouvelles techniques (conserverie, congélation, sous-vide) sans aucunement se trahir. Bien au contraire.

Me croira-t-on si j'affirme que la France gourmande n'a jamais été aussi riche, aussi maîtresse d'elle-même, que dans les années 90 ?

CI-CONTRE : UNE DES NOMBREUSES RUELLES MÉDIÉVALES DE DINAN, OÙ LES ÉCHOPPES
SEMBLENT RIVALISER POUR ATTIRER L'ATTENTION DES PROMENEURS.

NORMANDIE BRETAGNE

Aux portes de la mer

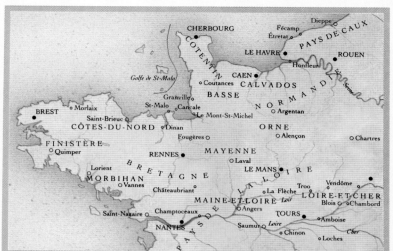

NORMANDIE BRETAGNE

Aux portes de la mer

Voilà deux pays tournés vers la mer et cependant campagnards, demeurés même franchement attachés à la terre, deux provinces reines pour les fruits de mer ou les poissons, mais dont les richesses terriennes sont incomparables : et comment l'expliquer ?

Par la beauté de ces bocages herbeux, de ces haies blanches et dodelinantes, de ces maisons pittoresques. Colombage normand, granit breton, belles églises, calvaires tourmentés, collines sauvages à flanc de littoral, terre de marais : de Normandie en Bretagne, la beauté française va son train. Elle est hautaine, altière, volontiers impériale. Ainsi Le Mont-Saint-Michel que les Bretons adorent mais qui, séparé de la province voisine, par la mince rivière de Coesnon, appartient à la Normandie. Comme le suggère l'adage breton :

« Le Coesnon en sa folie
A mis le Mont en Normandie. »

Ainsi Coutances, en Cotentin, cette région péninsulaire qui pointe vers l'Irlande ou l'Angleterre et prend la forme d'une manche de chemise, située entre la Bretagne profonde et la Normandie traditionnelle. Normande, certes, mais dont l'habitat de pierre grise, la côte dentelée et rugueuse, la sauvagerie très domestiquée du bocage l'apparentent davantage à la Bretagne. « Coutances, écrit Marcel Proust, cathédrale normande, que sa diphtongue finale, grasse et jaunissante, couronne par une motte de beurre. »

Rouen, encore, si plaisamment normande, que la dernière guerre a dévastée, comme tant de beaux villages en Normandie, a su garder son étonnant vieux quartier moyenâgeux, sa rue du Gros-Horloge, ses

À GAUCHE : DINAN, UNE DES VILLES LES MIEUX CONSERVÉES DE BRETAGNE, EST FIÈRE DE SES NOMBREUSES MAISONS À COLOMBAGE ET DE SES RUES PAVÉES.

PAGES PRÉCÉDENTES : NICHÉ AU CREUX DE LA BAIE DU MONT-SAINT-MICHEL, CANCALE, COMME BIEN D'AUTRES VILLAGES DE LA BRETAGNE CÔTIÈRE, EST RÉPUTÉ POUR SES HUÎTRES.
LEO MEIER

25

LEO MEIER

VISITEURS DE LA FOIRE AGRICOLE DE LANDÉVANT,
PRÈS DE LORIENT.

demeures gothiques et ses façades boisées, sa cathédrale splendide, son aître Saint-Maclou où furent enterrés les pestiférés, ayant même reconstitué le parvis où Jeanne fut brûlée. Rouen a également tenu bien vivace la tradition du « canard à la rouennaise », édictée au XIXe siècle par un restaurateur de la ville nommé Méchenet et reproduite à Paris, sous le nom de « canard au sang » par Frédéric Delair, le fameux maître queux de la Tour d'Argent. Rôti, puis la carcasse vidée passée à la presse pour en extraire sucs et sang, et offrir une sauce onctueuse et parfumée que l'on épaissit avec crème et cognac, le canard rouennais d'origine doit provenir du village de Duclair où il se trouve être de chair fine, teintée de rouge.

Le beurre, la crème et le fromage : voilà la sainte trilogie de la Normandie herbagère. Il suffit de dériver dans l'arrière-pays de la côte de Nacre, juste derrière les belles stations de Cabourg, Deauville, Trouville et Honfleur, pour découvrir une Normandie de carte postale, intacte ou presque, comme au siècle dernier. Les vieux villages aux maisons de pans de bois et de torchis existent, les églises anciennes, les prés d'une rare verdeur où paissent les vaches, les haras et les manoirs qui veillent sur des chevaux dociles et agiles.

Là aussi règnent les beaux produits. Le camembert inventé par une jeune paysanne nommée Marie Harel dont le souvenir reste vivace aux abords de Vimoutiers ; le livarot, fin et fort, autour de la commune qui porte ce nom et que l'on appelle aussi « colonel » à cause de ses cinq bandes de raphia — les laiches — qui enserrent sa pâte rouge ; le pont-l'évêque, enfin, qui est le plus délicat et qui se fabrique encore de manière artisanale au long de la vallée de la Touques. Le beurre extra-fin de couleur jaune or baratté dans les fermes d'Isigny, Sainte-Mère-Église, Gournay, Neufchâtel-en-Bray ou Valognes, la crème blanche, si épaisse qu'on la coupe au couteau : ce sont là des trésors que l'on ne trouve guère ailleurs.

C'est ici encore, mais au cœur du pays d'Auge, cette « Normandie de la Normandie », nourrie de vergers aux pommiers en fleur au mois de mai, que se produit le bon cidre moussu, dont le meilleur cru est celui de Cambremer. D'origine fermière, il est le plus souvent extra-sec et accompagne fort bien les plats « salés ». Comme les tripes à la mode de Caen — des boyaux de porc cuits longtemps en marmite, avec carottes et oignons —, la sole dieppoise (aux moules) ou fécampoise (aux crevettes), le turbot à l'oseille comme la volaille vallée d'Auge (avec calvados et crème fraîche). La distillation du jus de pomme fermenté puis le passage en fût pour conservation donne le calvados aux arômes de pomme vieillie, mûre et tendre : c'est, par excellence, le digestif normand. Le pays d'Auge, mais aussi l'Orne sont ses terrains d'élection. Les pittoresques villages de Beuvron, Pierrefitte, Beaumont, tous suivis du qualificatif de « en Auge », indiquent bien que là est le cœur du pays fermier traditionnel.

Même si on fabrique aussi du beau cidre et de belles pommes dans les fermes du plateau venté du pays de Caux, au nord de Rouen, vers Étretat et Fécamp. Ici aussi est le royaume des falaises de craie et celui de la mer. Des poissons qui s'accommodent si bien avec la crème épaisse des fermes et la pomme des vergers : sole, turbot, saint-pierre. Mais aussi des crustacés : huîtres, palourdes, praires et langoustines. Très précisément ceux que l'on retrouve en Bretagne. La campagne y est plus discrète. Le lait y est trop souvent pasteurisé pour servir aux fromages industriels de toute la France. Ici s'ouvre en tout cas le grand royaume de la mer. Il précise sa nature dans le Cotentin, cette borne normande, proche du pays breton. Huîtres blanches et iodées de Saint-Vaast-la-Hougue, Saint-Jacques d'Erquy, langoustines ramenées au large de Granville. Pénétrant plus avant dans la Bretagne, on rencontre un pays aux nuances moins douces, au charme plus sauvage, comme le vent qui souffle à un rythme d'enfer sur la pointe de Penmarch et qui se situe au bout de la France de l'Ouest, marquant l'achèvement de la Bretagne par l'océan Atlantique et donnant son nom à son département le plus maritime : le Finistère. Voilà qui signifie « la fin des terres » en langue bretonne. Langoustines vives du Guilvinec, homards et langoustes des grands viviers d'Audierne, pêche du Grand Nord ramenée à Saint-Guénolé, maquereaux, lisettes, sardines, thons, et puis aussi bars, turbots, soles, solettes, saumons et truites de mer. On pourrait croire que la Bretagne n'est qu'un bassin d'eau salée, que seuls les pêcheurs y ont droit de cité. Voilà pourtant un pays qui produit le meilleur cidre du monde, avec celui de son voisin normand, du côté de La Forêt-Fouesnant, au sud ensoleillé du Finistère. Voilà aussi une terre agricole réputée pour ses artichauts, ses pommes de terre et ses choux-fleurs. Le nord du pays : Finistère-Nord, côtes d'Armor, pays du Léon, est un grand pays légumier, qui lui aussi voit les grandes marées lui apporter la pêche de chaque jour.

La cuisine bretonne comme la cuisine normande réconcilient sans cesse la terre et la mer. Fruits de l'un et de l'autre : les huîtres de la baie de Quiberon et du golfe du Morbihan servies avec de la laitue juste frémie ou du jus d'échalote au vinaigre, du homard aux artichauts, du turbot aux pommes de terre : ainsi se font quelques heureux mariages. La cotriade — qui est la bouillabaisse locale — mêle congre, flétan, lotte et merlan, avec carottes et oignons, le tout cuit dans un bouillon au muscadet, le seul « vin breton » que l'on récolte aux environs de Nantes — et c'est déjà la Loire. On pratique, en Bretagne, l'art de la charcuterie de campagne : ces pâtés de porc dits « bretons », ces andouilles qui distinguent bien les deux pays malgré leurs odeurs fortes : l'andouille normande — dite « de Vire » — est préparée avec des boyaux de porc coupés en petits morceaux, tandis que l'andouille bretonne — dite « de Guéménée » — est confectionnée avec des boyaux entiers, enfilés les uns sur les autres et entourés d'une baudruche de bœuf. Du rude travail d'artisan ! Normands et Bretons, fiers de leur savoir-faire et de leur bonne terre grasse et fertile, se sont mis récemment à faire leur foie gras, avec des oies ou des canards importés du Gers, élevés dans leur vert bocage, gavés au maïs à l'ancienne et tués selon les règles. Impossible alors de distinguer les produits d'un pays et de l'autre.

Certains trésors, pourtant, n'appartiennent en propre qu'à une province : ainsi l'agneau de pré-salé, issu des terres baignées d'air marin, où l'herbe possède un goût teinté de sel de mer, et qui est l'apanage de la baie du Mont-Saint-Michel. C'est d'ailleurs là, sur Le Mont, que la Mère Poulard, tenancière d'une auberge fameuse, inventa l'omelette qui porte son nom : les œufs sont longuement battus en rythme, puis cuits sur un gros morceau de beurre dans une longue poêle en fer dans le feu de cheminée, avant d'être servis en omelette, épaisse, chaude et crémeuse, pour revigorer le voyageur, tardivement parvenu au pied de la merveille du Mont dans ce pays humide. Le beurre, lui, semble séparer définitivement les deux provinces : il est invariablement salé en Bretagne et doux en Normandie. Dans le pays breton, il sert aussi bien à confectionner les caramels du Morbihan que les brioches et les gâteaux secs typiques, tels quatre-quarts, « kouign amann », crêpe dentelle qui possèdent un bon goût de beurre frais si caractéristique. Les deux pays se réconcilient pleinement autour de leurs biens communs : les crêpes, qui sont, sucrées, au froment, salées, au sarrasin ou blé noir. Et se boivent avec l'un ou l'autre des cidres au nez de pomme bien net et bien mûr, à la couleur orange et à la mousse tendre et légère. Une manière égale et amicale de célébrer l'union de ces voisines, rivales, jalouses de leur renommée respective et cependant cousines.

CONSTRUITE DU XIᵉ AU XVIᵉ SIÈCLE PAR LES BÉNÉDICTINS, L'ABBAYE DU MONT-SAINT-MICHEL, UN DES PLUS PRESTIGIEUX ÉDIFICES RELIGIEUX D'EUROPE, SE DRESSE, MAJESTUEUSE ET AUSTÈRE.

27

ENTRÉES

Pour se mettre en appétit

LA CHARCUTERIE TOURON, À CAUSSADE, EXPOSE SES SPÉCIALITÉS GASCONNES :
SALAISONS, PÂTÉS ET PLATS CUISINÉS

ENTRÉES

Pour se mettre en appétit

Dans l'ordonnance du repas classique, l'entrée n'est que le deuxième terme du repas. Les exigences de la diététique moderne aidant et les habitudes quotidiennes évoluant en parallèle, le repas s'est simplifié. « Entrée » est devenu synonyme de « hors-d'œuvre ». Il faudrait user d'un autre mot et emprunter l'expression de « mise en appétit ».

La soupe est une excellente entrée en matière lorsqu'elle permet au convive de comprendre mieux la région dans laquelle il se trouve. Émile Jung, le chef fameux du Crocodile à Strasbourg, a plaisir à servir, en guise d'introduction, une soupe d'oie à l'orge perlée, où entrent deux composantes — viande et céréale — bien représentatives de l'originalité et de la variété des produits du pays d'Alsace. Le tourain (ou tourin) blanchi à l'ail dans les Landes, la soupe au pistou provençale, à l'intérieur du pays, ou de poissons, sur la côte entre Marseille et Nice, remplissent les mêmes fonctions introductives : on apprend où l'on se trouve, alors même que l'on éprouve les senteurs et les saveurs du pays qui vous accueille.

Les entrées chaudes sont souvent des tourtes, des quiches, des pâtés, des hures, des soufflés : toutes préparations usant de farces, de pâtes, de gelées et d'ingrédients destinés à « enrichir » le produit offert « nature » par le terroir. Ce sont là des entrées riches, savantes, qui exigent généralement une préparation sinon compliquée, du moins élaborée. La maîtresse de maison qui reçoit ainsi un invité indique qu'elle a voulu lui faire honneur en lui accordant, dès avant son arrivée, une attention nécessaire.

Les entrées n'utilisent pas forcément viandes et poissons qui entreront dans les plats principaux. Mais elles peuvent leur accorder une place prépondérante, ainsi dans les terrines dont ils seront les ingrédients majeurs. Les œufs sont accommodés de manière fort diverse suivant la région où l'on se trouve : piperade aux poivrons en Pays basque, omelette aux truffes en Provence et Tricastin, œufs en meurette à la bourguignonne ou dits « couilles d'âne » en Berry illustrent bien la diversité de préparation qu'accorde à un même ingrédient la grande richesse du terroir français.

Ce sont souvent les légumes qui font la différence : soit qu'ils entrent dans la composition variée d'une recette, soit qu'ils la composent en totalité. Tomates, courgettes, olives, poivrons, aubergines du Midi s'opposent aux choux, betteraves et pommes de terre du Nord et de l'Est. Artichauts du Midi, que l'on propose en ragoût dit « barigoule » s'opposent aux artichauts bretons, que l'on mange tout simplement en vinaigrette. Les asperges du Vaucluse, du Val de Loire ou d'Alsace, qu'elles soient petites et vertes ici, ou longues et blanches là, se mangent uniformément avec sauce mousseline, mayonnaise ou encore vinaigrette. On les accompagnera de jambon dans l'Est, ou on les servira en légumes, en accompagnements (nobles) d'un plat dans le Midi. De manière générale, les entrées servies au nord de cette ligne de partage de la France gourmande et climatique qu'est la Loire, seront plus roboratives, plus riches, plus copieuses, qu'au sud. Mais tout est fonction du temps qu'il fait, donc de la saison.

PAGES PRÉCÉDENTES : PETITS FARCIS PROVENÇAUX (en bas à droite, recette page 50), SALADE NIÇOISE (en bas à gauche, recette page 50), SOUPE AU PISTOU (au centre, recette page 40) ET ANCHOÏADE (en haut, recette page 33), PHOTOGRAPHIÉS EN PROVENCE.
PIERRE HUSSENOT/AGENCE TOP

Les entrées d'été seront plus volontiers froides et les entrées d'hiver plus intentionnellement chaudes. Même si les calories apportées au corps humain par les unes et les autres restent strictement identiques.

Certaines entrées sont devenues des plats à part entière. Ainsi le foie gras que l'on sert frais en hors-d'œuvre et qui, chaud, poêlé, avec un accompagnement de fruits également poêlés, fait une entrée riche et de grand goût. Ainsi les pâtes contenant des farces de viande, comme les raviolis, qui, servies en quantité importante, peuvent devenir l'épicentre du repas.

À l'inverse, la mode aidant, certains mets destinés à être l'ingrédient des plats principaux sont devenus des entrées légères : ainsi les poissons servis en marinade à la mode tahitienne ou nordique, ou encore les viandes — style « carpaccio », un bœuf cru et mariné — sur le modèle italien. Toutes ces pratiques changeantes indiquent que rien en gastronomie n'est jamais figé. Selon l'appétit, le goût et l'habitude de chacun, une entrée sera effectivement ou non considérée comme telle.

Tout est question d'époque et de civilisation. Certaines régions ont la réputation d'accumuler les entrées et de prédisposer aux repas riches et abondants. C'est autant le cas du Périgord que de l'Alsace qui ont en commun l'amour du foie gras dont

EN FRANCE, IL N'EST NI VILLE NI VILLAGE DONT LES BOULANGERS NE PRODUISENT LA CÉLÈBRE BAGUETTE, QUI FIGURE SUR TOUTES LES TABLES À CHAQUE REPAS.

POUR TENTER LE CHALAND, CET ÉTALAGE D'UN MARCHÉ NIÇOIS OFFRE UNE BELLE SÉLECTION DE FROMAGES FRANÇAIS, DU CANTAL ET DU COMTÉ AUX SPÉCIALITÉS DE L'ITALIE VOISINE, TELS LE *ROMANO* OU LE *SARDO* SUR LES ÉTAGÈRES SUPÉRIEURES.

31

LES FRANÇAIS SONT CONVAINCUS QUE L'AIL, COMME LE VIN, EST BON POUR LA SANTÉ.
LES ÉTALAGES D'AULX, SUR LES MARCHÉS, OFFRENT LES TROIS VARIÉTÉS : BLANCHE,
ROSE ET VIOLETTE.

CE PÂTÉ AUX CHAMPIGNONS, DANS UNE CHARCUTERIE DE DIGNE,
EN HAUTE PROVENCE, CONNAÎT UN ÉVIDENT SUCCÈS.

ils revendiquent, chacun, la création. Cela tiendrait-il
au fait que de nombreux Alsaciens ont émigré dans
le Sud-Ouest en 1940, au lendemain de l'annexion
par l'Allemagne de leur région ?

D'autres petits « pays » français ont, au contraire,
conservé la tradition des entrées fraîches et légères.
Ce sont là souvent régions maritimes pour qui aussi
bien salades (niçoise à Nice) que fruits de mer
(huîtres, coquillages, moules, parfois réunis en
plateau) constituent la plus évidente des entrées en
matière.

À vrai dire, l'entrée, dans tout repas français qui
se respecte, n'a qu'un seul et unique but : donner au
gourmand l'envie de poursuivre sa douce tâche. Et
l'on sait qu'il y a là mille manières de l'y inciter.

32

Provence

ANCHOÏADE

12 anchois au sel
6 gousses d'ail nouveau
3 échalotes nouvelles
2 dl d'huile d'olive vierge extra
1 cuil. à soupe de vinaigre de vin rouge
6 brins de persil
Pour servir :
tranches de pain grillées : baguette
crudités : céleri, chou-fleur, radis, fenouil, poivrade,
   poivron...

Rincez les anchois sous l'eau courante en les frottant afin d'éliminer toute trace de sel. Séparez-les en filets, en éliminant tête et arêtes. Coupez chaque filet en petits morceaux. Pelez ail et échalotes, et hachez-les. Lavez le persil, retirez les tiges et ciselez les feuilles.

Mettez les anchois et le hachis d'ail et d'échalotes dans le bol d'un robot. Ajoutez le vinaigre et mixez jusqu'à obtention d'une pâte. Versez l'huile en mince filet, sans cesser de mixer puis ajoutez le persil et mixez encore 10 secondes.

Servez l'anchoïade sur les tranches de pain grillées, ou pour y plonger les crudités avant de les croquer.

POUR 6 PERS.   *Photos pages 28-29*

BAGNA CAUDA

PETER JOHNSON

Provence

BAGNA CAUDA

La bagna cauda ressemble beaucoup à l'anchoïade mais, comme l'indique son nom provençal — bagna cauda voulant dire bain chaud —, elle se sert chaude.

12 anchois au sel
75 g de beurre
5 cl d'huile d'olive vierge extra
4 gousses d'ail nouveau
Pour servir :
tranches de pain grillées : baguette
crudités : céleri, chou-fleur, radis, fenouil, poivrade,
   poivron...

Rincez les anchois sous l'eau courante en les frottant afin d'éliminer toute trace de sel. Séparez-les en filets, en éliminant tête et arêtes. Coupez chaque filet en petits morceaux.

Pelez les gousses d'ail et passez-les au presse-ail au-dessus d'une petite casserole. Ajoutez les anchois, le beurre et l'huile. Posez la casserole sur feu très doux et mélangez jusqu'à obtention d'une pâte lisse et homogène.

Servez aussitôt, sur les tranches de pain grillées, ou pour y plonger les crudités avant de les croquer.

POUR 6 PERS.

Bourgogne

ŒUFS EN MEURETTE

Le terme « meurette » s'applique à toutes les préparations bourguignonnes à base de vin rouge, qu'elles soient destinées aux poissons, aux viandes ou aux œufs.

12 œufs
1/2 litre de vin de Bourgogne rouge
150 g de beurre
3 échalotes
2 carottes de 100 g chacune
3 dl de vinaigre de vin rouge
sel, poivre

Pelez les échalotes et les carottes, et hachez-les menu.

Versez le vin dans une casserole et ajoutez échalotes et carottes. Portez à ébullition et laissez réduire le vin 5 mn à feu vif.

Coupez le beurre en petits cubes. Lorsque le vin a réduit, posez la casserole sur un feu très doux et incorporez-y les morceaux de beurre en battant avec un fouet à main. Filtrez la sauce au-dessus d'une petite casserole et réservez au chaud, dans un bain-marie par exemple.

Préparez les œufs : faites chauffer 2 litres d'eau dans une sauteuse et ajoutez-y le vinaigre. Cassez les œufs dans un bol, l'un après l'autre, et dès que l'eau commence à frémir, faites-les glisser doucement dans la sauteuse. Retournez délicatement les œufs avec une écumoire, afin de ramener le blanc sur le jaune : la cuisson dure 4 mn.

Lorsque les œufs sont cuits, égouttez-les avec l'écumoire et posez-les sur un linge. Retirez les filaments tout autour de l'œuf afin d'avoir un œuf bien net et de forme ovale.

Répartissez la sauce dans 6 assiettes chaudes et posez 2 œufs au centre de chacune d'elles. Servez aussitôt.

POUR 6 PERS.   *Photo page 35*

Bourgogne

JAMBON PERSILLÉ

En Bourgogne, c'est le plat traditionnel du jour de Pâques.

1 kg de jambon cru
2 pieds de veau
300 g de jarret de veau
2 échalotes pelées et coupées en deux
1 gousse d'ail pelée et coupée en deux
1 feuille de laurier
1 brin de thym sec
3 brins d'estragon
3 brins de cerfeuil
10 brins de persil plat
2 cuil. à soupe de vinaigre de vin blanc
75 cl de vin blanc sec de Bourgogne
sel, poivre

❦ 12 h avant de préparer le jambon persillé, mettez le jambon dans un saladier et couvrez-le largement d'eau froide. Laissez-le dessaler.

❦ Au bout de ce temps, faites blanchir les pieds de veau 5 mn à l'eau bouillante puis égouttez-les. Égouttez le jambon et rincez-le sous l'eau courante. Mettez les pieds de veau, le jambon et le jarret dans une grande marmite. Ajoutez ail, échalotes, thym, laurier, estragon, cerfeuil et 3 brins de persil. Salez légèrement, poivrez et versez le vin.

❦ Portez à ébullition sur feu doux et laissez cuire 2 h à petits frémissements, en remuant de temps en temps.

❦ Au bout de ce temps, lavez le persil, éliminez les tiges et ciselez les feuilles. Égouttez le jambon et le jarret, et écrasez-les grossièrement à la fourchette. Filtrez le jus de cuisson, ajoutez éventuellement sel et poivre et additionnez-le de vinaigre. Laissez refroidir jusqu'à ce que le bouillon soit huileux.

❦ Versez une couche de gelée dans une terrine pouvant juste contenir viande et bouillon qui prendra en gelée. Laissez-la refroidir puis prendre légèrement au réfrigérateur. Garnissez-la d'une couche de jambon puis poudrez de persil. Nappez de bouillon et faites à nouveau prendre au froid. Continuez ainsi jusqu'à épuisement des ingrédients, en terminant par du bouillon. Couvrez la terrine et laissez-la 12 h au réfrigérateur avant de servir le jambon persillé coupé en tranches et accompagné d'une salade.

POUR 8 PERS.

Lyonnais/Île-de-France

GRATINÉE À L'OIGNON

Est-elle née à Lyon ou à Paris, cette soupe épaisse et parfumée, revigorante à souhait, que l'on aimait déguster au cœur des Halles, tard dans la nuit et jusqu'au petit matin dans le Paris d'autrefois? Difficile de connaître la vérité.

500 g de gros oignons
1,5 litre de bouillon : pot-au-feu ou volaille
1 cuil. à soupe rase de farine
100 g de beurre
12 tranches de pain : baguette
100 g d'emmental râpé
sel, poivre

❦ Pelez les oignons et émincez-les finement.

❦ Faites fondre le beurre dans une cocotte de 4 litres et ajoutez les oignons. Faites-les blondir sur feu doux pendant 20 mn environ, en les tournant sans cesse. Parsemez alors de farine et mélangez 2 mn. Versez le bouillon, salez, poivrez et portez à ébullition. Couvrez et laissez cuire 45 mn sur feu très doux, en remuant de temps en temps.

❦ Au bout de ce temps, allumez le gril du four et faites-y griller les tranches de pain sur les deux faces. Répartissez-les dans quatre bols à soupe et parsemez-les de fromage. Versez la soupe dans les bols et glissez-les au four, près de la flamme. Laissez cuire quelques minutes, jusqu'à ce que le fromage fonde et commence à dorer.

❦ Servez aussitôt.

POUR 4 PERS.

Provence

POTAGE DE TOMATES

1,5 kg de tomates mûres
100 g d'oignons
2 gousses d'ail
2 jeunes carottes
2 côtes de céleri
2 pincées de sucre semoule
2 brins de basilic
2 cuil. à soupe d'huile d'olive
sel, poivre

❦ Lavez les tomates et coupez-les en quatre. Pelez les oignons et les carottes. Lavez-les avec les côtes de céleri. Hachez grossièrement ces trois légumes. Pelez les gousses d'ail et hachez-les menu.

❦ Faites chauffer l'huile dans une cocotte de 4 litres et ajoutez le mélange oignons-carottes-céleri et les gousses d'ail. Ajoutez sel, poivre et sucre, et mélangez 5 mn environ, jusqu'à ce que les légumes blondissent.

❦ Ajoutez les tomates, mélangez 1 mn puis versez 2 dl d'eau. Portez à ébullition et laissez cuire 20 mn, en tournant de temps en temps. Lorsque la soupe est cuite, passez-la au moulin à légumes, grille fine. Faites-la réchauffer puis versez-la dans une soupière, garnissez de feuilles de basilic et servez.

❦ Ce potage est excellent froid.

POUR 4 PERS.

GRATINÉE À L'OIGNON (en haut) ET TAPENADE (recette page 36).

PETER JOHNSON

À DROITE: ŒUFS EN MEURETTE ET JAMBON PERSILLÉ (recettes pages 33 et 34).
PIERRE HUSSENOT/AGENCE TOP

Provence

TAPENADE

Dans tapenade se trouve le mot « tapeno », câpre en provençal.
Les câpres de Toulon sont en effet un ingrédient indispensable
de ce savoureux condiment.

400 g d'olives noires en saumure
3 cuil. à soupe de câpres au vinaigre
6 anchois au sel
1 petite gousse d'ail nouveau
1,5 dl d'huile d'olive vierge extra
2 cuil. à café de moutarde de Dijon
1 cuil. à café de cognac
poivre

Dénoyautez les olives. Rincez les anchois sous l'eau
courante en les frottant afin d'éliminer toute trace de sel.
Séparez-les en filets, en éliminant tête et arêtes. Coupez chaque
filet en petits morceaux. Rincez les câpres sous l'eau courante
et égouttez-les à nouveau. Pelez la gousse d'ail et hachez-la
grossièrement.

Mettez olives, anchois, ail et câpres dans le bol d'un robot.
Ajoutez la moitié de l'huile, la moutarde, le cognac et du
poivre. Mixez jusqu'à obtention d'une pâte épaisse puis, sans
cesser de mixer, versez le reste d'huile. Lorsque la tapenade
est lisse et homogène, versez-la dans un bol.

Servez la tapenade en entrée avec des tranches de pain de
campagne ou de seigle, nature ou grillées. Vous conserverez
la tapenade plusieurs jours dans un petit bocal fermé.

POUR 6 PERS.   *Photo page 34*

Touraine

RILLETTES

Le Mans, Tours et Angers se partagent la parternité des
rillettes. Le plus souvent à base de pur porc, on ajoute aussi de
l'oie. À Orléans, on confectionne des rillettes de lapin de
garenne servies en automne avec des noix fraîches.

1 kg de poitrine de porc, fraîche
500 g de panne de porc, fraîche
4 échalotes
2 gousses d'ail
2 brins de thym
2 feuilles de laurier
4 clous de girofle
1/2 cuil. à café de quatre-épices
1/2 cuil. à café de piment de Cayenne en poudre
1 cuil. à café bombée de sel de mer fin

Pelez les échalotes et coupez-les en quatre. Écrasez les
gousses d'ail d'un coup sec du plat de la main. Mettez dans
un petit carré de mousseline échalotes, ail, thym et laurier en
les émiettant et clous de girofle. Refermez la mousseline en un
petit sachet que vous nouez avec du fil de cuisine.

Retirez couenne et os de la poitrine de porc. Coupez cette
dernière en cubes de 3 cm.

Mettez la panne dans une cocotte de 4 litres et posez la
cocotte sur feu doux. Dès que la panne est fondue, ajoutez les
morceaux de viande et laissez-les dorer 5 mn, en les tournant
sans cesse avec une spatule. Retirez-les alors avec une écumoire
et filtrez le gras qui se trouve au fond du plat, dans une
passoire, au-dessus d'un bol. Réservez-le.

Remettez la viande dans la cocotte. Ajoutez le sachet
d'aromates et 2 dl d'eau. Posez la cocotte sur feu très doux et
laissez cuire 4 h, en remuant de temps en temps, et en ajoutant
un peu d'eau si la préparation a tendance à trop se dessécher.

PETER JOHNSON

RILLETTES (en haut) ET CERVELLE DE CANUT.

Au bout de ce temps, éliminez le sachet d'aromates. Ajoutez
sel, quatre-épices et piment de Cayenne. Mélangez et laissez
cuire encore 30 mn. Retirez ensuite du feu et laissez tiédir.

Lorsque la viande est tiède, retirez-la de la cocotte et
émiettez-la avec deux fourchettes. Ajoutez la graisse réservée
et mélangez.

Répartissez les rillettes dans un grand pot ou plusieurs
petits et couvrez-les. Mettez-les au réfrigérateur et consommez-
les dans les 15 jours. Dégustez-les sur des tartines de pain de
campagne ou avec de la baguette croustillante.

POUR 6 PERS.

Lyonnais

CERVELLE DE CANUT

Plat traditionnel des mâchons — petit repas pris autrefois en milieu de matinée et aujourd'hui nom donné aux bistrots de Lyon —, la cervelle de canut porte aussi le nom de « claqueret ». Ce mot vient de l'expression « claquer le fromage », c'est-à-dire le fouetter. Canut est le nom donné aux ouvriers de la soie, qui furent pendant longtemps les représentants d'une vraie tradition gourmande.

2 fromages blancs égouttés : faisselle
2 dl de crème liquide, bien froide
4 cuil. à soupe d'huile d'olive
3 cuil. à soupe de vin blanc sec
3 cuil. à soupe de vinaigre de vin vieux
2 échalotes grises
6 brins de persil plat
6 brins de cerfeuil
10 brins de ciboulette
sel, poivre

❊ 12 h avant de préparer la cervelle de canut, laissez les fromages s'égoutter dans leur moule.

❊ Au bout de ce temps, mettez-les dans un saladier et écrasez-les grossièrement avec une fourchette. Ajoutez l'huile, le vinaigre et le vin, et mélangez.

❊ Pelez les échalotes et hachez-les menu. Lavez les herbes et éliminez les tiges du persil et du cerfeuil ; ciselez finement les trois herbes.

❊ Fouettez la crème jusqu'à ce qu'elle soit ferme et incorporez-la au fromage, en soulevant le tout avec une spatule souple, en ajoutant échalotes, herbes, sel et poivre.

❊ Mettez la cervelle de canut au réfrigérateur et servez bien froid, telle quelle, accompagnée de pain de campagne ou de seigle.

POUR 6 PERS.

Provence

SOUPE DE POISSONS

Safran et fenouil sont les aromates indispensables de ce bouillon velouté au goût caractéristique qui embaume toute la côte méditerranéenne.

1,5 kg de petits poissons de roche mélangés
500 g de tomates mûres à point
1 blanc de poireau
1 oignon de 100 g
1 poivron vert de 200 g
4 gousses d'ail
1 feuille de laurier
1 brin de thym séché
2 brins de fenouil séché
3 tiges de persil
2 pincées de filaments de safran
4 cuil. à soupe d'huile d'olive
sel, poivre
Pour la sauce « rouille » :
2 à 3 piments rouges frais
3 gousses d'ail
1 tranche de pain de mie de 100 g
2 dl d'huile d'olive vierge extra
1/2 cuil. à café de gros sel de mer
Pour servir :
18 tranches de baguette ou 150 g de vermicelle

❊ Écaillez les poissons, videz-les, rincez-les et épongez-les.

Lavez les tomates et coupez-les en quartiers. Pelez l'oignon et émincez-le. Lavez le blanc de poireau et coupez-le en rondelles. Pelez les gousses d'ail et hachez-les grossièrement. Lavez le poivron, coupez-le en quatre et éliminez le pédoncule, les graines et les filaments blancs ; coupez la pulpe en fines lanières.

❊ Faites chauffer l'huile dans une cocotte de 6 litres et ajoutez oignon, ail, poireau et poivron. Mélangez 2 mn sur feu doux puis ajoutez les tomates, le fenouil, le thym, le safran, le persil et les poissons. Mélangez 1 mn puis couvrez et laissez cuire 10 mn à feux doux.

❊ Pendant ce temps, faites bouillir 2 litres d'eau dans une casserole. Versez-la dans la cocotte au bout de 10 mn de cuisson des poissons. Salez, poivrez. Couvrez et laissez cuire 20 mn à feu doux.

❊ Préparez la rouille : pelez les gousses d'ail et hachez-les grossièrement. Lavez les piments et coupez-les en deux ; éliminez les graines et le pédoncule et hachez grossièrement la pulpe. Mettez-la dans le bol d'un robot avec l'ail et le gros sel. Mixez jusqu'à obtention d'une pommade. Ajoutez la mie de pain en l'émiettant puis mixez encore. Versez enfin l'huile en mince filet, sans cesser de mixer, jusqu'à obtention d'une sauce épaisse.

❊ Lorsque la soupe est cuite, passez-la au tamis, en pressant bien pour extraire tout le suc des poissons. Rincez la cocotte et versez-y à nouveau la soupe, en la passant à travers une passoire fine. Si vous choisissez de la servir avec des vermicelles, portez-la à ébullition, ajoutez les pâtes et laissez cuire jusqu'à ce qu'elles soient juste tendres. Si vous choisissez les tranches de pain, faites-les griller légèrement sur les deux faces et servez-les à part. Versez la soupe dans une soupière et portez à table aussitôt, avec la rouille et le fromage à part.

POUR 6 PERS.

LES INGRÉDIENTS DE LA SOUPE DE POISSONS.

PETER JOHNSON

Flandres

SOUPE DE POTIRON

750 g de pulpe de potiron
4 blancs de poireau
1/4 de litre de lait
3/4 de litre de bouillon de volaille
50 g de beurre
sel, poivre

❦ Lavez les blancs de poireau et coupez-les en fines rondelles. Coupez la pulpe de potiron en cubes de 2 cm. Faites fondre la moitié du beurre dans une cocotte de 4 litres et faites blondir les poireaux pendant 5 mn, en les tournant sans cesse avec une spatule. Ajoutez alors les cubes de potiron, le bouillon, sel et poivre. Mélangez et laissez cuire 30 mn environ, jusqu'à ce que le potiron soit très tendre.
❦ Versez la préparation dans le bol d'un robot et mixez jusqu'à obtention d'une fine purée. Faites réchauffer cette purée sur feu doux puis ajoutez le reste de beurre et le lait, mélangez et retirez du feu.
❦ Versez la soupe dans une soupière et servez aussitôt.

POUR 6 PERS.

Picardie/Ile-de-France

POTAGE CRÉCY

Les villages de Crécy-en-Brie en Picardie et Crécy-en-Ponthieu en Ile-de-France se disputent la paternité de ce potage, l'un et l'autre étant célèbres pour la qualité de leurs carottes. Le riz est quelquefois remplacé par 300 g de pommes de terre pelées et coupées en petits cubes : elles cuiront de la même façon.

1 kg de petites carottes nouvelles
1 oignon de 100 g
2 blancs de poireau
50 g de riz grain long
100 g de crème fraîche épaisse
50 g de beurre
sel, poivre

❦ Pelez l'oignon et émincez-le finement. Lavez les blancs de poireau et coupez-les en fines rondelles obliques.
❦ Pelez les carottes, lavez-les et coupez-les en rondelles de 1/2 cm d'épaisseur.
❦ Faites fondre la moitié du beurre dans une cocotte de 4 litres et ajoutez oignon et blancs de poireau. Mélangez pendant 3 mn, jusqu'à ce que le mélange blondisse. Versez alors 2 litres d'eau et, dès l'ébullition, ajoutez les carottes. Salez. Poivrez. Couvrez et laissez cuire 30 mn environ, à feu doux, jusqu'à ce que les carottes soient très tendres.
❦ Versez le contenu de la cocotte dans le bol d'un robot et mixez 1 mn à grande vitesse, jusqu'à obtention d'une crème lisse. Versez-la dans la cocotte et portez à ébullition. Ajoutez le riz et mélangez. Laissez cuire 20 mn à petits frémissements, jusqu'à ce que le riz soit cuit. Ajoutez alors la crème et le reste de beurre, et mélangez.
❦ Versez le potage dans un plat creux et servez aussitôt.

POUR 6 PERS.

Languedoc

TOURAIN

On prépare des tourains — ou tourins — dans tout le Languedoc et bien sûr les recettes de ces soupes à base de graisse d'oie, d'ail, d'oignon, avec ou sans tomates, varient d'un lieu à un autre. Celle-ci est une préparation toulousaine.

8 gousses d'ail nouveau
3 œufs
1 bouquet garni : 1 brin de thym, 1 feuille de laurier,
    2 brins de sauge
75 g de graisse d'oie
sel, poivre
Pour servir :
100 g d'emmental râpé
tranches de pain

❦ Pelez les gousses d'ail et hachez-les menu. Liez les éléments du bouquet garni.
❦ Faites bouillir 2 litres d'eau dans une casserole. Faites fondre la graisse d'oie dans une cocotte de 4 litres et ajoutez l'ail haché. Mélangez 2 mn sur feu doux, jusqu'à ce que l'ail blondisse puis versez l'eau bouillante. Ajoutez le bouquet garni, sel et poivre et dès la reprise de l'ébullition, couvrez et laissez cuire 30 mn à feu doux.
❦ Pendant ce temps, faites griller les tranches de pain et mettez-les dans une soupière. Ajoutez le fromage râpé.
❦ Au bout de 30 mn de cuisson, cassez les œufs en séparant les blancs des jaunes et réservez-les dans deux bols. Retirez le bouquet garni de la cocotte. Battez les blancs à la fourchette jusqu'à ce qu'ils moussent puis versez-les dans la soupe bouillante, sans cesser de battre avec un fouet, jusqu'à ce qu'ils coagulent.
❦ Versez deux cuillerées à soupe de bouillon sur les jaunes et battez à la fourchette. Versez ce mélange dans la soupe, mélangez et retirez du feu : les jaunes ne doivent pas cuire, mais simplement servir de liant à la soupe.
❦ Versez la soupe dans la soupière et servez aussitôt.

POUR 6 PERS.

SOUPE AU LAIT (en haut, recette page 40),
POTAGE CRÉCY (à droite) ET TOURAIN (en bas).

SOUPE DE POTIRON

Ardennes

SOUPE AU LAIT

1 litre de lait
1 oignon de 100 g
3 blancs de poireaux
250 g de pommes de terre à chair farineuse
8 tranches de pain : baguette
25 g de beurre
4 pincées de noix muscade râpée
sel, poivre

Pelez l'oignon et émincez-le finement. Rincez les blancs de poireaux et coupez-les en fines rondelles obliques. Pelez les pommes de terre, lavez-les et coupez-les en très fines rondelles.

Faites fondre le beurre dans une cocotte de 4 litres et faites-y revenir oignon et blancs de poireau à feu doux, en remuant avec une spatule, pendant 5 mn environ, jusqu'à ce qu'ils blondissent. Versez alors le lait et portez à ébullition. Ajoutez les pommes de terre, du sel, du poivre et la noix muscade. Couvrez la cocotte et laissez cuire à feu doux, 20 mn environ, jusqu'à ce que les pommes de terre soient tendres.

Répartissez les tranches de pain dans quatre assiettes creuses. Couvrez-les de soupe bouillante et dégustez aussitôt.

POUR 4 PERS.

Provence

SOUPE AU PISTOU

En provençal, pistou *ne signifie pas basilic, mais pilé — tout comme* pesto *en italien. Cette soupe se prépare sur toute la côte méditerranéenne en été, dès qu'arrivent sur les marchés les haricots frais à écosser. Chaque famille a sa recette où des légumes différents sont souvent utilisés ; mais la délicate pâte à l'incomparable saveur que l'on rajoute à la soupe avant de la déguster en est le point commun.*

1 kg de haricots frais à écosser
125 g de haricots mangetout
250 g de pommes de terre à chair ferme
250 g de petites courgettes
250 g de fèves fraîches
250 de tomates mûres à point
2 oignons de 100 g chacun
1 brin de basilic
2 gousses d'ail nouveau
sel
Pour le pistou :
1 gros bouquet de basilic : 100 g
4 gousses d'ail nouveau
250 g de tomates mûres à point
1 dl d'huile d'olive fruitée
Pour servir :
100 g de pâtes à potage
100 g de fromage finement et fraîchement râpé : emmental
 ou parmesan

Écossez les haricots et les fèves et retirez la peau vert tendre qui les recouvre. Effilez les haricots mangetout, lavez-les et épongez-les. Lavez les courgettes et retirez-en les deux extrémités. Coupez chaque courgette en quatre dans la longueur puis en éventails de 1/2 cm. Écrasez la gousse d'ail d'un coup sec du plat de la main. Pelez les pommes de terre, lavez-les et coupez-les en cubes de 1 cm.

Ébouillantez les tomates 10 secondes, puis rafraîchissez-les sous l'eau courante, pelez-les, coupez-les en deux et éliminez-en les graines ; hachez grossièrement la pulpe.

Mettez tous les légumes, l'ail et le basilic dans une marmite de 4 litres et couvrez-les largement d'eau froide. Posez la marmite sur feu doux et portez à ébullition. Salez, couvrez et laissez cuire 1 h à tout petits frémissements.

Pendant ce temps, préparez le pistou : ébouillantez les tomates 10 secondes, puis rafraîchissez-les sous l'eau courante, pelez-les, coupez-les en deux et éliminez-en les graines ; hachez grossièrement la pulpe et laissez-la s'égoutter dans une passoire. Pelez les gousses d'ail et coupez-les en quatre. Lavez le basilic, épongez-le et retirez les tiges.

Lorsque la soupe est cuite, retirez les gousses d'ail et le brin de basilic de la marmite. Ajoutez les pâtes et laissez cuire quelques minutes jusqu'à ce qu'elles soient tendres.

Pendant ce temps, mettez tous les ingrédients pour le pistou — basilic, ail, huile et tomates — dans le bol d'un robot. Mixez jusqu'à obtention d'une fine purée.

Lorsque les pâtes sont cuites, versez la soupe dans une soupière. Ajoutez le pistou, mélangez et servez aussitôt, avec le fromage à part.

POUR 6 PERS. *Photos pages 28-29*

POTAGE AUX CÈPES

PETER JOHNSON

40

Poitou/Charentes

POTAGE AUX CÈPES

500 g de cèpes frais
1 litre de bouillon de volaille
100 g de crème fraîche épaisse
1 cuil. à soupe rase de farine
25 g de beurre
4 pincées de noix muscade râpée
sel, poivre

Retirez la partie terreuse du pied des champignons. Rincez les champignons rapidement sous l'eau courante, épongez-les et coupez-les en lamelles.

Faites fondre le beurre dans une cocotte de 4 litres et faites-y revenir les lamelles de cèpes jusqu'à ce qu'elles soient dorées et ne rendent plus d'eau. Ajoutez alors la farine et mélangez encore 1 mn.

Versez le bouillon dans la cocotte, en mélangeant sans cesse. Dès l'ébullition, ajoutez sel, poivre et noix muscade. Couvrez et laissez cuire 30 mn à feu doux, en remuant de temps en temps.

Au bout de ce temps, versez le contenu de la cocotte dans le bol d'un robot et mixez 1 mn à grande vitesse jusqu'à obtention d'une crème lisse. Versez-la dans la cocotte et portez à ébullition. Ajoutez la crème fraîche et laissez bouillir 1 mn. Versez le potage dans une soupière et servez aussitôt.

POUR 4 PERS.

PETER JOHNSON

PIPERADE (en haut, recette page 42)
ET TARTE FLAMBÉE.

Alsace

TARTE FLAMBÉE

Autrefois cuite dans les fours à pain des boulangers, cette tarte était flambée — léchée — par les flammes, d'où son nom. Une autre version consiste à ajouter du fromage blanc et des œufs à la crème avant d'en garnir la pâte.

400 g de pâte à pain (p. 253)
250 g de crème fraîche épaisse
1 oignon de 100 g
100 g de très fines tranches de poitrine fumée
4 pincées de noix muscade râpée
2 cuil. à soupe d'huile d'arachide
sel, poivre
Pour la plaque :
1 cuil. à café d'huile

Pelez l'oignon et hachez-le finement. Faites chauffer la moitié de l'huile dans une poêle antiadhésive de 24 cm. Ajoutez l'oignon et mélangez 5 mn sur feu doux, jusqu'à ce qu'il soit blond.

Mettez la crème dans un saladier et ajoutez sel, poivre et noix muscade. Ajoutez l'oignon et mélangez.

Coupez la poitrine fumée en fins bâtonnets, en retirant la couenne. Faites chauffer le reste d'huile dans la poêle et faites-y blondir les bâtonnets de poitrine fumée, en les remuant sans cesse pendant 3 mn environ. Égouttez-les et réservez-les sur un papier absorbant.

Allumez le four, thermostat 8. Étalez la pâte à pain en l'écrasant légèrement au rouleau à pâtisserie. Huilez une plaque de 35 × 22 cm et garnissez-la de pâte. Étalez sur la pâte la préparation aux oignons et parsemez de lardons. Glissez au four et laissez cuire 20 mn, jusqu'à ce que la tarte soit dorée. Servez chaud.

POUR 6 PERS.

Île-de-France

ŒUFS EN COCOTTE AUX CHAMPIGNONS

4 œufs
200 g de champignons : mousserons, girolles, pieds-de-mouton, cèpes...
125 g de crème fraîche épaisse
2 cuil. à café de banyuls
2 cuil. à café de ciboulette ciselée
1 noix de beurre
2 pincées de noix muscade râpée
sel, poivre

Coupez le pied terreux des champignons. Rincez les champignons, coupez-les en fines lamelles et mettez-les dans une poêle antiadhésive de 26 cm, sur feu vif. Laissez-les cuire 5 mn, en tournant, jusqu'à ce qu'ils ne rendent plus d'eau.

Ajoutez alors crème, sel, poivre et muscade. Mélangez et retirez du feu.

Cassez les œufs en séparant les blancs des jaunes. Réservez les jaunes dans leur demi-coquille et mettez les blancs dans une terrine. Cassez-les en les battant avec une fourchette. Ajoutez le contenu de la poêle et mélangez.

Beurrez 4 cocottes individuelles en grès ou en porcelaine à feu de 8 cm de diamètre et répartissez-y les champignons. Faites glisser un jaune d'œuf au centre de chaque cocotte.

Posez les cocottes dans une grande casserole, sur une petite grille afin de les isoler du fond de la casserole. Versez de l'eau chaude dans la casserole jusqu'à ce qu'elle arrive à 1 cm du bord des cocottes. Laissez cuire 8 mn à eau frémissante.

Retirez les cocottes de l'eau et posez-les sur des assiettes. Servez aussitôt.

POUR 4 PERS.

Pays basque

PIPERADE

La piperade se prépare traditionnellement avec des petits piments verts doux à la peau très fine, en forme de corne, que l'on trouve sur les marchés de Sud-Ouest, en été et en automne.

6 tranches de jambon de Bayonne, moyennes
6 œufs
2 poivrons rouges de 150 g chacun
2 poivrons verts de 150 g chacun
1 kg de tomates mûres à point
100 g d'oignons
2 gousses d'ail
1 piment fort, vert ou rouge, frais
4 cuil. à soupe d'huile d'olive vierge extra
1 pincée de sucre semoule
sel, poivre

🐝 Allumez le gril du four. Lavez les poivrons, essuyez-les et posez-les sur la grille du four. Glissez les poivrons au four, pas trop près de la source de chaleur et laissez-les cuire pendant 20 mn environ, en les tournant souvent, jusqu'à ce que leur peau soit noire et craquelée.

🐝 Pendant ce temps, pelez les oignons et émincez-les finement. Ébouillantez les tomates 10 secondes, puis rafraîchissez-les sous l'eau courante, pelez-les, coupez-les en deux et éliminez-en les graines ; hachez grossièrement la pulpe. Pelez les gousses d'ail et hachez-les menu. Lavez le piment, coupez-le en deux et éliminez-en les graines ; hachez grossièrement la pulpe.

🐝 Lorsque les poivrons sont cuits, retirez-les du four et mettez-les dans un saladier. Couvrez-les et laissez-les tiédir. Otez-en ensuite la peau noire qui se détache très facilement et le pédoncule ; ouvrez-les en deux et éliminez les graines et les filaments blancs ; coupez la pulpe en fines lanières.

🐝 Faites chauffer 3 cuillerées à soupe d'huile dans une sauteuse antiadhésive de 26 cm. Ajoutez les oignons et faites-les cuire 5 mn, en les remuant sans cesse, jusqu'à ce qu'ils soient blonds. Ajoutez ail, piment et poivron, et mélangez encore 2 mn. Versez les tomates, salez, sucrez, poivrez et mélangez. Laissez cuire 30 mn à feu doux et à couvert, en remuant de temps en temps.

🐝 Au bout de ce temps, cassez les œufs dans un saladier, salez-les, poivrez-les et battez-les à la fourchette. Versez-les dans la sauteuse et mélangez jusqu'à ce que la préparation soit liée. Gardez au chaud.

🐝 Faites chauffer le reste d'huile dans une poêle antiadhésive de 26 cm et faites-y dorer les tranches de jambon 30 secondes de chaque côté.

🐝 Versez la piperade dans un plat creux, posez dessus les tranches de jambon et servez aussitôt.

POUR 6 PERS.   *Photo page 41*

Picardie

PÂTÉ DE CANARD D'AMIENS

Ce pâté est connu à Amiens depuix le XVIIe siècle ; on en trouve trace dans la correspondance de Mme de Sévigné. Or à Amiens, la tradition des pâtés remonte au Moyen Âge et le pâté de canard en est certainement la recette la plus représentative et la plus authentique.

700 g de pâte brisée
1 canard de 1,2 kg, avec son foie
100 g de poitrine de porc fraîche
250 g de filet de porc

250 g de chair de lapin ou de poulet
250 g de champignons de Paris
1 oignon de 100 g
2 échalotes
3 œufs
1 cuil. à soupe de lait
1 pied de veau
50 g de pistaches décortiquées, nature
2 cuil. à soupe d'eau-de-vie de genièvre
1/2 cuil. à café de quatre-épices
25 g de beurre
sel, poivre
Pour la cuisson :
10 g de beurre

🐝 Demandez à votre volailler de désosser le canard sans l'ouvrir, afin d'obtenir une vaste poche, en supprimant les ailerons et le croupion.

🐝 Préparez la farce : coupez la poitrine et le filet de porc ainsi que le lapin en cubes de 1 cm. Nettoyez le foie du lapin et coupez-le en gros cubes. Pelez l'oignon et les échalotes, et hachez-les menu. Retirez la partie terreuse du pied des champignons ; lavez les champignons et coupez-les en fines lamelles.

PÂTÉ DE CANARD D'AMIENS ET FLAMICHE AUX POIREAUX (recette page 44).

Faites fondre le beurre dans une sauteuse antiadhésive de 24 cm. Ajoutez le hachis d'oignon et d'échalotes, et mélangez 2 mn sur feu modéré, jusqu'à ce qu'ils soient blonds. Ajoutez les champignons et laissez-les cuire sur feu vif, jusqu'à ce qu'il n'y ait plus de liquide dans la sauteuse. Ajoutez alors les trois viandes et le foie du lapin. Mélangez 5 mn jusqu'à ce que les viandes blondissent puis versez le genièvre. Enflammez-le et, dès que la flamme s'est éteinte, retirez du feu. Mélangez et passez le contenu de la sauteuse au hachoir. Versez le hachis obtenu dans un saladier puis ajoutez 2 œufs entiers et 1 blanc, sel, poivre et quatre-épices. Réservez le jaune restant dans un petit bol, avec le lait. Travaillez bien le hachis à la spatule en y incorporant les pistaches. Farcissez le canard avec les deux tiers de cette farce.

Allumez le four, thermostat 6. Coupez la pâte brisée en deux parties égales. Étalez une partie sur le plan de travail en un ovale plus grand que le canard. Étalez dessus, jusqu'à 2 cm du bord, la moitié de la farce réservée. Humidifiez le bord à l'aide d'un pinceau trempé dans de l'eau froide. Posez le canard sur la farce et tartinez-en la surface du reste de farce. Étalez le reste de pâte en un ovale et posez-le sur le canard. Appuyez sur tout le bord du pâté afin que la pâte sèche et la pâte humidifiée adhèrent. Roulottez le bord vers l'intérieur et

écrasez-le avec les dents d'une fourchette. Fouettez à la fourchette le jaune d'œuf et le lait, et couvrez toute la surface du pâté de ce mélange, à l'aide d'un pinceau. Faites trois petits trous sur la pâte que vous maintenez ouverts à l'aide de trois petites cheminées faites de papier sulfurisé ou d'aluminium roulotté. Décorez le pâté avec des chutes de pâte façonnées en feuilles.

Glissez le pâté au four et laissez cuire 2 h 30. Baissez le thermostat à 5 au bout de 1 h, lorsque le pâté commence à bien dorer.

Pendant ce temps, mettez les os du canard et le pied de veau fendu en deux dans une casserole. Couvrez d'eau froide et portez à ébullition. Salez. Laissez cuire 2 h puis filtrez le bouillon obtenu.

Lorsque le pâté est cuit, retirez-le du four et versez le bouillon à l'intérieur du pâté à travers l'une des ouvertures. S'il vous reste du bouillon, mettez-le au réfrigérateur dans un plat sur 1 cm d'épaisseur afin qu'il prenne en gelée : vous découperez des petits cubes qui garniront le pâté. Laissez refroidir le pâté jusqu'au lendemain.

POUR 8 PERS.

43

Picardie

FLAMICHE AUX POIREAUX

Le mot flamiche (autrefois flamique), d'origine flamande, signifie gâteau, salé ou sucré. En Picardie, on prépare aussi des flamiches avec de la citrouille et des oignons, et la pâte feuilletée peut être remplacée par de la pâte brisée.

250 g de pâte feuilletée (p. 252)
500 g de blancs de poireau
200 g de crème fraîche épaisse
3 jaunes d'œufs
50 g de beurre
6 pincées de noix muscade râpée
sel, poivre
Pour le moule :
1 noix de beurre
Pour dorer la pâte :
1 jaune d'œuf

❧ Lavez les blancs de poireau et coupez-les en fines rondelles obliques. Faites fondre le beurre dans une sauteuse antiadhésive de 26 cm et ajoutez les blancs de poireau. Salez, poivrez et mélangez 5 mn sur feu doux, jusqu'à ce que les blancs commencent à blondir. Ajoutez alors 5 cl d'eau, couvrez et laissez cuire 30 mn sur feu très doux, jusqu'à ce qu'ils soient très tendres et translucides.
❧ Pendant la cuisson des poireaux, découpez la pâte en deux : 2/3 et 1/3. Abaissez les 2/3. Humidifiez un moule à manqué de 20 cm et garnissez-le de pâte, en la laissant déborder de 1 cm.
❧ Lorsque les poireaux sont cuits, retirez-les du feu et laissez-les tiédir. Battez les jaunes d'œufs dans une terrine, à la fourchette, en y incorporant la crème, sel, poivre et noix muscade. Ajoutez les poireaux et mélangez.
❧ Allumez le four, thermostat 6. Étalez le tiers de pâte réservé en un disque de 20 cm de diamètre. Versez la préparation aux poireaux dans le moule et couvrez-la du disque de pâte. Appuyez sur les deux bords afin de souder la pâte puis roulez vers l'intérieur du moule la partie qui déborde et écrasez le bourrelet formé avec les dents d'une fourchette.
❧ Mettez le jaune d'œuf pour dorer la pâte dans un bol et battez-le à la fourchette avec 1 cuillerée à soupe d'eau. Badigeonnez toute la surface de pâte de cette préparation, à l'aide d'un pinceau. Faites un petit trou au centre du couvercle de pâte et maintenez-le ouvert à l'aide d'une petite cheminée faite d'un petit papier roulotté (aluminium par exemple, ou sulfurisé). Glissez le moule au four et laissez cuire 40 mn, jusqu'à ce que la flamiche soit dorée.
❧ Servez la flamiche chaude ou tiède.

POUR 6 PERS. *Photo page 43*

Lyonnais

SAUCISSON CHAUD, POMMES À L'HUILE

1 saucisson à cuire, pistaché ou non
1 kg de pommes de terre à chair ferme
1 dl de vin blanc sec
4 cuil. à soupe d'huile d'arachide
2 cuil. à soupe de vinaigre de vin
1/2 cuil. à café de moutarde fine
2 échalotes
1 cuil. à soupe de ciboulette ciselée
sel, poivre

❧ Piquez le saucisson de quelques coups de fourchette pour l'empêcher d'éclater à la cuisson. Mettez-le dans une casserole et couvrez d'eau froide. Portez à ébullition et laissez frémir 30 secondes.
❧ Lavez les pommes de terre et mettez-les dans une casserole. Couvrez-les d'eau froide et portez à ébullition. Salez et laissez cuire environ 20 mn, jusqu'à ce que les pommes de terre soient tendres : la pointe d'un couteau doit les pénétrer facilement. Retirez-les de l'eau et pelez-les encore chaudes. Coupez-les en rondelles et mettez-les dans un plat creux. Arrosez-les de vin et mélangez afin qu'elles l'absorbent.
❧ Fouettez la moutarde, le vinaigre et l'huile dans un bol. Ajoutez sel et poivre. Nappez les pommes de terre de cette vinaigrette et mélangez encore. Pelez les échalotes et coupez-les en fines rondelles. Ajoutez-les dans la salade.
❧ Lorsque le saucisson est cuit, égouttez-le et retirez la peau. Coupez-le en tranches de 1 cm d'épaisseur et mettez-les au centre de la salade de pommes de terre. Parsemez de ciboulette et servez aussitôt.

POUR 4 PERS.

Savoie

SOUFFLÉ AU COMTÉ

100 g de comté finement râpé
40 g de beurre
40 g de farine
1/4 de litre de lait
3 œufs + 1 blanc
1 cuil. à soupe de crème fraîche épaisse
2 pincées de noix muscade râpée
sel, poivre
Pour le moule :
20 g de beurre

❧ Allumez le four, thermostat 7. Beurrez un moule à soufflé en porcelaine à feu de 16 cm de diamètre.
❧ Cassez les œufs en séparant les blancs des jaunes. Mettez les blancs dans un saladier et poudrez-les de 2 pincées de sel. Faites bouillir le lait dans une petite casserole.
❧ Faites fondre le beurre dans une casserole, ajoutez la farine et mélangez 1 mn sur feu doux. Versez le lait bouillant en mince filet, sans cesser de remuer, et laissez épaissir la préparation sur feu doux, en tournant sans cesse pendant 5 mn, jusqu'à obtention d'une crème épaisse.
❧ Retirez la casserole du feu et incorporez-y les jaunes d'œufs un à un, en battant sans cesse au fouet à main. Ajoutez la crème, sel, poivre et noix muscade.
❧ Battez les blancs d'œufs en neige pas trop ferme puis ajoutez 1/4 des blancs dans la casserole. Mélangez vivement au fouet puis versez ce mélange dans le saladier contenant le reste des blancs. Mélangez délicatement avec une spatule souple, en soulevant la préparation et non en la tournant, en incorporant en même temps le fromage par cuillerées.
❧ Versez la préparation dans le moule qu'elle doit remplir aux 3/4. Glissez au four et laissez cuire le soufflé 30 mn, jusqu'à ce qu'il soit gonflé et doré. Portez le soufflé à table dans son moule et servez aussitôt, à l'aide d'une grande cuillère.

POUR 3-4 PERS.

SOUFFLÉ AU COMTÉ

Corse/Côte d'Azur

RAVIOLIS

Traditionnellement, on prépare la farce de ces raviolis avec des restes de bœuf en daube ; mais on peut aussi la préparer avec du veau rapidement doré à l'huile puis haché.

Pour la pâte :
300 g de farine de blé blanche
2 œufs
2 cuil. à soupe d'huile d'olive
4 pincées de sel
Pour la garniture :
500 g de vert de blettes
750 g de viande de bœuf cuite, reste de daube
50 g de parmesan finement et fraîchement râpé
1 œuf
sel, poivre
Pour servir :
sauce tomate
parmesan finement et fraîchement râpé

❧ Préparez la pâte : tamisez la farine et le sel sur le plan de travail. Faites un puits au centre et ajoutez les œufs et l'huile. Du bout des doigts et en partant du centre vers l'extérieur, incorporez rapidement la farine aux œufs et à l'huile. Lorsque le mélange est homogène, travaillez la pâte en l'écrasant puis en la roulant en boule, jusqu'à ce qu'elle soit lisse et se détache de vos doigts.

❧ Mettez la boule de pâte dans une poche en plastique et laissez-la reposer 30 mn au moins dans un endroit frais.

❧ Pendant ce temps, préparez la farce : hachez finement la viande et mettez-la dans un saladier. Ajoutez l'œuf et le fromage, et mélangez.

❧ Ébouillantez 30 secondes le vert de blettes puis égouttez-le à fond et pressez-le pour éliminer toute l'eau. Laissez-le tiédir puis hachez-le finement au couteau. Ajoutez-le dans le saladier et mélangez bien.

❧ Lorsque la pâte a reposé, étalez-la en deux rectangles égaux. Répartissez la farce sur le premier, en petits tas de 1 cuillerée à café rase, en espaçant chacun de 2 cm. Passez un pinceau trempé dans de l'eau froide autour des tas de farce puis couvrez-les du second rectangle de pâte. Appuyez bien tout autour de la farce afin de faire adhérer les pâtes l'une à l'autre. Découpez les raviolis à l'aide d'un couteau ou d'une roulette lisse ou dentelée. Posez les raviolis sur un torchon sans les faire se chevaucher.

❧ Lorsque tous les raviolis sont prêts, faites bouillir de l'eau dans une marmite. Salez-la et plongez-y les raviolis. Laissez-les cuire 1 mn puis égouttez-les et mettez-les dans un plat creux. Nappez-les de sauce tomate, mélangez et parsemez d'un peu de parmesan râpé. Servez aussitôt, accompagnés de parmesan.

POUR 6 PERS.

RAVIOLIS

45

PETER JOHNSON

OMELETTE BRAYAUDE (en haut)
ET OMELETTE QUERCINOISE.

Auvergne

OMELETTE BRAYAUDE

Cette recette est originaire de la ville de Riom en Auvergne ; on la prépare aussi dans le Bourbonnais, où on la sert parfois sans crème et parfois sans fromage ; le jambon peut être remplacé par du lard fumé.

10 œufs
1 tranche de jambon cru de 200 g
400 g de pommes de terre à chair farineuse
50 g de cantal
3 cuil. à soupe de crème liquide
20 g de saindoux
sel, poivre

Coupez le jambon en petits cubes. Pelez les pommes de terre, lavez-les et épongez-les ; coupez-les en dés de 1 cm. Faites fondre le saindoux dans une poêle antiadhésive de 26 cm. Ajoutez les pommes de terre et mélangez pendant 2 mn, jusqu'à ce qu'elles soient dorées. Couvrez la poêle et laissez cuire 15 mn à feu très doux, en remuant de temps en temps, jusqu'à ce qu'elles soient tendres. Ajoutez alors le jambon et mélangez encore 2 mn.

Cassez les œufs dans un saladier. Ajoutez sel, poivre et battez à la fourchette. Versez les œufs battus dans la poêle et mélangez 1 mn. Couvrez la poêle et laissez cuire l'omelette 5 mn, jusqu'à ce qu'elle soit à peine prise d'un côté. Retournez-la afin qu'elle prenne de l'autre.

Pendant ce temps, râpez le cantal dans une râpe cylindrique, munie de grille à gros trous. Lorsque l'omelette est cuite, nappez-la de crème et parsemez-la de cantal. Faites-la glisser sur un plat et servez aussitôt.

POUR 6 PERS.

Quercy

OMELETTE QUERCINOISE

10 œufs
120 g de roquefort
12 cerneaux de noix
2 cuil. à café d'armagnac
20 g de graisse d'oie
sel, poivre

Cassez les œufs dans un saladier et battez-les à la fourchette en y ajoutant sel, poivre et armagnac.

Râpez grossièrement les noix et ajoutez-les dans le saladier, avec le roquefort, en l'émiettant. Mélangez.

Faire fondre le beurre dans une poêle antiadhésive de 26 cm et versez-y la préparation. Faites cuire l'omelette en remuant délicatement, jusqu'à ce que le dessous soit pris puis retournez-la et faites-la cuire de l'autre côté, couverte. Faites glisser l'omelette dans un plat et servez aussitôt.

POUR 5-6 PERS.

Côte d'Azur

PISSALADIÈRE

Pissaladière vient du mot niçois pissalat *qui désigne une purée d'anchois relevée de thym, de clou de girofle et de fenouil et additionnée d'huile d'olive. Celle-ci restant une préparation très locale, elle est le plus souvent remplacée par des filets d'anchois.*

400 g de pâte à pain (p. 253)
2 kg de gros oignons
4 gousses d'ail nouveau
125 g d'olives de Nice
16 filets d'anchois à l'huile d'olive
4 cuil. à soupe d'huile d'olive vierge extra

Pelez les oignons et émincez-les finement. Pelez les gousses d'ail et hachez-les menu. Faites chauffer 4 cuillerées à soupe d'huile dans une sauteuse antiadhésive de 26 cm. Ajoutez ail et oignons, et mélangez 10 mn sur feu doux, jusqu'à ce que les oignons soient blonds. Ajoutez alors 5 cl d'eau, salez et couvrez. Laissez cuire 30 mn, jusqu'à ce que les oignons soient translucides et très tendres. Ajoutez un peu d'eau dans la sauteuse pendant la cuisson si nécessaire.

Allumez le four, thermostat 7. Étalez la pâte à pain en l'écrasant légèrement au rouleau à pâtisserie. Huilez avec très peu d'huile une plaque de 35 × 22 cm ou un moule à tarte de 30 cm de diamètre et garnissez-le de pâte. Étalez dessus les oignons et garnissez-les de filets d'anchois, en croisillons, et d'olives. Arrosez du reste d'huile. Glissez au four et laissez cuire 30 mn.

Servez la pissaladière chaude ou tiède, découpée en parts ou en grands carrés.

POUR 6 PERS.

PISSALADIÈRE (en haut), TÂTRE DES ALLYMES (en bas à gauche, recette page 48)
ET TOURTE AUX HERBES (en bas à droite, recette page 48).

PETER JOHNSON

Lyonnais

TÂTRE DES ALLYMES

Spécialité du petit village des Allymes, le tâtre — mot régional pour tarte — peut aussi se préparer avec de la pâte brisée.

400 g de pâte à pain (p. 253)
500 g de gros oignons
125 g de fromage blanc frais égoutté : faisselle
125 g de crème fraîche épaisse
2 œufs
2 cuil. à soupe d'huile d'arachide
4 pincées de noix muscade râpée
sel, poivre

❦ Pelez les oignons et émincez-les finement. Faites chauffer l'huile dans une sauteuse antiadhésive de 24 cm. Ajoutez les oignons et mélangez 10 mn sur feu doux, jusqu'à ce qu'ils soient blonds. Réservez.

❦ Mettez le fromage dans un saladier et fouettez-le à la fourchette en y incorporant sel, poivre, noix muscade et crème. Cassez les œufs dans un bol, battez-les à la fourchette et ajoutez-les dans le saladier. Continuez de battre jusqu'à ce que la préparation soit lisse. Ajoutez les oignons et mélangez.

❦ Allumez le four, thermostat 7. Étalez la pâte à pain en l'écrasant légèrement au rouleau à pâtisserie. Huilez avec très peu d'huile une plaque de 35 × 22 cm et garnissez-la de pâte. Étalez sur la pâte la préparation aux oignons et glissez au four. Laissez cuire 30 mn, jusqu'à ce que le tâtre soit doré. Servez chaud.

POUR 6 PERS. *Photo page 47*

Pays de Loire

TOURTE AUX HERBES

Cette tourte est une spécialité typiquement tourangelle.

500 g de pâte feuilletée (p. 252)
500 g de pommes de terre à chair ferme
500 g d'épinards
250 g d'oseille
250 g de vert de blettes
1 cœur de laitue
4 brins d'estragon
4 brins de persil
250 g de crème fraîche épaisse
60 g de beurre
2 gousses d'ail
sel, poivre
Pour dorer la pâte :
1 jaune d'œuf

❦ Lavez les épinards et l'oseille, et éliminez les tiges. Egouttez-les. Lavez le vert de blettes et la laitue, et égouttez-les. Hachez grossièrement ces quatre légumes. Faites fondre la moitié du beurre dans une sauteuse antiadhésive de 26 cm et ajoutez les légumes, peu à peu. Salez. Poivrez. Laissez cuire 5 mn, sur feu vif, en remuant sans cesse, jusqu'à ce qu'il n'y ait plus de liquide dans la sauteuse. Réservez les légumes dans un plat.

❦ Pelez les pommes de terre, lavez-les, épongez-les et coupez-les en rondelles de 1/2 cm. Lavez la sauteuse et essuyez-la. Faites fondre le reste de beurre dans la sauteuse et ajoutez les pommes de terre. Faites-les cuire 15 mn, en remuant souvent, jusqu'à ce qu'elles soient blondes.

❦ Lavez persil et estragon et éliminez les tiges. Ciselez finement les feuilles. Pelez les gousses d'ail, coupez-les en deux, éliminez-en le germe et hachez-les finement.

❦ Ajoutez le hachis d'herbes et d'ail dans la sauteuse, salez, poivrez, mélangez 2 mn et retirez du feu.

❦ Allumez le four, thermostat 7. Découpez la pâte en deux : 2/3 et 1/3. Abaissez les 2/3 en un rectangle de 30 × 15 cm et posez-le sur une plaque antiadhésive. Étalez la moitié des pommes de terre sur la pâte, en laissant 2 cm de vide sur tout le tour. Posez dessus la moitié des légumes puis le reste de pommes de terre et le reste des légumes.

❦ Étalez le reste de pâte en un rectangle de 32 × 17 cm et posez-le sur la préparation. Appuyez sur les deux bords afin de souder la pâte.

❦ Mettez le jaune d'œuf pour dorer la pâte dans un bol et battez-le à la fourchette avec 1 cuillerée à soupe d'eau. Badigeonnez toute la surface de pâte de cette préparation à l'aide d'un pinceau. Faites deux petits trous au centre du couvercle de pâte et maintenez-les ouverts à l'aide de deux petites cheminées faites de papier roulotté (aluminium par exemple, ou sulfurisé). Glissez le moule au four et laissez cuire 45 mn, jusqu'à ce que la tourte soit dorée.

❦ Pendant ce temps, salez et poivrez la crème. Lorsque la tourte est cuite, versez la crème dans la tourte par les deux cheminées. Laissez reposer 10 mn et servez.

POUR 6 PERS. *Photo page 47*

Bourgogne

CORNIOTTES

500 g de pâte brisée (p. 252)
250 g de fromage blanc égoutté : faisselle
120 g de crème fraîche épaisse
200 g d'emmental
2 œufs
sel, poivre
Pour dorer les corniottes :
1 jaune d'œuf

❦ Mettez le fromage blanc dans un saladier et écrasez-le à la fourchette en y ajoutant sel, poivre et crème. Mélangez bien. Râpez grossièrement l'emmental et ajoutez-le dans le saladier. Mélangez en incorporant les œufs.

❦ Allumez le four, thermostat 7. Étalez la pâte au rouleau à pâtisserie, sur 3 mm d'épaisseur. Découpez-y 26 disques de 10 cm de diamètre.

❦ Passez votre index trempé dans de l'eau froide tout autour du premier disque de pâte et posez au centre une grosse noix de farce. Relevez le bord du disque sur trois côtés, en formant un petit tricorne. Pincez fortement la pâte entre vos doigts afin de bien enfermer la farce et d'avoir des arêtes minces. Faites de même avec tous les disques de pâte puis rangez les corniottes sur deux plaques à pâtisserie antiadhésives.

❦ Battez le jaune d'œuf avec 1 cuillerée à soupe d'eau puis badigeonnez la surface des corniottes de ce mélange à l'aide d'un pinceau.

❦ Glissez les plaques au four et laissez cuire 25 mn, jusqu'à ce que les corniottes soient bien dorées. Retirez-les alors du four et rangez-les sur un plat de service. Servez chaud ou tiède.

POUR 6 PERS.

CORNIOTTES (à gauche)
ET CERVELLE DE CANUT (à droite, recette page 37)

Flandres

ASPERGES À LA FLAMANDE

36 asperges vertes ou violettes
125 g de beurre
2 œufs
1 cuil. à soupe de persil ciselé
sel, poivre

Faites durcir les œufs à l'eau bouillante, pendant 10 mn.
Lavez les asperges et épongez-les. Éliminez la partie trop dure des queues en la cassant puis pelez les asperges. Faites-les cuire à la vapeur, pendant 8 mn environ, jusqu'à ce qu'elles soient tendres.
Préparez l'assaisonnement : faites fondre le beurre dans une petite casserole et retirez la mousse blanchâtre qui se forme à la surface. Éliminez le dépôt qui se forme : vous obtenez un beurre liquide transparent, le beurre clarifié.
Écalez les œufs durs et coupez-les en deux ; écrasez les jaunes avec une fourchette et hachez finement les blancs au couteau. Ajoutez jaunes et blancs dans le beurre, avec le persil et mélangez. Versez en saucière. Lorsque les asperges sont cuites, égouttez-les sur un linge puis répartissez-les dans quatre assiettes. Nappez de sauce au moment de déguster.

POUR 4 PERS.

Provence

SALADE NIÇOISE

Typiquement méridional, ce mets comporte des crudités, du thon, de l'ail, du basilic et de l'huile d'olive. Ne doivent y entrer ni légumes cuits, ni pommes de terre.

500 g de tomates mûres mais fermes
500 g de fèves fraîches
1 poivron rouge de 150 g
1 petit concombre
2 côtes tendres de céleri
2 petits artichauts poivrade
3 oignons nouveaux
6 œufs
12 filets d'anchois à l'huile d'olive
150 g de thon à l'huile d'olive
50 g d'olives de Nice
1 gousse d'ail
12 grandes feuilles de basilic
1/2 citron
1 dl d'huile d'olive vierge extra
sel

Mettez les œufs dans une casserole et posez-la sur feu doux. Portez à ébullition et laissez frémir 10 mn. Ensuite égouttez-les ; rafraîchissez-les sous l'eau courante, écalez-les et coupez-les en quatre.
Écossez les fèves et retirez la petite peau verte qui les recouvre. Lavez les tomates et coupez-les en huit quartiers. Lavez le concombre et coupez-le en fines rondelles. Otez les fils des côtes de céleri, lavez-les et coupez-les en fines lanières. Lavez le poivron, coupez-le en deux et éliminez les graines, le pédoncule et les filaments blancs ; coupez la pulpe en très fines lamelles. Otez les feuilles extérieures et les pointes des feuilles des artichauts ; coupez chaque artichaut en quatre et frottez chaque quartier avec le demi-citron. Pelez les oignons et émincez-les finement.
Coupez les filets d'anchois en deux dans la longueur. Égouttez le thon et émiettez-le grossièrement.
Pelez la gousse d'ail et frottez-en un plat creux. Rangez-y les tomates, le poivron, le concombre, les artichauts, les oignons, le céleri et les fèves. Garnissez-les d'anchois, de thon, d'olives et de demi-œufs durs. Ciselez les feuilles de basilic au-dessus de la salade et poudrez légèrement de sel. Arrosez d'huile d'olive et servez aussitôt.

POUR 6 PERS. *Photos pages 28-29*

Provence

PETITS FARCIS PROVENÇAUX

3 aubergines de 200 g chacune
3 courgettes de 100 g chacune
6 tomates mûres mais fermes de 150 g chacune
6 oignons de 100 g chacun
500 g de veau désossé et dégraissé : quasi, épaule...
100 g de poitrine de porc fraîche
2 œufs
10 brins de persil plat
2 brins de thym
2 gousses d'ail
50 g de parmesan finement et fraîchement râpé
3 cuil. à soupe de riz cuit à l'eau
3 cuil. à soupe d'huile d'olive vierge extra
sel, poivre

Lavez les aubergines et les courgettes, essuyez-les et coupez-les en deux dans la longueur ; retirez la pulpe en en laissant 1/2 cm tout autour de la peau. Lavez les tomates, coupez-en le quart supérieur et videz l'intérieur avec une petite cuillère. Pelez les oignons, coupez-en le quart supérieur et creusez le centre. Salez, poivrez et huilez légèrement l'intérieur de tous ces légumes, à l'aide d'un pinceau.
Hachez finement au couteau la pulpe retirée de tous ces légumes. Hachez de la même façon le veau et la poitrine de porc. Pelez les gousses d'ail et hachez-les finement.
Faites chauffer 1 cuillerée à soupe d'huile dans une poêle antiadhésive de 26 cm et ajoutez l'ail, les légumes et les viandes hachés. Mélangez 5 mn sur feu modéré, jusqu'à ce que le mélange soit doré. Versez-le dans un saladier et laissez-le tiédir.
Allumez le four, thermostat 6. Huilez, avec 1 cuillerée à café d'huile, un plat à four pouvant contenir tous ces légumes côte à côte.
Lavez le persil, éliminez les tiges et ciselez les feuilles. Ajoutez-le dans le saladier avec le riz, le parmesan, les œufs, sel et poivre. Mélangez jusqu'à obtention d'une farce homogène.
Répartissez la farce dans les légumes et rangez-les dans le plat. Arrosez-les du reste d'huile et versez 4 cuillerées à soupe d'eau au fond du plat. Glissez au four et laissez cuire 45 mn, en arrosant de temps en temps les légumes avec le jus qui se forme au fond du plat. Rajoutez un peu d'eau si celui-ci avait tendance à s'évaporer trop vite.
Lorsque les légumes sont cuits, rangez-les sur un plat de service, nappez-les du jus contenu au fond du plat et servez aussitôt.

POUR 6 PERS. *Photos pages 28-29*

Languedoc

PETITS PÂTÉS DE BÉZIERS

On raconte qu'en 1766 lord Clive vint en convalescence à Pézenas et fit confectionner ces petits pâtés par son cuisinier indien. Depuis lors, Pézenas et Béziers se disputent la paternité de cette recette ; celle de Pézenas ne comporte pas de raisins secs.

Pour la pâte :
250 g de farine de blé blanche
50 g de saindoux
2 pincées de sel de mer fin
Pour la garniture :
300 g de chair de mouton : épaule, filet
100 g de graisse de rognons de veau
50 g de raisins de Corinthe
1 citron non traité
1 cuil. à soupe de sucre roux
1 œuf
sel, poivre
Pour dorer la pâte :
1 jaune d'œuf

☙ Préparez la pâte : faites fondre le saindoux dans une petite casserole puis laissez-le tiédir. Tamisez la farine et le sel sur le plan de travail. Faites un puits au centre et versez-y le saindoux et 3 cuillerées à soupe d'eau. Travaillez le tout du bout des doigts, jusqu'à obtention d'une pâte lisse et homogène. Roulez-la en boule et enfermez-la dans un film adhésif. Laissez-la reposer 30 mn au réfrigérateur.

☙ Pendant ce temps, préparez la garniture. Lavez le citron, épongez-le et râpez son zeste au-dessus d'un saladier. Ajoutez l'œuf, les raisins, le sucre, du sel et du poivre, et mélangez.

☙ Hachez finement le mouton et grossièrement la graisse de rognons. Mettez celle-ci dans une poêle antiadhésive de 24 cm et posez-la sur feu doux. Dès qu'elle est fondue, ajoutez la viande et mélangez pendant 5 mn, jusqu'à ce qu'elle soit bien dorée. Égouttez-la avec une écumoire et ajoutez-la dans le saladier. Mélangez bien. Allumez le four, thermostat 7.

☙ Préparez les pâtés : beurrez légèrement 6 petits moules à dariole ou à brioche de 4 cm de diamètre et 3 cm de haut. Étalez finement la pâte et découpez-y 6 disques de 8 cm de diamètre et 6 autres disques de 5 cm de diamètre. Garnissez chaque moule du disque de 6 cm puis remplissez-le de farce. Humidifiez le bord de la pâte avec un pinceau trempé dans de l'eau froide et posez dessus un disque de 5 cm. Appuyez sur les deux bords afin qu'ils adhèrent bien l'un à l'autre. Percez deux petits trous sur la surface de chaque pâté avec la pointe d'un couteau afin que la vapeur s'échappe.

☙ Mettez le jaune d'œuf pour dorer la pâte dans un bol et battez-le à la fourchette avec 1 cuillerée à soupe d'eau. Badigeonnez-en toute la surface des petits pâtés et glissez-les au four. Laissez cuire 20 mn, jusqu'à ce que les pâtés soient dorés. Démoulez et servez chaud.

POUR 6 PERS.

Lorraine

QUICHE LORRAINE

Le mot quiche vient de l'allemand Kuchen *qui signifie gâteau. Les origines de la quiche lorraine remontent au XVIIe siècle, mais aujourd'hui le mot quiche s'applique aux tartes salées servies chaudes.*

250 g de pâte brisée (p. 252)
250 g de fines tranches de poitrine fumée
250 g de crème fraîche épaisse
3 œufs
50 g de beurre
6 pincées de noix muscade râpée
sel, poivre
Pour le moule :
1 noix de beurre

☙ Allumez le four, thermostat 7. Beurrez un moule à tarte à bord haut de 24 cm. Étalez la pâte et garnissez-en le moule. Réservez au frais.

PETITS PÂTÉS DE BÉZIERS (en haut) ET QUICHE LORRAINE.

☙ Coupez la poitrine fumée en petits carrés en éliminant la couenne. Faites bouillir de l'eau dans une petite casserole et plongez-y les carrés de poitrine fumée. Laissez-les bouillir 1 mn puis égouttez-les ; rincez-les sous l'eau froide et épongez-les. Faites fondre 20 g de beurre dans une poêle antiadhésive de 20 cm et faites-y dorer les carrés de poitrine fumée, en les tournant sans cesse avec une spatule. Égouttez-les ensuite dans une passoire.

☙ Cassez les œufs dans un saladier et battez-les à la fourchette en y incorporant sel, poivre et noix muscade.

☙ Sortez le moule du froid. Garnissez-en le fond de lardons et du reste de beurre en noisettes. Versez dessus le mélange crème-œufs. Glissez le moule au four et laissez cuire 30 mn environ, jusqu'à ce que la quiche soit dorée. Démoulez la quiche et servez-la chaude.

POUR 6 PERS.

Lorraine

FOIE GRAS EN TERRINE

*Mets hautement gastronomique, le foie gras en terrine — oie
ou canard — se prépare traditionnellement dans deux régions :
les Landes et l'Alsace, selon des recettes liées à la mode ou au
terroir. Autrefois, on le servait en fin de repas alors
qu'aujourd'hui on le sert en entrée.*

1 foie gras cru de canard, de 600 g
1 dl de vieux madère ou de porto
1 cuil. à café de sel de mer fin
1 cuil. à café de poivre concassé

❦ Séparez délicatement les deux lobes du foie et retirez-en
la fine pellicule qui les recouvre, les nerfs et les veines, à l'aide
d'un petit couteau pointu.

❦ Mettez les deux lobes côte à côte dans un plat creux pouvant
juste les contenir. Salez-les, poivrez-les. Arrosez-les du madère.
Couvrez le plat et mettez-le au réfrigérateur pendant 12 h.
Retournez si possible le foie une ou deux fois dans sa marinade.

❦ Lorsque le foie a mariné 12 h, retirez-le du froid et laissez-le
séjourner 1 h à température ambiante. Allumez le four,
thermostat 4. Épongez les deux lobes et mettez-les dans une
terrine pouvant juste les contenir. Mettez le couvercle.

❦ Posez la terrine dans un bain-marie chaud mais non
bouillant et glissez le tout au four. Laissez cuire 40 mn.

❦ Égouttez les lobes dans une passoire inoxydable placée
au-dessus d'un saladier, pendant 15 mn environ.

❦ Au bout de ce temps, disposez les lobes en redonnant au
foie sa forme initiale, dans une petite terrine pouvant juste les
contenir. Tassez-les avec le dos d'une cuillère. Couvrez-les
d'un papier film puis d'une planchette ou d'un carton sur
lequel vous posez un poids de 500 g afin de tasser le foie,
pendant 1 h.

❦ Après 1 h, retirez le poids, la planchette et le papier film
et couvrez le foie de 1/2 cm de la graisse récupérée dans le
saladier. Laissez figer la graisse puis couvrez la terrine et
mettez-la au réfrigérateur.

❦ Attendez 48 à 72 h avant de servir le foie, en tranches,
accompagné de tranches de pain de campagne grillées.

❦ Vous pouvez conserver cette terrine 8 jours au réfrigérateur.

POUR 6 PERS.

FOIE GRAS EN TERRINE
PIERRE HUSSENOT/AGENCE TOP

VAL DE LOIRE

Quel doux jardin !

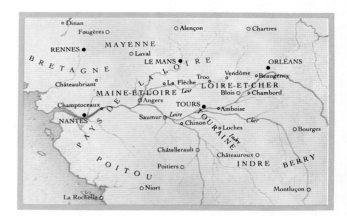

VAL DE LOIRE

Quel doux jardin !

Qu'il est doux et tendre, le jardin de la France ! Il s'étale au long d'un fleuve capricieux dont le cours paraît interminable, se parsème de couleurs amicales : camaïeux de gris, de bleu, de vert, trichant avec les contrastes, refusant les ruptures, niant toute opposition tranchée. On pourrait s'amuser à suivre son cours.

La Loire, pourtant, est devenue inutile. Elle ne charrie plus les gabares, ces bateaux à voiles qui transportaient autrefois leurs marchandises vers Nantes, l'ancien port du « bois d'ébène » et des Antilles. On la croit sage, indolente, alors qu'elle est folle, casse-cou et sans cesse tourmentée de remous.

On ne peut parler de la Loire gourmande sans évoquer d'abord le paysage comme une fugue. Et le pont de Beaugency, les toits de Blois, les levées du fleuve qui mènent jusqu'à Tours, jouant avec ses affluents : Cher, Indre, fainéant Cosson, tiède Sauldre, léchant manoirs et châteaux.

À Beaugency encore, derrière le pont qui fait le gros dos, c'est un donjon que ne veille plus que le vol des oiseaux. Là, à Orléans, c'est une île perdue au cœur du fleuve. Au loin, vers Nantes et la mer, c'est Champtoceaux, la promenade de Champalud, un panorama qui s'étale et qui s'étend. Et puis les couleurs douces et tendres de la Loire, des champs... Quel beau jardin ! Que l'on quitte le fleuve vers Loché ou vers Ouchamps, que l'on gagne les sous-bois de Sologne, les grandes futaies du parc de Chambord aux cent clochetons, ou que l'on se hasarde vers le Berry proche, guettant l'approche, à travers la campagne plate et ses étendues vertes, de la flèche du clocher de la cathédrale de Bourges, traversant les

À GAUCHE : DANS LE CALME DU CRÉPUSCULE, LE SUPERBE CHÂTEAU DE SAUMUR (XIVᵉ siècle) SE REFLÈTE DANS LES EAUX DE LA LOIRE.

PAGES PRÉCÉDENTES : LE LOIR, AFFLUENT DE LA LOIRE, ARROSE LE TOUT PETIT VILLAGE DES ROCHES-L'ÉVÊQUE.
LEO MEIER

COMME ICI À TROO, L'ARCHITECTURE DE LA VALLÉE DE LA LOIRE ÉVOQUE DES IMAGES DE CONTES DE FÉES.

champs désertés du Nivernais, flirtant avec l'architecture sévère du château de Serrant : derrière la beauté sereine du paysage façonné par l'homme perce l'appel innocent à la gourmandise.

Si les rois de France délaissèrent jadis Paris pour Chinon, y établissant leur cour, y attendant le pas trébuchant de Jeanne la Pucelle sur les pavés lisses du Grand-Carroi, c'est qu'ils savaient trouver, en Val de Loire, bonne chère, bon vin et bombance. Est-ce là la région la plus riche de France ? Mais alors ce serait la plus modeste, qui ne se vante de rien, hormis de parler le français le plus pur de France et d'ignorer tout patois.

Le miracle du vin est cependant d'ici. Après les plaisants muscadets du pays nantais, ce sont les plantureux chaumes d'Anjou, les vertueux layons que le temps bonifie, avec une longueur en bouche splendide dans les grandes années liquoreuses, l'altier savennières au nez d'amande et de tilleul, de verveine et d'acacia, le rouge frais de Chinon de cépage cabernet franc aux arômes de poivron vert et de cosse de petits pois qui cousine avec ses proches parents, le saumur-champigny et le bourgueil, le vouvray moelleux au vieillissement immense, le montlouis aimable, le gamay léger, le sauvignon coulant, le sancerre fruité, comme ses voisins, le menetou-salon et le reuilly, au goût de pierre à fusil. Tous ces vins sont élevés religieusement dans des caves de tuffeau, un calcaire blanc d'ici qui blanchit plus encore en vieillissant. On en boit, on en égrène, on en oublie. Mais il faut bien commencer par évoquer les fruits

de la vigne qui accompagnent divinement les fruits de la terre. Quel beau jardin, disais-je ! L'asperge blanche et l'endive verte sont les plus subtiles du monde, entre Loire et Sologne. Les tomates naines, qui prennent la forme de petites cerises et de mini-poires, ne sont pas rares. Les herbes, auxquelles on prête des vertus médicinales, sont innombrables. Elles se nomment : mélisse, camomille, estragon, serpolet, thym, basilic, laurier, ciboule, sarriette ou, tout bonnement, persil. Les feuilles vertes y font de douces salades et de magiques accompagnements, comme cette carambole au joli nom. Partout, la charcuterie est reine, avec les rillons de Vouvray, les rillettes du Maine et d'Anjou, l'andouillette de Jargeau, le pied de porc pané, la terrine de foies de volaille et les saucisses sèches.

Certains pâtés sont issus de gibier, car c'est ici pays de chasse : cerfs et chevreuils qui galopent à travers champs, perdreaux et faisans qui filent dans les landes de bruyère, lièvres qui s'échappent et se glissent au long des routes, canards sauvages dits « colverts » qui volent sur les étangs que veillent les bondes, entre Bracieux et Romorantin. Douce et grande Sologne parcourue par les chasses à courre ; plat Berry où les châteaux se dressent comme des éperons sur le paysage ; Orléanais aux sols de sable et aux forêts vastes, épousant les canaux : voilà les appendices du fleuve de Loire.

À CHINON, CITÉ CÉLÈBRE POUR SON VIN BLANC (QUE VANTA RABELAIS DANS *GARGANTUA* ET *PANTAGRUEL*), ON SE LIVRE ENCORE AU PASSE-TEMPS DE LA PÊCHE.

LEO MEIER

LE CHÂTEAU DE CHENONCEAUX, PROBABLEMENT LE PLUS ÉLÉGANT JOYAU DE LA LOIRE, CONSERVE DANS SES MAGNIFIQUES JARDINS ET SON ARCHITECTURE LE STYLE DU RÈGNE D'HENRI II, SOUS LEQUEL IL FUT CONSTRUIT.

Y gambadent les chèvres. Qui donnent les bons fromages : les pyramides de Valençay et de Pouligny-Saint-Pierre, les cylindres de Sainte-Maure-de-Touraine, les pavés cendrés de Selles-sur-Cher. Tous se marient admirablement avec le vin blanc issu du cépage sauvignon. À commencer par le crottin de Chavignol, qui peut se révéler dur au toucher, sableux en bouche, avec son goût d'herbe et de lait caillé, qui est produit au pays du sancerre avec qui il trouve son allié naturel. Toutes ces bonnes pâtes sont d'admirables préludes aux fruits que l'on récolte sous un climat tendre : poires d'abord, mais aussi reines-claudes et puis framboises, fraises et pêches. Les sols sableux des abords du fleuve sont un verger à l'état sauvage. La gelée de pomme et de coing que l'on nomme cotignac, la tarte aux pommes renversées et caramélisées inventée par les sœurs Tatin dans leur hôtel sis au cœur du bourg solognot de Lamotte-Beuvron, les crêpes angevines au Cointreau, cette liqueur d'ici au parfum d'orange : voilà ses enfants naturels.

Serait-ce assez pour oublier les autres richesses ? Les poissons tendres du fleuve de Loire : saumon bien rouge, brochet à chair riche mais aux arêtes nombreuses, alose, anguille, que l'on prépare en matelote, au vin de Chinon, ou que l'on accommode d'un beurre blanc dit « nantais », avec vin blanc, vinaigre et échalotes. On les pensait disparus depuis belle lurette, guettés par quelques rares pêcheurs sur les canaux, chassés par la pollution. Et c'est au contraire le réchauffement des eaux par le rejet des centrales nucléaires de Saint-Laurent-des-Eaux (près de Beaugency) ou d'Avoine (près de Chinon) qui leur redonne vie.

Et puis il faudrait parler de ces champignons élevés dans les grottes. Pleurotes grises de texture un brin caoutchouteuse, ou champignons de Paris, si mal nommés, que l'on produit, tout bonnement, dans les caves naturelles du vignoble de Saumur ou sur les bords du Cher : blancs d'apparence, ils prennent du goût, sautés à la poêle avec de l'ail.

Les volailles, elles aussi, ont leur mot à dire. Pintade à chair tendre, fine poulette que l'on nomme géline et que l'on accommode ici, comme au temps de François Ier, des châteaux de Chambord et d'Ussé, alors que l'on prisait l'art du sucré-salé : au miel de bruyère, produit ici même, ou encore assortis aux fruits des vergers, poêlées ou rôties au four, comme de fins légumes.

De cette manière aigre-douce, fort ancienne et qui n'a point attendu la vogue de la « nouvelle cuisine », de cette vague lente et sourde qui dure depuis le Moyen Âge, deux plats sont les emblèmes persistants : une noisette de porc aux pruneaux et un cul de lapereau au miel, assemblage de produits mariés avec douceur et raison qui, ailleurs, se choqueraient l'un l'autre.

Mais le Val de Loire n'est-il pas le pays des couleurs tendres, des paysages douceâtres d'apparence fragile, des vins francs et des digestions paisibles ?

59

FRUITS DE MER ET DE RIVIÈRE

Au bonheur des mollusques

LES MOULES DE BOUCHOT DE LA BAIE DU MONT-SAINT-MICHEL,
PETITES ET FORT ESTIMÉES, SONT ÉLEVÉES EN EAU PEU PROFONDE,
SUR DES POTEAUX PLANTÉS DANS LA VASE NON LOIN DU RIVAGE.

FRUITS DE MER ET DE RIVIÈRE

Au bonheur des mollusques

Un mystère nous échappe : pourquoi diable le gourmet raffole-t-il tant des mollusques à chair blanchâtre ? Il y eut, au XIXe siècle, clubs et concours de mangeurs d'huîtres qui poussaient de vertueux bourgeois à s'empiffrer en chœur, se gavant de fruits de mer.

Les huîtres de la baie du Morbihan, du Belon, de Saint-Vaast-la-Hougue n'ont pas toutes le même goût. La plate, qui fit la célébrité de Cancale, a quasiment disparu du fait d'une épidémie nommée le « bonamia ». La creuse, elle aussi décimée, a mieux survécu à sa voisine réputée plus fine. La portugaise, ainsi nommée parce qu'un navire portugais déversa un jour sa cargaison de coquillages sur la côte atlantique, a été remplacée par une espèce japonaise : la gigas.

L'huître possède en tout cas une solide réputation diététique et les amateurs de régime en font leurs délices. Sa vertu iodée joue, elle aussi, en sa faveur. À cet égard, ne vous fiez pas trop à sa couleur. Seuls les naïfs imaginent que la couleur verte est un gage de fraîcheur océane alors que celle-ci reflète les fonds marins qui ont traversé leurs bancs. Les blanches de Cancale en Bretagne-Nord et de Saint-Vaast dans le Cotentin normand, sont généralement plus iodées que leurs cousines de l'Atlantique, sises dans le golfe du Morbihan ou dans les bassins de Marennes et d'Arcachon. La consistance de l'huître est, elle aussi, trompeuse. Les mois en « r » — soit de septembre à avril —, l'huître est fraîche et vive. L'huître, très grasse et surtout laiteuse, que l'on rencontre en juillet-août,

correspond à la période de la ponte et de la reproduction. À ne pas confondre avec les huîtres naturellement plus grasses, parce que plus anciennes, que l'on dit « spéciales » chez les mareyeurs, par opposition aux « claires » plus jeunes et de saveur plus « maigre ».

Les moules sont généralement cultivées en bouchot, au large d'Oléron, et de La Rochelle, c'est-à-dire sur des piquets de bois fichés en mer : ce sont les meilleures. D'autres sont cultivées à plat, au Croisic, ou, en Méditerranée, sur cordes, comme celles dites de Bouzigues, à l'étang de Thau. Leur chair tendre, orange et savoureuse, se prête assez bien aux préparations cuisinées : en marinière, à la crème, mais aussi éclade, où il s'agit de brûler la moule, mouclade, qui n'est ni plus ni moins qu'un ragoût avec vin blanc et crème fraîche.

Que les coquillages se cuisinent n'est pas un mystère. On les fait gratiner à l'ail, avec du beurre. On les cuit « au naturel », à la poêle, ou en « nage », dans un bouillon. On risque, à trop les travailler, de leur faire perdre leur fraîcheur première. Saint-Jacques, fine et ferme, pétoncle, sa petite sœur, qui sont des mollusques à chair blanche à la saveur presque sucrée, ne supportent que des cuissons courtes conservant iode et saveur.

Homard et langouste, qui sont les rois — rares — des côtes bretonnes et se pêchent par casier, se servent assez joliment et fort naturellement grillés, accompagnés d'un beurre blanc. Les épices, les sauces fortes,

ON NÉGOCIE LES MOULES ET LES HUÎTRES FRAÎCHEMENT RÉCOLTÉES
À VIVIER-SUR-MER, DANS LA BAIE DU MONT-SAINT-MICHEL.

BEL ASSORTIMENT DE CRUSTACÉS AUX HALLES DE QUIMPER : TOURTEAUX, BOUQUETS
CUITS, LANGOUSTES, HOMARDS ET ARAIGNÉES DE MER.

style américaine (déformation d'armoricaine, c'est-à-
dire à la bretonne), doivent être utilisées avec
parcimonie. Les flambages à l'ancienne ou encore les
préparations vieillottes dites « Thermidor » (recouvertes de sauce au vin blanc moutardée, puis gratinées
au fromage râpé) ou « Newburg » (sautées dans une
sauce américaine crémée) ont pour effet de masquer
le goût naturel, voire de faire oublier le manque de
fraîcheur du produit cuisiné.

Les crevettes — la petite dite « grise », la grosse et
la plus fine, dites « bouquets » — font, en salade,
sautées, froides avec une sauce verte ou mayonnaise,
d'excellentes entrées. Les langoustines, qui, d'apparence font penser à de petits homards, se cuisinent
fort bien. Mais attention à la cuisson ! Quelques
secondes de trop, et une chair bien ferme et croquante
devient mollassonne et filandreuse.

Il faudrait distinguer les crabes qui, sous l'apparence d'une coquille dure et rouge, révèlent une chair
souple et rose. Le tourteau est le plus résistant ; l'étrille
la plus petite et la plus fine ; l'araignée la plus fragile,
la plus rare et la plus savoureuse. Tous sont riches
en vitamines, pauvres en calories et exquis, servis
froids, avec une mayonnaise citronnée.

Les coques, marines, qu'il faut bien dessabler avant
de les servir cuites ou crues, les palourdes, translucides et fines, avec leur coquille striée, exquises crues
avec un zeste de citron, les praires que l'on présente
farcies et gratinées avec un beurre d'ail ou en soupe,
comme les clams, venus d'Amérique en 1917,

63

complètent la gamme variée des coquillages marins.

Les fruits de rivière ont peu à peu disparu des eaux douces françaises, du fait des pollutions. Et les écrevisses que l'on trouvait jadis en abondance dans les ruisseaux, les étangs et les lents cours d'eau, sont généralement importées (de Turquie, notamment). Les plus renommées sont les « pattes rouges ». Mais il faut bien dire que si leur chair fine est joliment craquante, leur goût vient essentiellement de leur mode de présentation, utilisant souvent la carapace avec laquelle on confectionne des sauces ou des soupes dites bisques.

Contrairement à une opinion répandue, calamars (calmars), chipirons (leur nom basquais) ou supions (méditerranéens) ne sont pas des poissons. Ces petites pieuvres, que l'on appelle aussi « encornets », sont bien des mollusques marins, voisins de la seiche, et font partie de la famille des fruits de mer. Accommodés selon la région, farcis, avec un jus au piment doux, à la tomate, en sauce américaine ou au vin blanc, ils conservent une chair ferme et savoureuse qui garde son goût et son maintien.

LES AFFAIRES VONT FORT AU MARCHÉ DE BLOIS ; ON Y TROUVE AUSSI BIEN LES POISSONS LOCAUX D'EAU DOUCE QUE CEUX DE L'OCÉAN.

CET ALLÉCHANT ÉTALAGE NIÇOIS SE COMPOSE DE POISSONS MÉDITERRANÉENS : MOULES, CLOVISSES, HUÎTRES, SARDINES, THON, LANGOUSTE...

64

MOUCLADE

reste de crème. Versez 2 cuillerées à soupe du contenu de la marmite dans le bol, fouettez puis versez le tout dans la marmite. Ajoutez les moules et faites-les réchauffer 1 mn en remuant, sur feu très doux : la sauce ne doit plus bouillir.

Répartissez les moules et leur sauce dans des assiettes creuses chaudes et portez à table aussitôt.

POUR 4 PERS.

Provence

MOULES AUX ÉPINARDS

1 kg de grosses moules
500 g de petites moules
1 kg d'épinards
2 oignons de 100 g chacun
500 g de tomates mûres
50 g de mie de pain frais
1 pincée de sucre
3 cuil. à soupe de lait
2 cuil. à soupe d'huile d'olive
sel, poivre

Faites chauffer le lait dans une petite casserole et ajoutez le pain en l'émiettant. Laissez refroidir.

Lavez les épinards, égouttez-les et mettez-les dans une marmite, sans les égoutter complètement. Posez la marmite sur un feu vif et laissez cuire 4 mn, jusqu'à ce que les épinards soient cuits. Égouttez-les à fond puis hachez-les finement.

Lavez les moules. Grattez-les et ébarbez les petites et faites-les ouvrir sur feu vif, dans une marmite, en les tournant sans cesse avec une spatule. Égouttez-les et réservez leur jus de cuisson. Laissez-les refroidir.

Ouvrez les grosses moules en tirant sur le byssus, mais ne séparez pas les deux coquilles. Réservez le jus qui s'écoule pendant cette opération.

Retirez les petites moules de leur coquille puis hachez-les grossièrement au couteau. Filtrez leur jus ainsi que celui des moules crues dans un bol. Ajoutez le pain et les épinards, et mélangez bien, en écrasant le tout avec une fourchette. Ajoutez les moules hachées, peu de sel, du poivre et mélangez bien.

Garnissez les moules crues de ce mélange et ficelez-les afin de bien enfermer la farce.

Pelez les oignons et hachez-les menu. Ébouillantez les tomates 10 secondes, puis rafraîchissez-les sous l'eau courante, pelez-les, coupez-les en deux et éliminez-en les graines ; écrasez finement la pulpe avec une fourchette.

Faites chauffer l'huile dans une sauteuse antiadhésive de 28 cm. Ajoutez l'oignon et mélangez 2 mn avec une spatule jusqu'à ce qu'il soit blond. Ajoutez les tomates, sel, poivre et sucre et mélangez 2 mn. Ajoutez enfin les moules farcies et faites-les cuire 5 mn, en les tournant une fois.

Retirez la ficelle des moules puis rangez-les dans un plat creux. Nappez-les de sauce tomate et servez aussitôt.

POUR 6 PERS. *Photo page 67*

Charentes

MOUCLADE

En Charentes, dans l'Aunis et la Saintonge, la mouclade se prépare avec les mêmes ingrédients de base : moules de bouchot, vin, échalotes, crème et jaunes d'œufs. Les parfums varient : le curry peut être remplacé par du safran et on y ajoute parfois du pineau des Charentes, délicieux vin de liqueur préparé à base de moût de raisin et de cognac.

2,5 kg de moules de bouchot
4 dl de vin blanc sec : muscadet ou gros-plant
150 g de crème fraîche épaisse
3 jaunes d'œufs
3 échalotes grises
1 brin de thym
1 feuille de laurier
6 brins de persil
1 cuil. à café de curry en poudre
1 pincée de piment de Cayenne en poudre
25 g de beurre

Grattez les moules et ébarbez-les. Lavez-les dans plusieurs eaux puis égouttez-les. Pelez les échalotes et hachez-les menu.

Versez le vin dans une grande marmite. Ajoutez le thym, le laurier et le persil, en les brisant entre vos doigts. Posez la marmite sur un feu vif. Dès l'ébullition, plongez les moules dans la marmite et remuez-les avec une écumoire. Dès qu'elles s'ouvrent, retirez-les avec l'écumoire et réservez-les dans un saladier.

Faites réduire de moitié le liquide de cuisson des moules sur feu vif puis filtrez-le au-dessus d'un bol.

Pendant ce temps, faites fondre le beurre dans une casserole et faites-y revenir les échalotes en les remuant pendant 2 mn, jusqu'à ce qu'elles soient blondes. Ajoutez le jus des moules et laissez bouillir 1 mn.

Filtrez le contenu de la casserole au-dessus de la marmite et ajoutez le curry, le piment et les 2/3 de la crème. Laissez bouillir 1 mn. Fouettez les jaunes d'œufs dans un bol avec le

Bretagne/Normandie

MOULES MARINIÈRE

Un plat traditionnel qui se déguste dans toute la France, où il est le plus souvent préparé avec un vin blanc de pays.

3 kg de moules de bouchot
6 échalotes grises
1 gousse d'ail
1 bouquet garni : 1 feuille de laurier, 1 brin de thym,
  6 tiges de persil
1/2 litre de vin blanc sec : muscadet
2 cuil. à soupe de persil plat ciselé
50 g de beurre
poivre

Grattez les moules et ébarbez-les. Lavez-les dans plusieurs eaux puis égouttez-les. Pelez les échalotes et la gousse d'ail, et hachez-les menu. Liez les éléments du bouquet garni.

Faites fondre le beurre dans une grande marmite pouvant largement contenir les moules. Ajoutez le hachis d'ail et de persil et mélangez 1 mn sur feu doux, jusqu'à ce qu'il soit blond. Versez alors le vin, ajoutez le bouquet garni et poivrez. Laisser bouillir 2 mn puis ajoutez les moules et remuez-les avec une écumoire. Dès qu'elles s'ouvrent, retirez-les avec l'écumoire et réservez-les dans un saladier.

Faites réduire de moitié le liquide de cuisson des moules sur feu vif puis replongez-y les moules et ajoutez le persil ciselé. Mélangez 30 secondes, le temps que les moules réchauffent puis retirez le bouquet garni.

Répartissez les moules et leur sauce dans quatre assiettes creuses chaudes et portez à table aussitôt.

POUR 4 PERS.

Normandie

MOULES À LA CRÈME

Selon les régions, les moules ne sont pas élevées de la même façon. Les plus connues sont élevées en Charentes sur des piquets de bois (les bouchots) auxquels elles s'accrochent en grappes. En Bretagne, on élève les moules comme les huîtres, à plat dans des parcs. Dans le Midi, on pratique l'élevage en suspension ; dans l'étang de Thau, les fameuses moules de Bouzigues vivent constamment immergées, mais sans contact avec le fond.

4 kg de moules
1/2 litre de cidre brut
200 g de crème fraîche épaisse
3 jaunes d'œufs
4 échalotes
1 cuil. à soupe de persil ciselé
sel, poivre

Grattez les moules et ébarbez-les. Lavez-les dans plusieurs eaux puis égouttez-les. Pelez les échalotes et hachez-les menu.

Versez le cidre dans une grande marmite et posez-la sur feu vif. Ajoutez les échalotes et laissez bouillir 2 mn. Ajoutez alors les moules et remuez-les avec une écumoire. Dès qu'elles s'ouvrent, retirez-les avec l'écumoire et réservez-les dans un saladier, tenu au chaud.

Versez la moitié de la crème dans la marmite et laissez cuire à feu vif, jusqu'à obtention d'une sauce onctueuse. Filtrez-la au-dessus d'une petite casserole et gardez au chaud. Salez éventuellement et poivrez.

Fouettez le reste de crème et les jaunes d'œufs avec une fourchette. Versez ce mélange dans la casserole, sans cesser de fouetter, jusqu'à ce que la sauce devienne veloutée. Attention, elle ne doit plus bouillir, sinon elle deviendrait granuleuse. Ajoutez le persil et mélangez.

Répartissez les moules dans quatre assiettes chaudes et nappez-les de sauce à la crème. Servez aussitôt.

POUR 4 PERS.   *Photo pages 60-61*

Charentes

HUÎTRES EN BROCHETTES

Est-elle née en Charentes ou dans les cuisines de la reine Victoria, cette recette qui, en France comme en Grande-Bretagne, porte le même nom — « anges à cheval » ou « angels on horseback » — et remporte le même succès ?

24 grosses huîtres : « spéciales » ou « fines de claires n° 1 »
12 très fines tranches de poitrine fumée
6 grandes tranches de pain de mie
4 cuil. à soupe de chapelure
40 g de beurre
2 pincées de piment de Cayenne en poudre

Ouvrez les huîtres et versez leur eau dans une casserole à travers une passoire fine doublée d'une mousseline, au-dessus. Décoquillez-les.

Posez la casserole sur feu doux et dès qu'elle commence à frémir, plongez-y les huîtres. Laissez-les pocher 7 secondes puis égouttez-les dans une passoire.

Allumez le gril du four. Parez les tranches de pain de mie et faites-les légèrement griller sur les deux faces, au gril du four. Coupez ensuite chaque tranche en quatre carrés. Posez-les dans un plat à four, en quatre rangées de six carrés.

Retirez la couenne de la poitrine fumée et coupez chaque tranche en deux dans la largeur. Enroulez chaque huître de poitrine fumée puis piquez-les six par six sur des brochettes de bois ou de métal, sans trop les serrer. Placez ces brochettes sur les morceaux de pain, chaque huître reposant sur un carré de pain.

Glissez le plat au four, sous la flamme, et laissez cuire 2 mn environ, jusqu'à ce que la poitrine fumée soit très croustillante, en retournant les brochettes à mi-cuisson.

Pendant ce temps, faites fondre le beurre dans une poêle antiadhésive de 20 cm, sur feu doux. Ajoutez la chapelure et laissez-la blondir, en remuant sans cesse avec une spatule. Égouttez-la ensuite dans une passoire fine.

Retirez le plat du four et ôtez les brochettes. Poudrez les huîtres de piment et de chapelure, et servez aussitôt.

POUR 4 PERS.

MOULES AUX ÉPINARDS (en haut à gauche, recette page 65),
HUÎTRES EN BROCHETTES (en haut à droite) ET MOULES MARINIÈRE (en bas).

Bretagne

COQUILLES SAINT-JACQUES AU BEURRE BLANC

Le beurre blanc est une sauce à base de réduction d'échalotes et de vinaigre dans laquelle on incorpore du beurre. En Anjou et dans le pays nantais dont il est une spécialité, le beurre blanc se prépare avec du beurre doux, au délicieux goût de noisette, pour accompagner brochets et aloses. En Bretagne, la préparation est la même, mais elle se fait avec un beurre demi-sel aux subtiles notes iodées, pour napper poissons de mer et crustacés.

16 noix de Saint-Jacques
200 g de beurre
4 échalotes grises
1 dl de vin blanc sec
5 cl de vinaigre de vin blanc
sel, poivre

Rincez les noix de Saint-Jacques et épongez-les. Coupez-les en deux rondelles. Salez-les et poivrez-les.

Pelez les échalotes et hachez-les menu. Mettez-les dans une petite casserole avec le vin et le vinaigre, du sel et du poivre. Posez la casserole sur feu doux et laissez cuire à petits bouillons, jusqu'à ce que tout le liquide se soit presque entièrement évaporé : il doit en rester 2 cuillerées à café.

Pendant ce temps, coupez le beurre en cubes de 1,5 cm et réservez-en 20 g. Ajoutez le beurre dans la casserole, morceau par morceau, en battant vivement avec un fouet, la casserole posée sur un feu très doux. Lorsque tout le beurre est incorporé, le beurre blanc est prêt, léger et mousseux. Réservez au chaud.

Faites fondre le beurre réservé dans une poêle antiadhésive de 24 cm et faites-y dorer les noix de Saint-Jacques 20 secondes de chaque côté. Répartissez-les ensuite dans quatre assiettes chaudes et nappez-les de beurre blanc. Servez sans attendre.

POUR 4 PERS.

COQUILLES SAINT-JACQUES À LA LANDAISE (en haut) ET COQUILLES SAINT-JACQUES AU BEURRE BLANC.

Aquitaine

COQUILLES SAINT-JACQUES À LA LANDAISE

16 noix de Saint-Jacques avec leur corail
50 g de pignons
1 cuil. à soupe de persil plat ciselé
1 cuil. à soupe de vinaigre de vin vieux
2 cuil. à soupe d'huile
50 g de beurre
sel, poivre

Faites dorer les pignons dans une poêle sèche puis réservez-les dans un bol.

Rincez les Saint-Jacques et épongez-les. Coupez les noix en deux rondelles. Salez et poivrez noix et coraux.

Faites chauffer l'huile dans une poêle antiadhésive de 24 cm et faites-y dorer noix et coraux sur feu modéré, 1 mn de chaque côté. Réservez-les au chaud.

Jetez l'huile de cuisson et versez le vinaigre et autant d'eau dans la poêle. Laissez réduire le liquide de moitié puis ajoutez-y le beurre. Mélangez sur feu doux jusqu'à ce que le beurre fonde, sans le faire cuire. Ajoutez le persil et les pignons, mélangez encore et nappez les Saint-Jacques de cette sauce. Servez aussitôt.

POUR 4 PERS.

Normandie

COQUILLES SAINT-JACQUES D'ÉTRETAT

Avec ses célèbres galets, ses hautes falaises et son aiguille de 70 m, Etretat, l'une des plus jolies « cartes postales » normandes, est aussi un haut lieu gastronomique, célèbre pour ses coquillages et ses crustacés.

16 noix de Saint-Jacques avec leur corail
250 g de champignons de Paris
2 échalotes grises
100 g de crème fraîche épaisse
1 cuil. à soupe de calvados
1/4 de litre de vin blanc sec
2 jaunes d'œufs
50 g de beurre
sel, poivre

Rincez les noix et coraux de Saint-Jacques, et épongez-les. Salez-les et poivrez-les. Pelez les échalotes et hachez-les menu. Otez la partie terreuse du pied des champignons ; lavez les champignons, épongez-les et hachez-les menu. Fouettez la crème et les jaunes d'œufs dans un bol, avec une fourchette.

Faites fondre le beurre dans une poêle antiadhésive de 26 cm et ajoutez le hachis d'échalotes et de champignons. Mélangez 5 mn sur feu très doux puis ajoutez les Saint-Jacques. Faitez-les cuire 30 secondes de chaque côté puis arrosez-les de calvados et flambez. Lorsque la flamme s'est éteinte, retirez les Saint-Jacques et gardez-les au chaud.

Versez le vin dans la poêle et faites-le réduire des 2/3 sur feu vif, afin d'obtenir une sauce sirupeuse. Ajoutez le mélange crème-jaunes d'œufs et remuez, sans faire bouillir, jusqu'à ce que la sauce soit onctueuse.

Allumez le gril du four. Répartissez les coquilles Saint-Jacques dans quatre plats à gratin individuels et nappez-les de sauce. Glissez-les sous le gril, près de la source de chaleur

CALMARS FARCIS (en haut) ET CHIPIRONS EN SU TINTA (en bas, recette page 70).

pendant 30 secondes environ, jusqu'à ce que la surface des plats dore. Servez aussitôt dans les plats de cuisson.

POUR 4 PERS. *Photos pages 60-61*

Provence

CALMARS FARCIS

2 calmars de 350 g chacun
1 kg de tomates mûres
2 oignons de 100 g chacun
1 cuil. à soupe d'huile d'olive
1/2 cuil. à café de sucre
sel, poivre
Pour la farce :
2 œufs
100 g de jambon cru
1 cuil. à soupe de persil plat ciselé
1 cuil. à soupe de raisins de Corinthe
50 g de mie de pain rassis
5 cuil. à soupe de lait
1 oignon de 100 g
1 gousse d'ail
1 cuil. à soupe d'huile d'olive
sel, poivre

Préparez les calmars : posez le premier sur le plan de travail. Tenez le cornet d'une main et de l'autre tirez les tentacules. Jetez tout l'intérieur et l'os. Ne conservez de la tête que les tentacules que vous coupez au ras des yeux. Lavez les tentacules et le cornet ; s'il contient des œufs ou des laitances, laissez-les, ils sont excellents. Faites de même avec l'autre calmar. Hachez finement les tentacules.

Préparez la farce : faites chauffer le lait dans une petite casserole sur feu doux. Ajoutez la mie de pain en l'émiettant et mélangez. Retirez ensuite du feu et laissez tiédir. Rincez les raisins sous l'eau tiède. Pelez l'ail et l'oignon, et hachez-les

finement. Hachez de même le jambon. Mélangez dans un bol la mie de pain trempée, les raisins, le persil, sel et poivre.

Faites chauffer l'huile dans une poêle antiadhésive de 24 cm. Ajoutez le hachis d'ail et d'oignon, et mélangez 2 mn, jusqu'à ce qu'il soit blond. Ajoutez le jambon et les tentacules hachés, et mélangez encore 5 mn. Versez le contenu du bol et remuez 1 mn, jusqu'à ce que les œufs commencent à prendre. Mélangez jusqu'à obtention d'une farce homogène et retirez du feu.

Remplissez les cornets de calmar de farce sans trop la tasser puis cousez les ouvertures avec un fil de cuisine.

Pelez les oignons et hachez-les menu. Lavez les tomates, coupez-les en quatre et passez-les au moulin à légumes, grille moyenne.

Mettez les calmars dans une cocotte en fonte ovale et posez-la sur feu doux. Mélangez avec une spatule, jusqu'à ce que les calmars aient rendu toute leur eau. Ajoutez alors les oignons et mélangez 1 mn, jusqu'à ce qu'il n'y ait plus de liquide. Versez l'huile et mélangez 3 mn, jusqu'à ce que le tout soit légèrement doré. Ajoutez tomates, sel, poivre et sucre. Mélangez. Dès l'ébullition, couvrez la cocotte et laissez cuire 2 h à feu doux, en tournant les calmars de temps en temps.

Au bout de ce temps, retirez les calmars de la cocotte et coupez-les en rondelles de 1,5 cm. Versez la sauce dans un plat creux et posez-les dessus. Servez aussitôt.

POUR 4 PERS.

Pays basque

CHIPIRONS EN SU TINTA

« Chipirones » est le nom que l'on donne aux calmars en Pays basque.

1,2 kg de chipirons
1/4 de litre de vin blanc sec
250 g de tomates mûres
1 oignon de 100 g
1 gousse d'ail
4 pincées de piment de Cayenne en poudre
3 cuil. à soupe d'huile d'olive
sel, poivre
Pour la farce :
75 g de mie de pain rassis
1 oignon de 100 g
1 gousse d'ail
1 cuil. à soupe d'huile d'olive
sel, poivre

Préparez les chipirons : posez le premier sur le plan de travail. Tenez le cornet d'une main et de l'autre tirez les tentacules. Jetez tout l'intérieur en réservant la poche d'encre et l'os. Ne conservez de la tête que les tentacules que vous coupez au ras des yeux. Lavez les tentacules et le cornet. Faites de même avec tous les chipirons. Hachez finement tous les tentacules.

Préparez la farce : pelez ail et oignon, et hachez-les menu. Râpez la mie de pain dans un robot afin de la réduire en une chapelure grossière. Faites chauffer l'huile dans une poêle antiadhésive de 20 cm. Ajoutez le hachis d'ail et d'oignon et mélangez 5 mn sur feu doux, sans laisser prendre couleur. Ajoutez les tentacules, sel, poivre et mélangez encore 5 mn. Ajoutez la mie de pain, mélangez et retirez du feu. Farcissez tous les chipirons de cette préparation et fermez-les avec un bâtonnet.

Pelez l'oignon et l'ail, et hachez-les menu. Ébouillantez les tomates 10 secondes, puis rafraîchissez-les sous l'eau courante, pelez-les, coupez-les en deux et éliminez-en les graines ; hachez finement la pulpe. Écrasez les poches d'encre dans une petite passoire au-dessus d'un bol.

Faites chauffer l'huile dans une sauteuse antiadhésive de 26 cm et ajoutez les chipirons farcis et le hachis d'ail et d'oignon. Mélangez 5 mn sur feu doux puis versez le vin et laissez-le s'évaporer sur feu vif. Ajoutez les tomates, sel, poivre et piment, et mélangez jusqu'à ce que les tomates ne rendent plus d'eau. Versez l'encre contenue dans le bol, mélangez et laissez mijoter 30 mn. Servez chaud.

POUR 4 PERS.

Provence

LES BAISERS

« Lei poutoun » en provençal. C'est le délicieux bruit du baiser que font les convives en savourant ce plat qui lui a valu son nom.

2 kg de palourdes
2 kg d'épinards
1 oignon de 100 g
1 cuil. à soupe d'huile d'olive
sel
Pour l'aïoli :
1 gousse d'ail
1 jaune d'œuf
5 cl d'huile d'arachide
5 cl d'huile d'olive
2 pincées de sel

Préparez l'aïoli : pelez la gousse d'ail et hachez-la grossièrement. Mettez-la dans le bol d'un robot avec le jaune d'œuf et le sel. Mixez 10 secondes puis versez l'huile d'arachide puis l'huile d'olive, sans cesser de mixer jusqu'à obtention d'une sauce émulsionnée. Réservez.

Équeutez les épinards, lavez-les et égouttez-les. Coupez-les en lanières de 1 cm de large. Pelez l'oignon et hachez-le menu.

Faites chauffer l'huile dans une sauteuse antiadhésive de 2 cm et ajoutez l'oignon. Mélangez 3 mn sur feu doux, jusqu'à ce qu'il soit blond puis ajoutez les épinards. Salez. Mélangez et laissez cuire 5 mn à couvert, jusqu'à ce que les épinards s'écrasent facilement.

Lavez les palourdes dans plusieurs eaux puis égouttez-les. Mettez-les dans une marmite et posez-la sur feu vif. Laissez cuire en remuant, jusqu'à ce que les coquillages soient ouverts. Retirez-les avec une écumoire et éliminez la valve vide. Gardez au chaud.

Filtrez le jus de cuisson des coques dans une petite casserole et faites-le réduire de moitié. Ajoutez-le à l'aïoli, en mélangeant délicatement. Versez cette préparation dans les épinards et mélangez afin que l'aïoli soit bien incorporé. Ajoutez les coquillages, mélangez et servez aussitôt.

POUR 4 PERS.

Provence

CALMARS AU RIZ

Calmar vient du vieux français « calamar », qui au XIIIe siècle désignait une écritoire. Comme le calamar, il contient tout ce qu'il faut pour écrire : l'encre et la plume, nom donné à son petit os transparent.

1,2 kg de calmars moyens
300 g de riz de Camargue
250 g de tomates mûres
2 oignons de 100 g chacun
3 gousses d'ail
1 cuil. à café de graines de fenouil
1 cuil. à café d'herbes de Provence
4 pincées de filaments de safran
2 pincées de piment de Cayenne en poudre
3 cuil. à soupe d'huile d'olive
sel, poivre

Préparez les calmars : posez le premier sur le plan de travail. Tenez le cornet d'une main et de l'autre tirez les tentacules. Jetez tout l'intérieur et l'os. Ne conservez de la tête que les tentacules que vous coupez au ras des yeux. Lavez les tentacules et le cornet ; s'il contient des œufs ou des laitances, laissez-les, ils sont excellents. Coupez tentacules et cornet en rondelles de 1 cm. Faites de même avec les autres calmars.

Pelez ail et oignons, et hachez-les menu. Ébouillantez les tomates 10 secondes, puis rafraîchissez-les sous l'eau courante, pelez-les, coupez-les en deux et éliminez-en les graines ; hachez finement la pulpe.

Mettez les calmars dans une cocotte en fonte de 6 litres et posez-la sur feu doux. Mélangez avec une spatule, jusqu'à ce que les calmars aient rendu toute leur eau. Ajoutez alors le hachis d'ail et d'oignon et mélangez encore, jusqu'à ce qu'il n'y ait plus de liquide. Ajoutez alors l'huile, le safran, les herbes de Provence, les graines de fenouil, sel, poivre, piment de Cayenne et le riz. Remuez jusqu'à ce que le tout soit légèrement doré.

« BAISERS » (au premier plan) ET CALMARS AU RIZ (au second plan), PHOTOGRAPHIÉS EN PROVENCE.

Versez les tomates dans la cocotte et ajoutez 3/4 de litre d'eau. Dès l'ébullition, couvrez et laissez cuire 25 mn environ, jusqu'à ce que le riz soit tendre. Servez chaud, dans la cocotte.

POUR 6 PERS.

Bretagne/Normandie

CREVETTES AU CIDRE

Cette recette se prépare avec de petites crevettes grises, vivantes, qui sont pêchées toute l'année au haveneau, filet en forme de poche d'un mètre de profondeur à très fines mailles.

1 kg de crevettes grises vivantes
75 cl de cidre brut
2 cuil. à soupe de gros sel de mer
poivre
Pour servir :
pain complet
beurre demi-sel

Versez le cidre dans une marmite et portez à ébullition. Ajoutez le gros sel et mélangez. Plongez les crevettes dans le cidre bouillant et dès la reprise de l'ébullition, comptez 1 mn de cuisson.

Égouttez les crevettes et mettez-les dans un plat creux. Poivrez-les et servez-les sans attendre avec du pain complet tartiné de beurre demi-sel.

POUR 4 PERS.

Bretagne

LANGOUSTINES DE GUILVINEC

Près de Quimper, le petit port de Guilvinec est célèbre pour son marché aux poissons. Tous les jours, en fin d'après-midi, les pêcheurs ramènent poissons, coquillages et crustacés vivants, et parmi eux, les délicates langoustines, dont la saveur et la finesse sont incomparables.

12 langoustines « royales » de 80 g chacune
150 g de beurre
1 cuil. à soupe de jus de citron
1 cuil. à soupe d'estragon ciselé
2 pincées de piment de Cayenne en poudre
4 pincées de paprika doux
sel, poivre

Allumez le four, thermostat 8. Coupez les langoustines en deux dans la longueur et retirez la poche caillouteuse située dans la tête. Rangez les demi-langoustines dans un plat à four pouvant juste les contenir.

Mettez le beurre dans une petite casserole et faites-le fondre sur feu doux. Retirez la casserole du feu et ajoutez estragon, sel, poivre, piment et paprika. Badigeonnez la chair de chaque langoustine d'une cuillerée à café de ce beurre parfumé. Glissez le plat au four et laissez cuire 5 mn.

Pendant ce temps, ajoutez le jus de citron dans la casserole, en fouettant vivement, jusqu'à obtention d'une sauce émulsionnée. Versez la sauce dans une saucière.

Répartissez les langoustines dans quatre assiettes et servez-les aussitôt. Nappez de beurre parfumé au moment de déguster.

POUR 4 PERS.

PHOTOGRAPHIÉS EN BRETAGNE : CREVETTES AU CIDRE (en haut à gauche), COQUES À LA FAÇON DE ROZ-SUR-COUESNON (en haut à droite, recette page 74), HOMARD AU CURRY (à gauche, recette page 74) ET LANGOUSTINES DE GUILVINEC (au centre).

73

Bretagne

COQUES À LA FAÇON DE ROZ-SUR-COUESNON

2 kg de coques
4 échalotes grises
2 gousses d'ail
4 cuil. à soupe de persil plat ciselé
75 g de mie de pain rassis
50 g de beurre
poivre

Lavez les coques dans plusieurs eaux puis égouttez-les. Pelez les échalotes et les gousses d'ail et hachez-les menu. Râpez la mie de pain dans un robot afin de la réduire en chapelure grossière. Mélangez ail, oignon, chapelure et persil.

Mettez les coques dans une grande marmite et posez-la sur feu vif. Ajoutez le beurre et le poivre, et faites-les cuire jusqu'à ce qu'elles s'ouvrent en les remuant souvent avec une écumoire et en les parsemant régulièrement du mélange ail-oignon-chapelure-persil.

Lorsque toutes les coques sont ouvertes, répartissez-les avec leur sauce dans des assiettes creuses chaudes et portez à table aussitôt.

POUR 4 PERS.

Bretagne

HOMARD AU CURRY

Les grands ports bretons comme Saint-Malo, Brest et Lorient ont toujours été des têtes de pont du commerce avec les Indes ou l'Amérique. Le curry, qui s'écrit aussi cari ou kari, a été utilisé très tôt pour accommoder poissons et crustacés. Il est très vite devenu une préparation locale que l'on achetait en petits sachets sous le nom de « cari lorientais » et qui servait à préparer le homard — que l'on appelait alors « le rouge » —, mais aussi les langoustines, la lotte, la raie, les praires, le saint-pierre, le poulet et l'agneau.

1 homard vivant de 800 g
3 dl de vin blanc sec
3 cuil. à soupe de calvados
1 bouquet garni : 1 feuille de laurier, 1 brin de thym,
    6 brins de persil
1 oignon de 100 g
3 gousses d'ail
1 cuil. à café de curry fort, en poudre
2 cuil. à soupe d'huile
75 g de beurre
sel, poivre

Coupez le homard en deux au ras de la tête et réservez le jus qui s'écoule dans une petite casserole. Coupez la tête en deux dans la longueur et éliminez-en la poche caillouteuse ; réservez le corail et les parties crémeuses dans la casserole et ajoutez le beurre. Coupez les queues en tronçons en suivant les anneaux.

Pelez ail et oignon, et hachez-les séparément.

Faites chauffer l'huile dans une sauteuse antiadhésive de 26 cm. Ajoutez les morceaux de homard. Faites-les revenir 3 mn environ, en les tournant sans cesse, jusqu'à ce qu'ils deviennent bien rouges. Salez, poivrez et ajoutez le curry et l'oignon haché. Mélangez encore 3 mn, sur feu doux, sans laisser dorer l'oignon puis ajoutez l'ail et mélangez 1 mn. Arrosez le tout de calvados. Laissez-le s'évaporer puis versez le vin dans la sauteuse et laissez-le réduire de moitié en

mélangeant jusqu'à obtention d'une sauce onctueuse. Réservez les morceaux de homard dans un plat chaud.

Posez la petite casserole contenant beurre, corail et parties crémeuses sur un feu doux. Faites fondre le beurre en fouettant afin qu'il devienne mousseux.

Ajoutez le jus contenu dans la sauteuse, en le filtrant.

Nappez le homard de sauce et servez aussitôt.

POUR 2 PERS.

Languedoc

CIVET DE LANGOUSTE AU BANYULS

Produit sur les cantons de Banyuls, Collioure, Port-Vendres et Cerbère, le banyuls est un vin doux naturel, qui se sert frais à l'apéritif ou au dessert. Il existe des banyuls doux et demi-secs.

2 langoustes vivantes de 1 kg chacune
1/2 litre de banyuls jeune
5 cl de cognac
1 carotte de 100 g
2 oignons de 100 g chacun
2 échalotes grises
3 gousses d'ail
500 g de tomates mûres
150 g de jambon cru en fines tranches
1 dl d'huile
2 pincées de piment de Cayenne en poudre
sel, poivre

Pelez la carotte et lavez-la. Pelez oignons, échalotes et ail et hachez-les menu. Coupez le jambon en très fines lamelles. Ébouillantez les tomates 10 secondes, puis rafraîchissez-les sous l'eau courante, pelez-les, coupez-les en deux et éliminez-en les graines ; hachez finement la pulpe.

Coupez les langoustes en deux au ras de la tête et réservez le jus qui s'écoule dans un bol. Coupez les têtes en deux dans la longueur et éliminez-en la poche caillouteuse ; réservez le corail — il est de couleur verte à l'état cru — et les parties crémeuses dans le bol. Coupez les queues en tronçons en suivant les anneaux.

Faites chauffer l'huile dans une sauteuse antiadhésive de 26 cm et faites-y revenir les morceaux de langouste en les tournant sans cesse pendant 5 mn. Salez, poivrez puis ajoutez le hachis de légumes, le jambon et le piment. Mélangez encore 5 mn puis versez le cognac et laissez-le s'évaporer sur feu vif.

Retirez les morceaux de langouste de la sauteuse et réservez-les au chaud. Ajoutez les tomates dans la sauteuse et versez-y le vin. Portez à ébullition et laissez réduire la sauce de moitié sur feu vif.

Remettez alors les morceaux de langouste dans la sauteuse, avec le contenu du bol. Laissez frémir encore 3 mn et versez le civet dans un plat creux.

Servez aussitôt.

POUR 6 PERS.

CIVET DE LANGOUSTE AU BANYULS (en haut à droite),
LIMOUSINE D'ÉCREVISSES (à gauche, recette page 76)
ET GRATIN DE QUEUES D'ÉCREVISSES (en bas, recette page 76).

PETER JOHNSON

74

Limousin

LIMOUSINE D'ÉCREVISSES

24 écrevisses vivantes
100 g de crème fraîche épaisse
2 échalotes grises
2 cuil. à soupe de cognac
1/2 litre de vin blanc sec
3 cuil. à soupe de purée de tomate
1 bouquet garni : 1 feuille de laurier, 1 brin de thym,
    6 tiges de persil
2 cuil. à soupe d'estragon ciselé
2 jaunes d'œufs
2 pincées de piment de Cayenne en poudre
25 g de beurre
sel, poivre

✤ Châtrez les écrevisses : tirez la nageoire centrale de la queue en la tournant afin de retirer le boyau noir. Rincez-les et égouttez-les. Pelez les échalotes et hachez-les menu. Liez les éléments du bouquet garni.
✤ Faites fondre le beurre dans une sauteuse antiadhésive de 28 cm. Ajoutez les écrevisses, couvrez et laissez cuire 5 mn. Ajoutez les échalotes, salez, poivrez et mélangez 2 mn, sur feu doux. Versez le cognac et enflammez-le. Lorsque la flamme s'est éteinte, ajoutez le vin, la purée de tomate et le bouquet garni. Mélangez 2 mn puis retirez les écrevisses avec une écumoire et gardez-les au chaud.
✤ Faites réduire le contenu de la sauteuse sur feu vif, pendant 5 mn environ, jusqu'à obtention d'un liquide sirupeux. Ajoutez la moitié de la crème, laissez cuire encore 2 mn puis retirez le bouquet garni.
✤ Fouettez les jaunes d'œufs à la fourchette en y ajoutant le reste de crème. Versez ce mélange dans la sauteuse et retirez du feu. Tournez avec une spatule jusqu'à obtention d'une sauce onctueuse. Ajoutez les écrevisses et mélangez 30 secondes.
✤ Versez les écrevisses et leur sauce dans un plat creux, parsemez d'estragon et servez aussitôt.

POUR 4 PERS. *Photo page 75*

Savoie/Lorraine

GRATIN DE QUEUES D'ÉCREVISSES

Il existe de très nombreuses variétés de ce petit crustacé d'eau douce, cuisiné et apprécié dans toute la France, la meilleure étant sans doute l'écrevisse « à pattes rouges ».

3 kg d'écrevisses vivantes
250 g de champignons de Paris
100 g de crème fraîche épaisse
2 jaunes d'œufs
1 cuil. à café d'arrow-root
2 cuil. à soupe de chapelure
2 cuil. à soupe d'emmental râpé
1 branche de céleri
1 feuille de laurier
1 brin de thym
4 brins de persil
1 oignon de 50 g
1 carotte de 50 g
2 gousses d'ail
2 clous de girofle
6 grains de poivre
25 g de beurre
sel, poivre

✤ Pelez l'oignon et piquez-le des clous de girofle. Pelez les gousses d'ail et coupez-les en deux. Pelez la carotte et coupez-la en rondelles. Mettez oignon, ail et carotte dans une grande marmite. Ajoutez thym, laurier, persil et grains de poivre. Versez 2,5 litres d'eau. Portez à ébullition et salez abondamment. Laissez cuire 15 mn à petits frémissements.
✤ Pendant ce temps, châtrez les écrevisses : tirez la nageoire centrale de la queue en la tournant afin de retirer le boyau noir. Rincez-les et égouttez-les.
✤ Au bout de 15 mn de cuisson du bouillon, plongez les écrevisses dans la marmite, couvrez et comptez 5 mn. Égouttez-les, en réservant le bouillon, et laissez-les tiédir.
✤ Décortiquez les écrevisses et réservez dans un bol la chair des queues, le corail et les parties crémeuses des têtes. Pilez grossièrement les carcasses et plongez-les dans le bouillon. Laissez cuire 10 mn à feu vif.
✤ Pendant ce temps, retirez la partie terreuse du pied des champignons. Lavez les champignons sous l'eau courante, égouttez-les et coupez-les en fines lamelles. Faites fondre la moitié du beurre dans une poêle antiadhésive de 24 cm et faites-y cuire les champignons jusqu'à ce qu'ils ne rendent plus d'eau et soient dorés. Réservez-les dans le bol, avec les écrevisses.
✤ Filtrez le bouillon au-dessus d'une casserole et laissez-le réduire jusqu'à ce qu'il en reste environ 3/4 de litre. Salez et poivrez si nécessaire.
✤ Allumez le four, thermostat 10. Incorporez la fécule à la moitié de la crème, en remuant avec un fouet à main. Fouettez les jaunes d'œufs avec une fourchette et incorporez-les au reste de crème.
✤ Versez le mélange crème-fécule dans la sauce et laissez cuire à petits frémissements, pendant 3 mn environ, en remuant sans cesse avec une spatule, jusqu'à ce que la sauce épaississe. Retirez alors du feu et incorporez le mélange crème-œufs. Gardez la sauce au chaud, sans la faire bouillir.
✤ Beurrez avec le beurre réservé un plat à gratin pouvant juste contenir écrevisses, champignons et sauce. Étalez-y le mélange écrevisses-champignons et nappez de sauce. Mélangez la chapelure et le fromage, et parsemez-en le plat. Glissez le plat au four et laissez gratiner quelques minutes. Servez aussitôt.

POUR 6 PERS. *Photo page 75*

Champagne

ÉCREVISSES AU CHAMPAGNE

36 écrevisses vivantes
2 dl de champagne brut
200 g de crème fraîche épaisse
3 échalotes grises
1 cuil. à soupe d'estragon ciselé
50 g de beurre
1 cuil. à soupe de marc de champagne
2 pincées de piment de Cayenne en poudre
sel, poivre

✤ Châtrez les écrevisses : tirez la nageoire centrale de la queue en la tournant afin de retirer le boyau noir. Rincez-les et égouttez-les. Pelez les échalotes et hachez-les menu.
✤ Faites fondre le beurre dans une sauteuse de 26 cm et ajoutez les échalotes. Faites-les blondir en les remuant pendant 3 mn. Ajoutez les écrevisses et mélangez pendant 5 mn, en les tournant sans cesse. Salez, poivrez puis versez le marc et flambez. Dès que la flamme s'est éteinte, versez le champagne. Dès l'ébullition, couvrez et comptez 5 mn de cuisson.

INGRÉDIENTS POUR LES ÉCREVISSES AU CHAMPAGNE.

Au bout de ce temps, égouttez les écrevisses avec une écumoire et réservez-les au chaud dans un plat de service. Faites réduire leur jus de cuisson de moitié, à feu vif. Ajoutez la crème, mélangez et laissez réduire pendant 2 à 3 mn sur feu vif, jusqu'à obtention d'une sauce onctueuse. Ajoutez le piment puis filtrez la sauce et nappez-en les écrevisses. Parsemez d'estragon et servez.

POUR 4 PERS.

77

Bretagne

PALOURDES FARCIES À LA LORIENTAISE

24 palourdes
50 g de beurre demi-sel
2 oignons de 100 g chacun
4 cuil. à soupe de chapelure
poivre
gros sel

☙ Pelez les oignons et hachez-les menu. Faites fondre le beurre dans une poêle antiadhésive de 22 cm et ajoutez les oignons. Poivrez et faites cuire les oignons 5 mn à feu doux, en remuant souvent avec une spatule, jusqu'à ce qu'ils soient tendres. Allumez le gril du four.

☙ Lavez les palourdes dans plusieurs eaux puis égouttez-les. Mettez-les dans une marmite et posez-la sur feu vif. Laissez cuire en remuant, jusqu'à ce que les coquillages soient ouverts. Retirez-les avec une écumoire et éliminez la valve vide. Versez le jus en le filtrant dans les oignons, mélangez et laissez-le réduire de moitié.

☙ Rangez les palourdes six par six dans quatre plats à œufs garnis de gros sel, ou dans des plats à escargots. Garnissez chaque palourde d'oignons puis poudrez-les de chapelure.

☙ Glissez les plats au four, près de la flamme, et laissez cuire 3 mn, jusqu'à ce que la chapelure dore. Servez aussitôt dans les plats.

POUR 4 PERS.

Pays basque

SALADE D'ARAIGNÉES

Délicieuse au printemps et en été, l'araignée de mer se caractérise par sa chair blanche, fine et délicate, sa carapace triangulaire bombée et ses longues pattes grêles. Les meilleures sont les femelles, riches en corail. Très abondantes dans l'Atlantique, les araignées se pêchent aussi en Méditerranée et dans la Manche.

4 araignées vivantes de 800 g chacune
4 œufs
1 cuil. à soupe de menthe ciselée
1 cuil. à café de jus de citron
1 cuil. à café de moutarde forte
1,5 dl d'huile d'olive vierge extra
2 pincées de piment de Cayenne en poudre
2 cuil. à soupe de vinaigre de vin vieux
1 bouquet garni : 1 feuille de laurier, 1 brin de thym,
   6 brins de persil
2 cuil. à soupe de gros sel de mer
sel, poivre

☙ Versez 3 litres d'eau dans une grande marmite et portez à ébullition. Liez les éléments du bouquet garni avec un fil de cuisine et ajoutez-le dans l'eau avec le gros sel et le vinaigre. Plongez les araignées dans cette eau et, dès la reprise de l'ébullition, comptez 15 mn de cuisson.

☙ Lorsque les araignées sont cuites, égouttez-les puis laissez-les tiédir. Ensuite, ouvrez-les et réservez la chair, le corail et les parties crémeuses des carapaces. Brossez celles-ci sous l'eau courante. Émiettez grossièrement la chair, corail et parties crémeuses dans un saladier.

☙ Mettez les œufs dans une casserole et couvrez-les d'eau froide. Portez à ébullition et comptez 4 mn de cuisson. Ensuite cassez les œufs et coupez-les en deux. Versez les jaunes dans un bol. Ajoutez la moutarde, salez, poivrez et mélangez avec

une fourchette. Versez alors l'huile en mince filet, en battant avec un fouet à main, jusqu'à obtention d'une sauce épaisse et émulsionnée. Ajoutez la menthe et le jus de citron et mélangez. Coupez les blancs en petits dés et ajoutez-les dans le saladier.

☙ Versez la sauce dans le saladier et mélangez délicatement.

☙ Répartissez la garniture dans les carapaces et servez sans attendre.

POUR 4 PERS.

Pays basque

ARAIGNÉES FARCIES

4 araignées vivantes de 800 g chacune
2 échalotes
1 oignon de 100 g
1 carotte de 100 g
1 blanc de poireau
1 côte tendre de céleri avec ses feuilles
1 piment frais
500 g de tomates mûres
5 cl de xérès sec
1 dl de bouillon de volaille (p. 253)
1 cuil. à soupe de persil plat ciselé
1 cuil. à soupe de parmesan finement et fraîchement râpé
1 cuil. à soupe de chapelure
2 cuil. à soupe de gros sel de mer
2 cuil. à soupe d'huile
sel, poivre

☙ Versez 3 litres d'eau dans une grande marmite et portez à ébullition. Ajoutez le gros sel et plongez les araignées dans cette eau. Dès la reprise de l'ébullition, comptez 15 mn de cuisson.

☙ Pendant ce temps, pelez oignon, échalotes et carotte. Lavez la carotte, le piment, le blanc de poireau et la côte de céleri. Hachez finement tous ces légumes. Ébouillantez les tomates 10 secondes, puis rafraîchissez-les sous l'eau courante, pelez-les, coupez-les en deux et éliminez-en les graines ; hachez finement la pulpe.

☙ Lorsque les araignées sont cuites, égouttez-les puis laissez-les tiédir. Ensuite, ouvrez-les et réservez la chair, le corail et les parties crémeuses des carapaces. Brossez celles-ci sous l'eau courante. Émiettez chair, corail et parties crémeuses dans un bol.

☙ Allumez le four, thermostat 8. Faites chauffer l'huile dans une sauteuse antiadhésive de 26 cm. Ajoutez les légumes hachés et remuez 5 mn sur feu modéré, jusqu'à ce que le mélange soit blond. Versez le xérès et laissez-le s'évaporer sans cesser de remuer. Ajoutez les tomates, salez, poivrez, mélangez puis versez le bouillon de volaille. Laissez cuire à feu vif, pendant 5 mn environ, jusqu'à ce qu'il n'y ait plus de liquide. Ajoutez alors le contenu du bol et mélangez encore 2 mn. Retirez du feu, ajoutez le persil et mélangez encore.

☙ Répartissez la farce dans les carapaces des araignées.

☙ Mélangez la chapelure et le fromage et parsemez la surface de la farce de ce mélange. Glissez les araignées au four et laissez cuire environ 15 mn, jusqu'à ce que la farce soit gratinée. Servez chaud.

POUR 4 PERS.

ARAIGNÉES FARCIES (à gauche), SALADE D'ARAIGNÉES (en bas à droite)
ET CHIPIRONS EN SU TINTA (en haut à droite, recette page 70).

Normandie

CRABES FARCIS

Pêchés tout le long des côtes normande et bretonne, les tourteaux, gros crabes qui se caractérisent par deux énormes pinces très charnues, sont aussi appelés dormeurs, endormis, pouparts, clos-poings...

2 tourteaux vivants de 1 kg chacun
2 échalotes
1 oignon de 100 g
2 gousses d'ail
100 g de mie de pain frais
2 cuil. à soupe de persil plat ciselé
2 cuil. à soupe de calvados
3 cuil. à soupe de lait
2 cuil. à soupe de vinaigre de vin vieux
1 bouquet garni : 1 feuille de laurier, 1 brin de thym,
    6 brins de persil
1 cuil. à soupe de chapelure
2 pincées de piment de Cayenne en poudre
4 pincées de noix muscade râpée
2 cuil. à soupe de gros sel de mer
1 cuil. à soupe d'huile
30 g de beurre
sel, poivre

❦ Versez 3 litres d'eau dans une grande marmite et portez à ébullition. Liez les éléments du bouquet garni avec un fil de cuisine et ajoutez-le dans l'eau avec le gros sel et le vinaigre. Plongez les crabes dans cette eau et dès la reprise de l'ébullition, comptez 20 mn de cuisson à petits frémissements.

❦ Pendant ce temps, pelez les gousses d'ail et passez-les au presse-ail au-dessus d'une coupelle. Pelez oignon et échalotes et hachez-les menu. Faites bouillir le lait dans une petite casserole puis retirez-le du feu et ajoutez-y la mie de pain en l'émiettant finement entre vos doigts.

❦ Lorsque les crabes sont cuits, égouttez-les puis laissez-les tiédir. Ensuite, ouvrez-les et réservez la chair, le corail et les parties crémeuses des carapaces. Brossez celles-ci sous l'eau courante. Réservez la chair des pinces. Émiettez chair, corail et parties crémeuses dans un bol et ajoutez le calvados.

❦ Allumez le four, thermostat 8. Faites chauffer l'huile dans une poêle antiadhésive de 24 cm et ajoutez le hachis d'oignon et d'échalotes. Mélangez 3 mn sur feu doux, jusqu'à ce qu'il soit juste blond puis ajoutez l'ail et mélangez encore 1 mn. Retirez du feu et ajoutez le pain gonflé dans le lait, le persil, sel, poivre, piment et noix muscade. Mélangez et ajoutez le contenu du bol. Mélangez encore.

❦ Répartissez la farce dans les carapaces des crabes et parsemez de chapelure puis du beurre en lamelles. Glissez les crabes au four et laissez cuire environ 15 mn, jusqu'à ce que la farce soit légèrement gratinée. Servez chaud.

POUR 2 PERS. *Photos pages 60-61*

Île-de-France

HOMARD À L'AMÉRICAINE

Doit-on dire homard à l'américaine ou à l'armoricaine ? Le problème n'a jamais été résolu. Le fait est qu'en 1854, un cuisinier français originaire de Sète, Pierre Fraysse, après une longue carrière outre-Atlantique, ouvre un restaurant à Paris. Il improvisa, dit-on, pour des clients américains ce homard dont la sauce à base de vin blanc, de fine champagne et de tomate rappelle ses origines méditerranéennes. La version « armoricaine » de ce homard préparé, dit-on, par un cuisinier breton, n'a pas encore été retrouvée.

1 homard vivant de 1 kg
3 dl de vin blanc sec
3 cuil. à soupe de fine champagne
400 g de tomates mûres à point
4 échalotes grises
1 gousse d'ail
1 carotte de 100 g
1 côte de céleri
1 bouquet garni : 1 feuille de laurier, 1 brin de thym,
    6 brins de persil
2 pincées de piment de Cayenne en poudre
1 cuil. à soupe d'huile
100 g de beurre
sel, poivre

❦ Coupez le homard en deux au ras de la tête et réservez le jus qui s'écoule dans une petite casserole. Coupez la tête en deux dans la longueur et éliminez-en la poche caillouteuse ; réservez le corail et les parties crémeuses dans la casserole, et ajoutez 50 g de beurre. Coupez les queues en tronçons en suivant les anneaux.

❦ Ébouillantez les tomates 10 secondes, puis rafraîchissez-les sous l'eau courante, pelez-les, coupez-les en deux et éliminez-en les graines ; hachez finement la pulpe et réservez-la dans une passoire. Pelez la carotte et lavez-la, avec la côte de céleri. Pelez les échalotes et la gousse d'ail. Hachez finement carotte, céleri et échalotes, et écrasez la gousse d'ail d'un coup sec de la main. Liez les éléments du bouquet garni.

❦ Faites chauffer l'huile dans une sauteuse antiadhésive de 26 cm. Ajoutez le reste de beurre et, dès qu'il est fondu, les morceaux de homard. Faites-les revenir 3 mn environ, en les tournant sans cesse, jusqu'à ce qu'ils deviennent bien rouges. Salez, poivrez et ajoutez le hachis de légumes, le bouquet garni et l'ail écrasé. Mélangez encore 3 mn, sur feu doux, sans laisser dorer les légumes puis arrosez le tout de fine champagne. Laissez-la s'évaporer puis réservez les morceaux de homard dans un plat.

❦ Versez le vin dans la sauteuse et laissez-le s'évaporer avant d'ajouter les tomates et le piment. Mélangez jusqu'à obtention d'une sauce onctueuse. Remettez alors le homard dans la sauteuse et laissez mijoter 5 mn.

❦ Pendant ce temps, posez la petite casserole contenant beurre, corail et parties crémeuses sur un feu doux. Faites fondre le beurre en fouettant afin qu'il devienne mousseux.

❦ Retirez le bouquet garni de la sauteuse et versez-y le contenu de la casserole, en remuant avec une spatule. Versez le homard et sa sauce dans un plat creux, et servez aussitôt.

POUR 2 PERS.

HOMARD À L'AMÉRICAINE, PHOTOGRAPHIÉ À PARIS.
PIERRE HUSSENOT/AGENCE TOP

NORD, ALSACE LORRAINE

Solide, rugueux, joyeux

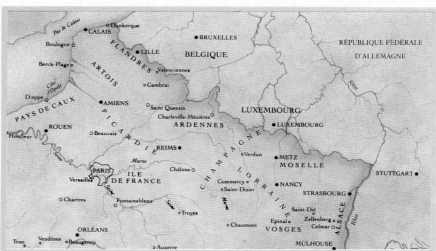

NORD
ALSACE
LORRAINE

Solide, rugueux, joyeux

Pays du froid, pays industrieux, pays du Nord : on se fait, en France même, une idée fausse de ce Nord chaleureux, aux plages de sable garnies de dunes, aux prés verts comme ceux du Kent ou du Sussex de la proche Angleterre, aux chaumines de briques rouges ou blanchies à la chaux et aux toits de tuiles vernissées, à la nourriture solide et copieuse. Ah, chantera-t-on encore les bons fromages du Nord ? des fromages forts : les bons fromages du Nord ? des fromages forts : Gris de Lille ou vieux puant, boulette de Cambrai ou d'Avesnes, larron d'Ors et surtout maroilles, réputé le « plus fin des fromages forts ». C'est le produit de la verte et sinueuse Thiérache, un pays de bocage, de vergers, de belles laitières, de pommiers à cidre et de beurre frais, de crème épaisse, de lapin gigotant dans les prés : c'est la Normandie du Nord, herbagère et fraîche qui apporte son lait à Paris. Voilà l'un des signes que le Nord est diversifié. Mais de quel Nord parlons-nous ? À vrai dire, les Flandres pourraient se diviser en deux parties : belge et française. Les deux capitales, de part et d'autre de la frontière, témoignent de belles richesses : maisons gothiques, maisons de briques, toits à pignons, grand-place, beffroi, à Lille comme à Anvers. Le waterzoi, ce pot-au-feu de poissons d'eau douce que l'on prépare également au poulet, est commun aux deux pays. De même que le potjevfleisch — ce « pot de viande » de trois terrines, contenant veau, lard et lapin. Mais la cuisine de Flandres est si riche que l'on voudrait énumérer avec la seule crainte d'en oublier. Soupes à la bière, à la betterave rouge, andouillettes de Cambrai, craquelots de Dunkerque, flamiche, goyère, carbonades. C'est une litanie qui s'explique par des produits solides.

CI-CONTRE : LES BRASSERIES PARISIENNES SONT UNIQUES ; ON PEUT, À TOUTE HEURE DU JOUR ET DE LA NUIT, Y SAVOURER UN BON REPAS OU Y BOIRE UN VERRE, ET LES SERVEURS, COURTOIS ET EFFICACES, N'OUBLIENT JAMAIS UNE COMMANDE.

PAGES PRÉCÉDENTES : ZELLENBERG, AU CŒUR DE L'ALSACE VITICOLE, CÉLÈBRE POUR SES VINS BLANCS SECS ET FRUITÉS.

85

LES VENDANGES PRÈS DE CHÂTEAU-THIERRY, EN CHAMPAGNE.

L'homme du Nord est travailleur, le climat rude ou froid : il lui faut donc une nourriture qui lui permette de résister. Ce qui n'exclut pas le raffinement. La boisson régionale par excellence : la bière, qui se retrouve dans les plats — coq à la bière, anguille à la bière — et qui accompagne tous les plats. À commencer par les charcuteries et les flamiches ou flamiques. Ces dernières varient de Flandres en Picardie, c'est-à-dire du nord au sud... du Nord. En Flandres, la flamiche est au fromage coulant de Maroilles ; en Picardie, elle est aux poireaux. Dans les deux cas, elle prend l'apparence d'une tarte salée et épaisse. Les charcuteries sont légion : à l'andouillette traditionnelle de Cambrai répondent la langue fumée de Valenciennes, mais aussi, du côté de l'Artois qui recouvre en bordure de mer l'ensemble du département du Pas-de-Calais, les saucisses de campagne, les andouilles, les boudins, que l'on fabrique entre Berck-Plage, Calais et Aire-sur-la-Lys et dont le voisin anglais fait ses choux gras dès la traversée de la Manche. À côté du hochepot qui n'est rien d'autre qu'un pot-au-feu et de la carbonade flamande où l'on cuit bœuf et oignons en morceaux dans de la bière.

Mais il faudrait se garder d'oublier que le Nord est d'abord pays maritime. La sole, l'anguille, le saumon, le hareng que l'on fume, le potage de grenouilles, la soupe de poissons dite « caudière » à Berck sont l'apanage du pays d'Artois, comme des Flandres. Ainsi les fruits de mer des abords de Dunkerque : huîtres iodées, tourteaux qui sont une variété de crabes, homards que l'on sert gratinés comme les coquilles Saint-Jacques.

Tous s'accommodent judicieusement des légumes locaux : pommes de terre cuites à l'eau ou frites, betteraves, choux rouges et verts, choux-fleurs, solides et tendres à la fois. Tous précèdent fort bien

les desserts et douceurs d'ici : tartes au sucre, couques et surtout les fameuses « bêtises » de Cambrai. Ces dernières ne sont ni plus ni moins que des bonbons de sucre cuit, parfumés à la menthe, légèrement soufflés et creux. Elles auraient été « inventées », par hasard, grâce à la maladresse d'un apprenti confiseur de la maison Afchin qui aurait tout bonnement mélangé ses ingrédients...

Les sucreries sont la gloire de la Lorraine, pays fier, volontiers austère et industrieux qui a subi toutes les guerres. Mais aussi laissé des spécialités pâtissières dans chaque village. Les tranchées de Verdun, l'ossuaire de Douaumont, les souvenirs de la Grande Guerre, c'est ici même. Mais, juste à côté, vous dénicherez les célèbres madeleines de Commercy, les choux à la crème de Pont-à-Mousson. Les bergamotes — du sucre filé à l'essence de bergamote qui a le parfum d'un citron jaune originaire de Sicile — sont l'orgueil de Nancy, la capitale. Avec les grilles d'or de la place Stanislas, l'une des plus harmonieuses du monde.

C'est Stanislas Leszczynski, roi de Pologne en exil, devenu le beau-père de Louis XV, qui apporta à sa région aide et prospérité. Les arts ont toujours fleuri autour de Nancy qui a donné son nom à l'école française de l'Art nouveau. Majorelle (à qui on doit les boiseries du restaurant Lucas-Carton à Paris), Daum et ses cristalleries toujours vivantes, Gruber, Gallé ont débuté ici même et ont droit à leur musée. La cristallerie de Baccarat qui confectionne quelques-uns des verres et des carafes les plus prestigieux de France se trouve à quelques kilomètres. À côté encore, se produit un gris de Toul, un vin de pays aimable, mais surtout une eau-de-vie de mirabelle qui est la plus justement réputée de l'Hexagone. Les vergers d'ici sont riches (mirabelles, quetsches, cerises) et tournicotent autour de la colline inspirée de Sion-Vaudémont chère à Maurice Barrès, le grand écrivain nationaliste aux racines lorraines. Les rivières de Meuse et Moselle fournissent encore carpes, brochets ou truites que l'on élève en étang.

La charcuterie locale est féconde. Le cochon de lait en gelée, spécialité de Metz, grande voisine et rivale de Nancy, est représentatif du roi local : le porc, dont sont issus boudins, jambon fumé, tourte et quiche lorraine à laquelle le lard donne son goût prononcé.

Aurait-on avancé les macarons de Nancy, le pain d'épices de Remiremont dans les Vosges, le kirsch de Fougerolles, la classique potée lorraine — qui est un pot-au-feu avec chou et saucisse — qu'on n'aurait pas épuisé les richesses de la Lorraine qui se veut âpre au travail, rigoureuse, discrète plus que rieuse. Et cache pourtant quelques merveilles gourmandes dans sa besace.

Au Nord méconnu et à la Lorraine modeste, s'oppose l'Alsace : exubérante, d'une richesse exceptionnelle. Manger en Alsace tient de la liturgie. On ne peut être un Alsacien bien élevé et mal se tenir à table. Les portions alsaciennes sont deux à trois fois plus grosses qu'ailleurs. Ce sont les gens d'ici qui vous l'affirment en ajoutant qu'en Alsace, seulement, les plats sont de taille « normale ».

Si l'Alsace a faim, dit-on, c'est qu'elle a longtemps balancé entre la France et l'Allemagne, au fil des guerres et des annexions, au point de ne plus très bien savoir de quel côté elle se trouve. À Strasbourg même, la capitale de la région, la gourmandise tient une place royale : les pâtisseries et salons de thé sont des monuments, les vitrines des charcuteries des œuvres d'art et les bistrots des institutions.

D'ailleurs, ce ne sont pas réellement des bistrots, mais bien des débits de vin — des « winstubs » —, que créèrent autrefois les marchands de vins pour écouler le trop-plein de leur production auprès des citadins. Ces winstubs expliquent l'âme même de l'Alsace gourmande empreinte de convivialité, de familiarité, de respect des traditions. C'est là que l'on découvre les simples « merveilles » de la région. D'abord le porc sous toutes ses formes : en gelée (hure persillée ou « presskopf »), en palette fumée (« wädele ») ou en filet (« käsler »), en estomac farci (« saumawen ») ou encore en jambonneau, histoire d'accompagner la choucroute.

Les escargots d'aujourd'hui viennent souvent de Chine, les écrevisses de Yougoslavie, les grenouilles d'Égypte ou de Vendée. Mais leurs traditions demeurent, malgré la pollution qui a décimé les fruits des rivières. Dans la région située le plus au sud de l'Alsace, tout près du Jura suisse et qui a nom Sundgau, se trouve encore la carpe des étangs que l'on accommode frite. Au long du Rhin — même si les poissons servis viennent souvent de Hollande —, les auberges proposent la matelote, qui est une préparation à la crème et au vin blanc d'ici, et qui comprend sandre, brochet, anguille.

Dans le Kochersberg, on recueille le houblon qui sert à confectionner la bière. Mais les jets de houblon — au goût d'asperge résistante — sont mets de roi. Au sud de Strasbourg, de Geispolsheim à Krautergersheim (littéralement : « Chouville ») s'étendent les champs de choucroute. C'est le grand domaine du chou vert qui est l'apanage de l'Alsace et se mange, après avoir été lavé et cuit à l'étuvée, parfumé au lard, avec toutes sortes de charcuteries d'ici : « knacks », palette, saucisses, boudins. Ne demandez jamais à un Alsacien quelle est la meilleure choucroute : ce sera invariablement celle de sa mère.

Un autre plat familial est emblématique de l'Alsace : c'est le « baeckeoffe », la fameuse potée aux trois viandes (bœuf, veau, porc), flanquée de couches de pommes de terre, cuite en terrine au vin blanc que l'on place au four avant d'aller à la messe le dimanche et qui est prête à être dégustée brûlante juste après le retour de l'office.

On n'aurait garde d'oublier que le foie gras est une invention alsacienne, puisqu'il a été créé par Jean-Pierre Clause, cuisinier du maréchal de Contades, gouverneur militaire de la ville de Strasbourg, de 1762 à 1788. Que l'oie est ici un animal privilégié, et peut être accompagnée de sublime façon. Que les

SOLO DE VIOLON SUR LES BORDS DE LA SEINE.

gibiers (chevreuils, cerfs, faons, biches, sangliers, faisans, perdreaux, canards colverts) gambadent et s'envolent encore dans les riches forêts des Vosges ou sur les plaines fertiles qui bordent le Rhin et se nomment le ried.

La pâtisserie alsacienne ? Elle est l'une des plus riches du monde. Héritière de la tradition de la « Mitteleuropa » dont Vienne est la figure de proue. Pas seulement pour le traditionnel (et sec) kougelhopf qui accompagne le petit déjeuner du dimanche. À Strasbourg, encore, les pâtisseries regorgent de millefeuilles, d'éclairs, de religieuses bien classiques, mais aussi de forêts noires (avec chocolat et griottes) sur le mode germanique, de tarte au fromage blanc, de gâteaux aux noix, de beignets aux pommes. Et les salons de thé sont ici légion, offrant, selon la saison, tartes aux quetsches, aux cerises ou à la rhubarbe, dans un décor cossu, chaleureux, boisé.

En aurait-on fini avec la gourmandise d'Alsace, qu'il faudrait recenser les vins guillerets et grands que recèle la belle province au long d'un ruban routier qui s'étend sur quelque cent cinquante kilomètres, de Marlenheim à Thann, avec une enclave au nord, à Cleebourg. Le frais muscat aux arômes de raisin à croquer, le pinot blanc souple, franc et diurétique, le sylvaner, gai, léger, acide, le riesling élégant et racé, le tokay-pinot gris au goût de fumé, puissant et charpenté, le gewurztraminer velouté, épicé, au nez de rose, le pinot noir qui peut évoluer du rosé sans prétention au rouge de classe vinifié au fût de chêne. Et puis le crémant, élaboré de façon traditionnelle, selon les méthodes en vigueur en Champagne. Et encore les eaux-de-vie classiques : framboise, quetsche, poire. Ou issues de baies sauvages : sureau, houx, alisier. Sans parler du marc de raisin.

Allez dire après cela que l'Alsace plantureuse n'est pas la plus privilégiée des régions gourmandes !

POISSONS

La grande marée

EN BRETAGNE, DES ORNEMENTS INSOLITES COMME CETTE BALUSTRADE DE CANCALE RÉVÈLENT L'AFFINITÉ DE CETTE PROVINCE AVEC LA MER ET SES PRODUITS.

POISSONS

La grande marée

Oh, les belles côtes ! De Dunkerque à Menton, la France « couvre » quatre mers : la mer du Nord, la Manche, l'océan Atlantique et la Méditerranée. Cette dernière, sans marée, a vue ses prises baisser. Dans le Nord, les harengs et les maquereaux, qui sont les grandes richesses du port de Boulogne, font toujours belle figure. On les fume sur place avant de les expédier à travers le monde. Les sardines, qui se portent très bien en Bretagne, font la fortune, en conserve, du port de Quiberon. Les deux grandes maisons locales — la Quiberonnaise et la Belle-Iloise — se sont même fait une réputation auprès des gastronomes pour leurs conserves de sardines à l'huile, retournées périodiquement et qui, comme le vin, paraissent se bonifier en vieillissant. On pêche le thon en abondance à Saint-Jean-de-Luz, en Pays basque, et l'anchois a fait la gloire de Collioure en Méditerranée, à trois pas de la frontière.

Ce sont là des poissons populaires, ménagers, plus que gourmets. Même s'ils donnent lieu à d'exquises préparations régionales. À dire vrai, la mode du poisson a changé. On masque de moins en moins le goût du poisson — pas toujours frais — par des sauces alambiquées. Les cuissons simples — à la

poêle, à la vapeur, au gril ou au four — s'accommodent souvent de beurres montés ou de sauces à base de légumes ou de fumets de poissons que l'on sert en accompagnement. La sole, cet admirable poisson plat (dont les petits cousins sont la limande, la limande-sole, la plie, le céteau ou le flétan) que l'on pêche volontiers en mer du Nord ou dans l'Atlantique, possède une chair fine et ferme, tenue par des arêtes dont elle se détache facilement. Sa cuisson idéale, à la poêle (on dit aussi « au plat »), s'accommode tout simplement d'un beurre fondu : c'est le principe sage et bon enfant de la fameuse « sole meunière ».

Mais chaque région prend soin d'accorder ses poissons avec ses parfums propres. Saveurs pimentées du Midi ou cidre de Normandie, muscadet en pays nantais, ail en pays niçois ou provençal, sauce au riesling en Alsace ou aromatisée au fenouil en Méditerranée, comme le classique loup grillé. Précisons que les poissons changent d'appellation selon les hasards de la géographie. Ainsi, le loup, lorsqu'il quitte les rivages méditerranéens, devient « bar » dans l'Océan et « louvine » dans le golfe de Gascogne. Tout comme la « baudroie » des côtes du sud redevient la « lotte » au nord.

PAGES PRÉCÉDENTES : GRAND AÏOLI (recette page 93), PHOTOGRAPHIÉ EN PROVENCE.
PIERRE HUSSENOT/AGENCE TOP

LA ROCHELLE, UN DES PLUS BEAUX PORTS DE FRANCE, EXISTE DEPUIS LE XIIe SIÈCLE. C'ÉTAIT ALORS UN VILLAGE DE PÊCHEURS CONSTRUIT SUR UN PLATEAU ROCHEUX ENVIRONNÉ DE MARAIS SALANTS.

LES POISSONS FRAIS, POUR LESQUELS CHAQUE RÉGION A SES RECETTES, SONT DISPONIBLES PARTOUT EN FRANCE.

Le poisson est-il si différent d'une côte à l'autre ? Là encore, chaque région imprime sa marque. Barbue, sole, rouget de roche si fin ou grondin plus grossier, morue, colin, merlan, bar ou saint-pierre peuvent être servis juste grillés, avec un peu d'herbes au sud, près de la Méditérranée et se marier avec de riches apprêts au nord. Tout est encore question de climat. Ici, on allège, tandis que là on enrichit.

Tenez, cette soupe de poissons de roche, servie presque nature en Corse ou en Méditerranée, avec arêtes, queues et têtes pour le fumet, ne propose rien d'autre que le goût et le jus de la mer. La caudière berckoise, mitonnée dans le Nord, entre Berck-Plage et Dunkerque, s'enrichit, elle, de pommes de terre, d'oignons, de vin blanc, de gousses d'ail et de crème double. Le ttoro, qui est la soupe des pêcheurs de Saint-Jean-de-Luz, mêle l'huile, le piment, la tomate et le petit poivron rouge, à la mode basque. La chaudrée d'Aunis et de Saintonge, préparée en Charentes, marie l'anguille aux poissons de mer et au beurre d'ici. La cotriade bretonne retrouve les pommes de terre, avec l'oseille, le beurre demi-sel et le vinaigre. Voilà donc cinq versions d'un même plat : cinq versions où la mer colle à la côte se mariant

91

avec la campagne qui forme le juste arrière-pays.

Les poissons d'eau douce abondaient jadis dans les rivières. Celles-ci ont été polluées par l'industrie, dévastées par la pétrochimie, littéralement sinistrées. Mais les élevages en étang ont remis à l'honneur les carpes, les tanches, les brochets, les aloses, les saumons qui remontent encore les fleuves. On a replacé des échelles sur l'Adour. Les eaux de la Loire se sont réchauffées grâce... aux centrales nucléaires et à leur rejet.

Le saumon de Loire bénéficie d'une aura presque mythique : chair rose, fine, et cependant ferme et musclée, que l'on accompagne d'un beurre monté à l'échalote, au vinaigre et au vin blanc : c'est le fameux beurre blanc ou nantais, qui convient aussi bien au turbot qu'au brochet. Les lacs de Savoie et d'Auvergne sont encore riches, l'hiver surtout, de beaux et fins poissons : truite, féra, perche et surtout le rarissime omble-chevalier.

Si les sandres viennent souvent de Hollande, les carpes, qui interviennent dans la cuisine juive — froides et farcies —, reparaissent dans les étangs du Berry — la Brenne —, en Alsace — dans le Sundgau —, où on les sert frites, en Sologne où il est d'usage de les préparer avec vin rouge et petits lardons. Les poissons de rivière se cuisinent en mousse, en farce, en quenelle. Ainsi ces quenelles de brochet qui ont fait la réputation des mères lyonnaises. C'est manière de masquer leur trop-plein d'arêtes, leur grosse chair blanche dans une construction compacte.

Les préparations qui sacralisent le poisson le considèrent comme le centre du repas et n'hésitent pas à en marier plusieurs, plus ou moins fins, avec une sauce à la rouille (bouillabaisse), à l'ail (bourride, aïoli), au vin blanc et rouge (pochouse, matelote, meurette).

Les petits régals des amateurs viennent parfois de poissons rares : ainsi les pibales ou civelles, ces alevins d'anguilles que les pêcheurs basques, aquitains ou charentais ramènent par gros temps et qui se cuisinent avec de l'ail, du vinaigre, de l'huile d'olive ou du piment rouge, tous ingrédients qui relèvent le goût naturel, sans lui faire perdre aucunement ni fraîcheur, ni vivacité léguées par le grand Océan.

OUBLIEUX DES MERVEILLES QUI LES ENTOURENT, DES PÊCHEURS SAUMUROIS SE PRÉPARENT À PRENDRE DU SAUMON DE LOIRE.

Provence

GRAND AÏOLI

L'aïoli — étymologiquement ail et huile en provençal — est la sauce qui désigne ce plat, traditionnellement servi en Provence au repas du vendredi saint.

2 kg de filets de morue salés
1 kg d'escargots de mer ou de bulots
10 œufs
10 pommes de terre à chair ferme, moyennes
1 kg de petites carottes
1 kg de jeunes poireaux
500 g de haricots verts fins
10 petits artichauts poivrades
1 chou-fleur
sel, poivre
Pour l'aïoli :
6 gousses d'ail
3 jaunes d'œufs
2 cuil. à café de moutarde blanche
1/2 litre d'huile d'olive vierge extra
sel

Mettez la morue dans un grand saladier rempli d'eau froide, peau vers le haut. Laissez dessaler ainsi pendant 12 h, en changeant l'eau trois fois.

Au bout de ce temps, rincez les escargots et mettez-les dans une casserole. Couvrez-les d'eau froide et portez à ébullition. Écumez pendant les 5 premières minutes puis salez abondamment et laissez cuire 45 mn à petits frémissements. Ensuite, égouttez-les et laissez-les en coquilles ou décoquillez-les et gardez-les au chaud.

Pelez les carottes, les poireaux et les pommes de terre. Effilez les haricots verts. Séparez le chou-fleur en petits bouquets. Retirez les feuilles abîmées des artichauts et parez les cœurs. Faites cuire tous ces légumes séparément dans de l'eau bouillante salée : ils doivent rester légèrement croquants. Égouttez-les et réservez-les au chaud.

Faites cuire les œufs à l'eau bouillante pendant 10 mn puis laissez-les tiédir et écalez-les.

Égouttez la morue et posez-la dans une marmite remplie d'eau froide, peau vers le bas. Posez la marmite sur feu doux et portez à ébullition. Baissez alors la flamme jusqu'à obtenir un tout petit frémissement et laissez cuire 10 mn.

Préparez l'aïoli : pelez les gousses d'ail et éliminez-en le germe. Passez l'ail au presse-ail au-dessus d'un bol peu évasé. Ajoutez la moutarde, les jaunes d'œufs et un peu de sel. Mélangez et laissez reposer 1 mn. Versez ensuite l'huile en mince filet, en fouettant, jusqu'à obtention d'une préparation très ferme. Vous pouvez aussi préparer cet aïoli dans un robot.

Dressez morue, coquillages et légumes — le tout doit être tiède — dans un grand plat. Ajoutez les œufs durs et servez avec l'aïoli à part : chaque convive se servira d'un peu d'aïoli et y plongera morue, coquillages ou légumes avant de les déguster.

POUR 8-10 PERS. *Photos pages 88-89*

Bretagne

SOLE MEUNIÈRE

Autrefois on farinait (d'où le nom de la recette) les poissons avant de les poêler au beurre. Aujourd'hui, grâce aux ustensiles antiadhésifs, on peut les faire cuire sans farine. Mais la meunière continue d'être synonyme de cuisson au beurre et s'applique à de très nombreux poissons.

4 soles de 200 g chacune
150 g de beurre demi-sel
1 cuil. à soupe de jus de citron
sel, poivre
Pour servir :
2 cuil. à soupe de persil plat ciselé

Demandez à votre poissonnier de vider les soles et de les dépouiller. Rincez-les et épongez-les. Salez-les et poivrez-les.

Faites fondre la moitié du beurre dans deux poêles antiadhésives de 24 cm et faites cuire les soles 4 mn de chaque côté. Réservez-les dans quatre assiettes chaudes.

Éliminez le beurre de cuisson de l'une des poêles et mettez-y le reste de beurre. Ajoutez le jus de citron et faites fondre le beurre sur feu très doux. Nappez-en les soles, parsemez de persil et servez aussitôt.

POUR 4 PERS.

SOLE MEUNIÈRE

Normandie

SOLE À LA NORMANDE

La sole normande fut vraisemblablement créée à Paris par M. Langlais, le chef du restaurant Le Rocher de Cancale, dans le quartier des Halles, en 1838. La dénomination de ce plat vient du fait que M. Langlais n'utilisa que des ingrédients typiquement normands — crème, crevettes, moules — et vraisemblablement du cidre et non du vin blanc.

SOLE À LA NORMANDE

PETER JOHNSON

4 soles de 250 g
2 dl de vin blanc sec
1 oignon
1 carotte
2 clous de girofle
1 bouquet garni : 1 feuille de laurier, 1 brin de thym,
  6 tiges de persil
20 g de beurre
sel, poivre
Pour la garniture :
1 litre de moules
125 g de crevettes roses vivantes
150 g de petits champignons de Paris
1 dl de vin blanc sec
4 échalotes grises
1 cuil. à soupe de jus de citron
Pour la sauce :
200 g de crème fraîche épaisse
2 jaunes d'œufs

Demandez à votre poissonnier de lever les soles en filets et de réserver têtes et arêtes. Rincez les filets et épongez-les. Salez-les et poivrez-les.

Pelez l'oignon. Pelez la carotte et lavez-la. Coupez-les en fines rondelles. Liez les éléments du bouquet garni.

Mettez les têtes et les arêtes de poisson dans une marmite et ajoutez carotte et oignon, bouquet garni et clous de girofle. Versez le vin et 1/2 litre d'eau. Portez à ébullition et laissez frémir 20 mn : vous obtenez un fumet très parfumé.

Pendant ce temps, préparez la garniture : pelez les échalotes et hachez-les menu. Grattez les moules, ébarbez-les et lavez-les sous l'eau courante. Mettez-les dans une grande casserole avec les échalotes et le vin blanc. Laissez-les s'ouvrir sur feu vif, en les tournant souvent puis égouttez-les et décoquillez-les. Réservez leur jus de cuisson en le filtrant au-dessus d'une casserole. Plongez les crevettes 1 mn dans de l'eau frémissante salée puis égouttez-les et décortiquez-les. Otez la partie terreuse du pied des champignons. Rincez les champignons, épongez-les et coupez-les en quatre. Mettez-les dans une autre casserole et ajoutez le jus de citron. Salez, poivrez et laissez cuire sur feu vif jusqu'à ce que les champignons ne rendent plus d'eau. Réservez champignons, moules et crevettes au chaud dans une casserole.

Allumez le four, thermostat 7. Lorsque le fumet est cuit, filtrez-le. Beurrez un plat à four avec 20 g de beurre et couchez-y les filets de sole. Ajoutez le fumet et couvrez le plat de papier sulfurisé ou d'aluminium. Glissez dans le four chaud et laissez cuire 10 mn.

Au bout de ce temps, retirez les filets du four et égouttez-les. Répartissez-les dans quatre assiettes chaudes. Entourez-les du mélange de champignons, crevettes et moules.

Filtrez le jus de cuisson des poissons au-dessus de la casserole contenant le jus des moules. Faites réduire le tout à feu vif, pendant 5 mn environ, jusqu'à obtention d'un jus sirupeux. Battez les jaunes d'œufs et la crème dans un bol, et versez 2 cuillerées à soupe de ce jus dans le bol. Mélangez puis versez le tout dans la casserole. Retirez du feu et fouettez jusqu'à obtention d'une sauce liée, onctueuse. Nappez les soles de cette sauce, servez sans attendre.

POUR 4 PERS.

Pays de Loire

BROCHETS GRILLÉS AUX NOIX

Sa voracité, grâce à ses petites dents pointues et acérées, lui valut au Moyen Âge le surnom de « grand loup d'eau ». Ce poisson à chair exquise est malheureusement devenu très rare dans les rivières du pays de Loire.

2 petits brochets de 800 g chacun
24 cerneaux de noix
4 échalotes grises
6 brins de persil
4 brins d'estragon
1 brin de thym sec
1 feuille de laurier
1 cuil. à soupe de jus de citron
1 cuil. à soupe d'huile de noix
150 g de beurre
sel, poivre

Demandez à votre poissonnier d'écailler les poissons et de les vider. Rincez-les et épongez-les. Salez-les et poivrez-les. Mettez-les dans un plat creux.

Pelez les échalotes et hachez-les menu. Mettez-les dans un bol avec le thym et le laurier en les émiettant, sel et poivre. Lavez le persil et l'estragon, et réservez les feuilles. Brisez les tiges entre vos doigts et ajoutez-les dans le bol. Ajoutez l'huile et le jus de citron, et mélangez bien. Versez cette préparation sur les poissons et laissez-les mariner 6 h au réfrigérateur en les retournant plusieurs fois.

Au bout de ce temps, allumez le gril du four. Égouttez les poissons et faites-les griller 15 mn, en les retournant à mi-cuisson et en les arrosant de marinade.

Hachez grossièrement les noix dans un robot. Ciselez les feuilles de persil et d'estragon. Faites fondre le beurre dans une petite casserole et ajoutez-y herbes et noix. Salez et poivrez, mélangez et versez en saucière.

Lorsque les poissons sont cuits, servez-les aussitôt, avec la sauce à part.

POUR 4 PERS.

PRÉPARATION ET MARINADE DU BROCHET AUX NOIX.

PETER JOHNSON

Bretagne/Charentes

MAQUEREAUX MARINÉS

Du golfe de Saint-Malo au golfe de Gascogne, c'est ainsi qu'on prépare les petits maquereaux de ligne appelés lisettes.

12 petits maquereaux de 100 g chacun
1/2 litre de vin blanc sec
5 cl de vinaigre de vin blanc
1 citron non traité
1 oignon de 100 g
2 carottes de 50 g
1 bouquet garni : 1 feuille de laurier, 1 branche de thym,
    6 tiges de persil
1 piment oiseau sec
2 clous de girofle
1 cuil. à café de poivre en grains
sel

Demandez à votre poissonnier de vider les poissons. Rincez-les, épongez-les et salez-les.

Pelez l'oignon et émincez-le finement. Pelez les carottes, lavez-les et coupez-les en fines rondelles. Lavez le citron, et coupez-le en fines rondelles. Liez le bouquet garni.

Versez le vin dans une sauteuse de 24 cm et ajoutez l'oignon, les carottes, le citron, le vinaigre, le bouquet garni, le piment en l'émiettant entre vos doigts, les clous de girofle, le poivre et du sel. Portez à ébullition et laissez frémir 10 mn. Plongez-y alors les poissons et laissez cuire 5 mn.

Égouttez les poissons et rangez-les sur un plat. Laissez bouillir le bouillon encore 5 mn afin qu'il réduise légèrement.

Rangez ensuite les poissons dans une terrine, en alternant oignon, carottes et citron. Arrosez de bouillon en le filtrant et laissez refroidir. Couvrez la terrine et mettez-la au réfrigérateur. Laissez mariner les maquereaux 12 h.

POUR 4 PERS.

Pays basque

ANCHOIS AU TXAKOLI

Des provinces basques espagnoles jusqu'au Pays basque français, on apprécie beaucoup le txakoli, un vin blanc, rouge ou rosé, léger et fruité. Le blanc accompagne bien les poissons et les fruits de mer, et s'utilise pour leur cuisson.

1 kg d'anchois frais
1 dl de txakoli
500 g d'oignons
4 gousses d'ail
1 piment frais
75 g de beurre
sel, poivre

Étêtez les anchois et videz-les. Rincez-les et épongez-les dans du papier absorbant. Pelez ail et oignons, et hachez-les très finement. Lavez le piment, coupez-le en deux et éliminez le pédoncule et les graines. Hachez très finement la pulpe.

Faites fondre le beurre dans une sauteuse antiadhésive de 26 cm. Ajoutez le hachis d'ail et d'oignon et le piment. Mélangez 2 mn puis ajoutez les anchois et couvrez-les de vin. Laissez cuire 10 mn à feu vif, en remuant afin que les anchois cuisent de tous côtés et que le vin s'évapore. Retirez du feu et laissez reposer 10 mn à couvert avant de servir.

POUR 4 PERS.

PHOTOGRAPHIÉS AU PAYS BASQUE : ANCHOIS AU TXAKOLI (à gauche),
MAQUEREAUX MARINÉS (en bas à gauche), TTORO (en bas à droite, recette page 98)
ET CHAUDRÉE (en haut à droite, recette page 98).

Pays basque

TTORO

C'est dans le petit port de Ciboure, tout près de la frontière espagnole, qu'est né le ttoro, soupe de poissons et de crustacés très originale. Contrairement à la bouillabaisse à laquelle on le compare, on fait poêler à part les filets de poissons dont les parures ont servi à préparer le bouillon où on les plonge ensuite. La présence du piment d'Espelette, originaire de la région, est indispensable.

1 colin de 1 kg
2 rascasses de 500 g chacune
2 rougets grondins de 500 g chacun
500 g de queue de lotte
6 langoustines crues
1 litre de moules
250 g de tomates mûres
1/2 litre de vin blanc sec
1 oignon de 100 g
1 petit piment frais
1 feuille de laurier
1 brin de thym
2 gousses d'ail
1 dl d'huile d'olive vierge extra
sel, poivre
Pour servir :
croûtons
ail

❧ Demandez à votre poissonnier d'écailler les poissons, de les étêter, de les vider et de réserver les têtes et les arêtes. Coupez les poissons en tronçons de 4 cm et la lotte en tranches de 2 cm.

❧ Grattez les moules, ébarbez-les, lavez-les dans plusieurs eaux et égouttez-les. Rincez les langoustines.

❧ Pelez l'oignon et émincez-le. Pelez les gousses d'ail et coupez-les en deux. Lavez le piment, coupez-le en deux, ôtez-en les graines et hachez la pulpe. Lavez les tomates et hachez-les grossièrement.

❧ Faites chauffer la moitié de l'huile dans une cocotte de 4 litres. Ajoutez les têtes et arêtes des poissons, et mélangez 5 mn sur feu doux. Ajoutez l'ail, le piment et l'oignon, et mélangez encore 5 mn, jusqu'à ce que les légumes blondissent. Ajoutez les tomates, le thym et le laurier. Mélangez 1 mn puis versez le vin blanc. Laissez cuire 45 mn à petits frémissements.

❧ Au bout de ce temps, filtrez la préparation au-dessus d'un plat creux allant au four.

❧ Allumez le four, thermostat 7. Essuyez la sauteuse et versez-y le reste de l'huile. Faites-y cuire les poissons 3 mn de chaque côté puis égouttez-les et mettez-les dans le plat. Ajoutez les langoustines et les moules, et glissez le plat au four. Laissez cuire 5 mn, afin que le bouillon réchauffe et que les langoustines et les moules cuisent.

❧ Retirez le plat du four et servez chaud, accompagné de croûtons frottés d'ail.

POUR 6 PERS.

Charentes

CHAUDRÉE

Aussi populaire en Charentes que la bouillabaisse en Provence, la chaudrée comporte toujours un élément invariable, le blanc de seiche, et parfois des pommes de terre.

2 kg de poissons mélangés : raie, anguille de mer, roussette, turbot, sole...
500 g de blanc de seiche

400 g d'oignons
8 gousses d'ail
1/2 litre de vin blanc sec
100 g de beurre
sel, poivre
Pour servir :
croûtons

❧ Demandez à votre poissonnier d'écailler les poissons, de les étêter et de les vider. Coupez les plus gros poissons en tronçons de 4 cm et laissez les autres entiers : lavez-les et épongez-les. Rincez les blancs de seiche et épongez-les. Coupez-les en lanières de 2 cm de large. Salez-les et poivrez-les. Pelez les oignons et émincez-les finement. Pelez les gousses d'ail.

❧ Mettez les blancs de seiche dans une cocotte en fonte de 6 litres et posez-la sur feu doux. Mélangez avec une spatule, jusqu'à ce que les seiches aient rendu toute leur eau. Ajoutez alors les oignons et les gousses d'ail, et mélangez jusqu'à ce qu'il n'y ait plus de liquide. Versez l'huile et mélangez jusqu'à ce que le tout soit légèrement doré. Versez alors le vin blanc et autant d'eau, et portez à ébullition.

❧ Ajoutez les poissons dans le liquide frémissant, en commençant par ceux dont la chair est la plus ferme (raie, anguille, roussette) puis ajoutez ceux dont la chair est la plus tendre (sole, turbot) et en laissant reprendre l'ébullition entre chaque ajout. Salez, poivrez et laissez frémir 15 mn.

❧ Au bout de ce temps, ajoutez le reste de beurre dans la cocotte et laissez-le fondre. Servez aussitôt dans la cocotte. Servez les poissons, que vous dégusterez arrosés d'un peu de bouillon, avec les croûtons.

POUR 6 PERS. *Photo page 97*

Bretagne

DAURADE AU MUSCADET

1 daurade de 1 kg
1/2 litre de muscadet
1 kg de petites pommes de terre nouvelles
500 g de tomates mûres
2 oignons de 100 g chacun
8 gousses d'ail
100 g de beurre demi-sel
sel, poivre

❧ Demandez à votre poissonnier d'écailler le poisson et de le vider. Rincez-le et épongez-le. Salez-le et poivrez-le.

❧ Allumez le four, thermostat 8. Pelez les oignons et émincez-les finement. Pelez les gousses d'ail et hachez-les menu. Ébouillantez les tomates 10 secondes, puis rafraîchissez-les sous l'eau courante, pelez-les, coupez-les en deux et éliminez-en les graines ; hachez grossièrement la pulpe. Pelez les pommes de terre, lavez-les et épongez-les. Mélangez dans un saladier : pommes de terre, oignons, ail, tomates, sel et poivre.

❧ Beurrez légèrement un plat à four pouvant largement contenir la daurade. Posez-la au centre et entourez-la du contenu du saladier. Arrosez de vin et parsemez de noisettes de beurre. Glissez le plat au four et laissez cuire 40 à 45 mn, en retournant les pommes de terre plusieurs fois et en arrosant le poisson.

❧ À la fin de la cuisson, il reste très peu de jus. Servez aussitôt dans le plat de cuisson.

POUR 4 PERS.

DAURADE AU MUSCADET (en haut), MUGE EN RAÏTO (au centre, recette page 100)
ET BOURRIDE DE LOTTE À LA SÉTOISE (en bas, recette page 100).

Provence

MUGE EN RAÏTO

La muge est le nom du mulet en provençal. Nappé de raïto, sauce de très ancienne origine, il fait partie des plats qui doivent traditionnellement figurer au « gros souper » de Noël servi le 24 décembre au soir, avant la messe de minuit.

1 mulet de 1,2 kg
250 g de tomates mûres
1 oignon de 100 g
2 gousses d'ail
2 dl de vin rouge de Provence
2 cuil. à soupe de câpres
24 olives de Nice
1 bouquet garni : 1 feuille de laurier, 1 brin de thym,
   6 tiges de persil
4 cuil. à soupe d'huile d'olive vierge extra
sel, poivre

Demandez à votre poissonnier d'écailler le poisson, de le vider et de le couper en tronçons de 3 cm. Rincez-les et épongez-les. Salez-les et poivrez-les.

Pelez ail et oignon, et hachez-les finement. Ébouillantez les tomates 10 secondes, puis rafraîchissez-les sous l'eau courante, pelez-les, coupez-les en deux et éliminez-en les graines ; hachez finement la pulpe. Liez les éléments du bouquet garni.

Faites chauffer la moitié de l'huile dans une sauteuse antiadhésive de 26 cm et faites-y dorer les tranches de poisson 5 mn, en les retournant à mi-cuisson. Retirez-les et réservez-les sur un plat.

Éliminez l'huile contenue dans la poêle et essuyez-la avec un papier absorbant. Versez le reste d'huile dans la poêle et posez-la sur feu doux. Ajoutez le hachis d'ail et d'oignon, et mélangez 3 mn jusqu'à ce qu'il soit blond. Versez alors le vin et laissez-le s'évaporer sur feu vif. Ajoutez les tomates, le bouquet garni, sel et poivre. Mélangez 1 mn puis posez les tranches de poisson dans la sauce. Couvrez et laissez mijoter 10 mn, en retournant les tranches de poisson une fois. Ajoutez les câpres et les olives, et laissez mijoter encore 5 mn.

Dressez les tranches de poisson dans un plat creux et nappez-les de sauce, en éliminant le bouquet garni. Servez chaud.

POUR 4 PERS.   *Photo page 99*

Languedoc

BOURRIDE DE LOTTE À LA SÉTOISE

Cette recette est une spécialité de Sète, ravissant petit port de pêche. On la déguste dans tous les restaurants du bord de mer. Le plat est souvent accompagné de croûtons frottés d'ail et dorés au beurre ou de pommes vapeur.

4 tronçons de lotte de 250 g chacun, de 5 cm d'épaisseur
1 carotte
10 feuilles de céleri
1 grande feuille de blette
2 blancs de jeunes poireaux
4 cuil. à soupe d'huile d'olive
sel, poivre
Pour la sauce :
1 gousse d'ail
1 jaune d'œuf
1/2 cuil. à café de moutarde blanche
1 dl d'huile d'olive vierge extra
sel

Pelez la carotte ; lavez-la ainsi que les feuilles de céleri et les blancs de poireaux. Hachez finement le tout.

Faites chauffer l'huile dans une sauteuse assez grande pour contenir les tranches de poisson en une seule couche. Ajoutez le hachis de légumes et faites-le revenir 10 mn à feu très doux, en mélangeant avec une spatule, sans le laisser se colorer. Salez, poivrez et ajoutez les tranches de lotte. Laissez cuire à feu doux et à couvert, 10 mn de chaque côté.

Pendant ce temps, pelez la gousse d'ail et éliminez-en le germe. Passez l'ail au presse-ail au-dessus d'un bol peu évasé. Ajoutez la moutarde, le jaune d'œuf et un peu de sel. Mélangez et laissez reposer 1 mn. Versez ensuite l'huile en mince filet, en fouettant, jusqu'à obtention d'une préparation très ferme : l'aïoli qui liera la sauce.

Lorsque le poisson est cuit, retirez-le de la sauteuse et gardez-le au chaud, dans le plat de service. Hors du feu, versez l'aïoli dans la sauteuse et mélangez. Nappez le poisson de sauce et servez aussitôt.

POUR 4 PERS.   *Photo page 99*

Provence

LOUP GRILLÉ AU FENOUIL

1 loup de 1,5 kg
10 brins de fenouil sec
4 cuil. à soupe d'huile d'olive
sel, poivre
Pour la sauce :
1 gousse d'ail
1 petit jaune d'œuf
3 cornichons
1 cuil. à soupe de câpres égouttées
2 cuil. à soupe de persil plat ciselé
1 cuil. à soupe de ciboulette ciselée
1 cuil. à café de vinaigre de vin blanc
1/2 cuil. à café de moutarde blanche
1 dl d'huile d'olive vierge extra
sel, poivre

Demandez à votre poissonnier d'écailler le poisson et de le vider. Rincez-le et épongez-le. Salez-le et poivrez-le, à l'intérieur et à l'extérieur. Remplissez-le de brins de fenouil puis huilez-le.

Allumez le gril du four. Posez le poisson sur la grille garnie de brins de fenouil, posée sur la lèchefrite. Glissez le tout au four et laissez cuire le poisson pendant 25 mn, en le retournant à mi-cuisson.

Pendant ce temps, préparez la sauce : hachez finement les cornichons et les câpres au couteau. Mettez la moutarde, le jaune d'œuf et un peu de sel dans un bol peu évasé. Mélangez et laissez reposer 1 mn. Versez ensuite l'huile en mince filet, en fouettant, jusqu'à obtention d'une mayonnaise très ferme. Ajoutez le vinaigre en fouettant encore 30 secondes. Incorporez cornichons, câpres, persil et ciboulette, et mettez la sauce dans une saucière.

Lorsque le poisson est cuit, dressez-le sur un plat de service et servez aussitôt avec la sauce à part.

POUR 4 PERS.

LOUP GRILLÉ AU FENOUIL (en haut à gauche),
ROUGETS À LA NIÇOISE (en bas à droite, recette page 102)
ET DAURADE À LA PROVENÇALE (en bas à droite, recette page 102).

Provence

ROUGETS À LA NIÇOISE

Le foie des rougets est particulièrement savoureux. Il ne faut surtout pas l'éliminer en vidant les poissons. On peut le laisser cuire à l'intérieur des rougets ou le réserver cru et le réduire en purée pour l'incorporer à un beurre d'anchois dont on nappera les poissons grillés.

8 rougets de 180 g chacun
500 g de tomates mûres
1 oignon de 100 g
8 filets d'anchois à l'huile
50 g d'olives de Nice
3 gousses d'ail
4 cuil. à soupe d'huile d'olive vierge extra
sel, poivre

❦ Demandez à votre poissonnier d'écailler les poissons, de les vider, en conservant leur foie. Rincez-les et épongez-les. Salez-les et poivrez-les.

❦ Pelez ail et oignon, et hachez-les menu. Ébouillantez les tomates 10 secondes, puis rafraîchissez-les sous l'eau courante, pelez-les, coupez-les en deux et éliminez-en les graines.

❦ Faites chauffer la moitié de l'huile dans une sauteuse antiadhésive de 26 cm et faites-y blondir le hachis d'ail et d'oignon. Ajoutez les tomates et mélangez. Salez, poivrez et laissez cuire 5 mn à feu vif.

❦ Faites chauffer le reste de l'huile dans une poêle antiadhésive de 26 cm et faites-y cuire les rougets 8 mn, en les retournant à mi-cuisson. Égouttez-les et rangez-les dans un plat de service tenu au chaud. Nappez-les de sauce à la tomate puis garnissez-les de filets d'anchois et d'olives. Servez aussitôt.

POUR 4 PERS. *Photo page 101*

Provence

DAURADE À LA PROVENÇALE

1 daurade de 1,2 kg
500 g de tomates mûres
1 citron non traité
2 gousses d'ail
1 cuil. à soupe de persil plat ciselé
4 cuil. à soupe d'huile d'olive vierge extra
sel, poivre

❦ Demandez à votre poissonnier d'écailler le poisson et de le vider. Rincez-le et épongez-le. Salez-le et poivrez-le.

❦ Allumez le four, thermostat 8. Ébouillantez les tomates 10 secondes, puis rafraîchissez-les sous l'eau courante, pelez-les, coupez-les en deux et éliminez-en les graines ; hachez grossièrement la pulpe. Pelez les gousses d'ail et hachez-les menu.

❦ Faites chauffer la moitié de l'huile dans une poêle antiadhésive de 26 cm. Ajoutez l'ail et le persil, et faites blondir l'ail en remuant sans cesse avec une spatule. Ajoutez les tomates, sel, poivre, et mélangez. Laissez cuire 5 mn environ, sur feu modéré, jusqu'à ce que l'eau des tomates se soit presque entièrement évaporée.

❦ Couchez la daurade dans un plat à four pouvant juste la contenir et arrosez-la du reste de l'huile. Retournez-la dans le plat afin qu'elle soit uniformément enrobée d'huile puis glissez le plat dans le four chaud. Laissez cuire 5 mn.

❦ Pendant ce temps, lavez le citron et épongez-le. Coupez-le en fines rondelles.

❦ Au bout de 5 mn de cuisson, retirez le plat du four et recouvrez le poisson de sauce à la tomate. Couvrez de tranches de citron et remettez le plat au four. Laissez cuire encore 30 mn.

❦ Lorsque la daurade est cuite, servez-la aussitôt dans son plat de cuisson.

POUR 4 PERS. *Photo page 101*

Languedoc

THON À LA LANGUEDOCIENNE

1 tranche de thon de 1,2 kg et de 2 cm d'épaisseur
3 citrons non traités
1/2 litre de vin blanc sec : picpoul ou clairette
10 gousses d'ail
25 g de farine
5 cl d'huile d'olive vierge extra
sel, poivre

❦ Rincez la tranche de poisson et épongez-la. Salez-la et poivrez-la. Pelez les gousses d'ail. Lavez les citrons et coupez-en deux en fines rondelles ; coupez le troisième en deux et pressez-le : réservez 1 cuillerée à soupe de jus.

❦ Mettez la farine dans une assiette creuse et passez-y le poisson sur les deux faces puis secouez-le pour en éliminer l'excédent.

❦ Faites chauffer l'huile dans une sauteuse pouvant juste contenir la tranche de poisson. Faites-la dorer 4 mn sur chaque face puis réservez-la au chaud. Mettez les gousses d'ail et laissez-les blondir pendant 2 mn. Réservez-les avec le poisson. Versez le vin et le jus de citron dans la sauteuse et mélangez jusqu'à ce que la sauce réduise de moitié. Remettez thon et ail dans la sauteuse, et laissez cuire 10 mn à feu doux et à couvert, en retournant le poisson à mi-cuisson.

❦ Dressez le thon et les gousses d'ail dans un plat creux et gardez au chaud. Faites légèrement réduire le jus de cuisson sur feu vif, jusqu'à ce qu'il soit onctueux et nappez-en le poisson. Servez aussitôt.

POUR 6 PERS.

THON À LA LANGUEDOCIENNE

PETER JOHNSON

Normandie

BARBUE À L'OSEILLE

1 barbue de 1,5 kg
1 kg d'oseille
200 g de crème fraîche épaisse
1 oignon de 100 g
1 carotte de 100 g
1 bouquet garni : 1 feuille de laurier, 1 brin de thym,
   6 tiges de persil
1/2 litre de cidre brut
2 clous de girofle
sel, poivre

Demandez à votre poissonnier de vider le poisson, d'en enlever les filets et de réserver la tête et les parures du poisson.

Pelez la carotte, lavez-la et coupez-la en rondelles. Pelez l'oignon et piquez-le des clous de girofle. Liez les éléments du bouquet garni. Mettez bouquet garni, oignon et carotte dans une casserole, et ajoutez la tête et les parures du poisson, le cidre et autant d'eau. Portez à ébullition, salez, poivrez et laissez cuire 20 mn à petits frémissements.

Pendant ce temps, lavez l'oseille, égouttez-la et coupez-la en très fines lanières. Mettez-la dans une sauteuse antiadhésive de 26 cm et ajoutez la crème, du sel et du poivre. Posez la sauteuse sur feu doux et laissez cuire pendant 5 mn environ, en remuant souvent, jusqu'à obtention d'une sauce épaisse. Gardez au chaud.

Rincez les filets de poisson et épongez-les. Filtrez le bouillon et remettez-le dans la casserole. Portez à ébullition sur feu doux. Plongez-y les filets de poisson et laissez-les cuire 10 mn à petits frémissements avant de les égoutter.

Répartissez les filets de poisson dans quatre assiettes, nappez de sauce à l'oseille et servez aussitôt.

POUR 4 PERS.

Alsace

BROCHET DE L'ILL À LA CRÈME

Affluent du Rhin, l'Ill, comme sa voisine la Zorn, est une rivière réputée pour ses brochets à la chair fine et délicate.

1 brochet de 1,750 kg
200 g de crème fraîche épaisse
1/4 de litre de riesling
4 échalotes grises
1 cuil. à soupe de jus de citron
125 g de beurre
sel, poivre

Demandez à votre poissonnier d'écailler le poisson et de le vider. Rincez-le et épongez-le. Salez-le et poivrez-le. Pelez les échalotes et hachez-les menu.

Allumez le four, thermostat 8. Beurrez avec 20 g de beurre un plat à four pouvant contenir le poisson et étalez-y les échalotes. Posez le poisson dans le plat et garnissez-le de 25 g de beurre en noisettes. Glissez le plat au four et laissez cuire 15 mn.

Mélangez la crème et le vin dans un bol et versez ce mélange dans le plat au bout de 15 mn de cuisson. Laissez cuire encore 20 mn, en arrosant souvent le poisson de la sauce qui se forme au fond du plat.

Lorsque le poisson est cuit, dressez-le dans un plat de service tenu au chaud. Faites réduire la sauce sur feu modéré en ajoutant le jus de citron, jusqu'à ce qu'elle épaississe puis versez-la dans une petite casserole en la filtrant. Incorporez-y le reste du beurre en noisettes, en fouettant sur feu doux, jusqu'à obtention d'une sauce onctueuse.

BARBUE À L'OSEILLE (au centre, à gauche), BROCHET DE L'ILL À LA CRÈME (en haut) ET BARBUE AU CIDRE (à droite).

Versez la sauce dans une saucière. Servez le poisson chaud avec sa sauce à part.

POUR 4 PERS.

Normandie

BARBUE AU CIDRE

Le cidre est fabriqué en Normandie depuis le XIVe siècle, à partir de variétés de pommes particulières, les « pommes à cidre », à ne pas confondre avec les fruits que l'on croque et que l'on appelle « pommes de table ». Brut, demi-sec ou doux, le cidre, délicieuse boisson, est le meilleur allié de la cuisine normande.

1 barbue de 1,5 kg
1/2 litre de cidre brut
100 g de crème fraîche épaisse
250 g de champignons de Paris
3 échalotes grises
50 g de beurre
sel, poivre

Demandez à votre poissonnier de vider la barbue et de la parer. Rincez-la et épongez-la. Salez-la et poivrez-la. Pelez les échalotes et hachez-les menu. Coupez la partie terreuse du pied des champignons, lavez les champignons, épongez-les et hachez-les grossièrement.

Allumez le four, thermostat 7. Beurrez avec la moitié du beurre un plat à four pouvant juste contenir le poisson. Étalez au fond la moitié du hachis d'échalotes et de champignons ; posez dessus la barbue et couvrez-la du reste de hachis de légumes.

Mélangez le cidre et la crème, salez et poivrez et versez ce mélange dans le plat. Parsemez du reste de beurre en noisettes et glissez le plat au four. Laissez cuire de 30 à 35 mn, le temps que la sauce épaississe et enrobe la barbue, et servez chaud dans le plat de cuisson.

POUR 4 PERS.

Provence

GRATIN DE SARDINES AUX ÉPINARDS

600 g de sardines moyennes
1 kg d'épinards
1 petit œuf
30 g de fromage finement et fraîchement râpé : emmental ou parmesan
30 g de chapelure
1/2 cuil. à café de brindilles de thym
4 cuil. à soupe d'huile d'olive vierge extra
sel, poivre

Écaillez les sardines, étêtez-les et videz-les. Rincez-les. Fendez-les le long de l'arête ventrale et séparez-les en deux filets en ôtant l'arête dorsale et la queue. Épongez les filets dans du papier absorbant.

Lavez les épinards et équeutez-les. Coupez-les en lanières de 2 cm de large et mettez-les dans une grande marmite, sans les égoutter complètement. Salez-les et couvrez la marmite. Posez-la sur un feu vif et laissez cuire 5 mn. Égouttez ensuite les épinards et mettez-les dans un saladier. Battez l'œuf dans un bol, ajoutez la moitié du fromage, sel et poivre et versez ce mélange dans les épinards en tournant vivement.

Allumez le four, thermostat 8. Huilez légèrement un plat à four pouvant contenir les filets de poisson en une seule couche. Étalez-y les épinards puis posez dessus les filets de sardine, côté peau contre les épinards. Salez, poivrez, parsemez de thym et nappez du reste d'huile. Mélangez la chapelure avec le reste de fromage et répartissez ce mélange à la surface du plat. Glissez au four et laissez cuire 15 mn jusqu'à ce que le gratin soit doré. Servez chaud dans le plat de cuisson.

POUR 4-5 PERS.

Provence

SARDINES FARCIES

1 kg de sardines moyennes
250 g d'épinards
200 g de brousse de brebis
2 cuil. à soupe de persil plat ciselé
2 oignons nouveaux
2 gousses d'ail
1 œuf
30 g de chapelure
4 cuil. à soupe d'huile d'olive vierge extra
6 pincées de noix muscade râpée
sel, poivre

Écaillez les sardines, étêtez-les et videz-les. Rincez-les. Fendez-les le long de l'arête ventrale et ouvrez-les sans séparer les filets. Retirez l'arête centrale en la cassant au niveau de la queue. Épongez les poissons dans du papier absorbant. Salez-les et poivrez-les sur les deux faces.

Lavez les épinards et équeutez-les. Mettez-les dans une marmite, sans les égoutter complètement. Salez-les et couvrez la marmite. Posez-la sur un feu vif et laissez cuire 3 mn. Égouttez ensuite les épinards puis hachez-les finement au couteau.

Pelez les gousses d'ail et hachez-les menu. Pelez les oignons, lavez-les et hachez-les finement, partie verte comprise. Faites chauffer 1 cuillerée à soupe d'huile dans une poêle antiadhésive de 24 cm et ajoutez l'oignon. Mélangez sur feu doux pendant 3 mn, jusqu'à ce qu'il soit blond puis ajoutez l'ail et mélangez encore 1 mn.

Battez l'œuf dans un saladier, ajoutez la brousse et écrasez le tout avec une fourchette. Incorporez ensuite les épinards, le contenu de la poêle et la moitié de la chapelure. Ajoutez sel, poivre et noix muscade, et mélangez bien.

Allumez le four, thermostat 9. Huilez légèrement un plat à four pouvant contenir la moitié des sardines en une couche. Étalez-y la moitié des sardines et garnissez chaque sardine ouverte d'une cuillerée de farce et étalez-la légèrement. Couvrez chaque sardine d'une autre sardine et arrosez-les du reste d'huile. Poudrez de chapelure et glissez le plat au four. Laissez cuire 20 mn. Servez dans le plat de cuisson, chaud, tiède ou froid.

POUR 6 PERS.

GRATIN DE SARDINES AUX ÉPINARDS (en haut) ET SARDINES FARCIES.

104

ROUGETS EN ESCABÈCHE

Bretagne

ANCHOIS GRILLÉS À LA MOUTARDE ET À L'ESTRAGON

24 anchois frais de taille moyenne
2 cuil. à soupe de moutarde forte
50 g de chapelure
6 brins d'estragon
100 g de beurre demi-sel
sel, poivre

❧ Étêtez les anchois et videz-les. Rincez-les. Fendez-les le long de l'arête ventrale et ouvrez-les sans séparer les filets. Retirez l'arête centrale en la cassant au niveau de la queue. Épongez les poissons dans du papier absorbant. Salez-les et poivrez-les. Lavez l'estragon et épongez-le. Éliminez les tiges. Répartissez les feuilles d'estragon au centre des poissons et refermez-les.

❧ Faites fondre le beurre dans une petite casserole et ajoutez la moutarde. Mélangez et laissez refroidir.

❧ Allumez le gril du four. Rangez les poissons sur une grille posée sur la lèchefrite. Parsemez-les de chapelure et arrosez-les de la moitié du beurre à la moutarde. Glissez au four et laissez cuire 10 mn, pas trop loin de la flamme, en retournant les poissons plusieurs fois et en les arrosant du reste de beurre à la moutarde.

❧ Lorsque les anchois sont cuits, dressez-les sur un plat de service. Arrosez-les du reste de beurre et servez.

POUR 4 PERS.

Provence

ROUGETS EN ESCABÈCHE

L'escabèche est une marinade au vinaigre originaire d'Espagne, destinée à conserver des petits poissons frits que l'on a préalablement étêtés. D'où le nom de ce mode de conservation, dérivé de cabesa, *tête en espagnol, précédé du* es *privatif. Aujourd'hui cet apprêt est aussi appliqué à des poissons entiers (rouget, maquereau, merlan) ou coupés en tranches (thon, bonite, espadon, merlu).*

8 rougets de 200 g chacun
100 g de feuilles de menthe fraîche
1 dl de vinaigre de vin rouge
1 dl d'huile d'olive vierge extra
sel, poivre

❧ Demandez à votre poissonnier d'écailler les poissons, de les vider, en conservant leur foie. Rincez-les et épongez-les. Salez-les et poivrez-les.

❧ Faites chauffer l'huile dans une poêle antiadhésive de 26 cm et faites-y cuire les rougets 8 mn, en les retournant à mi-cuisson. Égouttez-les sur un papier absorbant et mettez-les dans un plat creux. Réservez 5 cl d'huile de cuisson dans une petite casserole.

❧ Versez le vinaigre dans une seconde petite casserole et ajoutez les feuilles de menthe. Portez à ébullition, mélangez et retirez du feu. Versez ce mélange dans l'huile réservée, laissez bouillir quelques secondes puis versez le tout sur les rougets.

❧ Laissez refroidir les rougets pendant 4 h au moins avant de servir.

POUR 4 PERS.

ANCHOIS GRILLÉS À LA MOUTARDE ET À L'ESTRAGON (en haut)
ET PALOURDES FARCIES À LA LORIENTAISE (recette page 78).

Bretagne

BAR FARCI

Pêché dans l'Atlantique où on l'appelle bar, il devient loup en Méditerranée.

1 bar de 1,5 kg
200 g de crème fraîche épaisse
250 g de champignons de Paris
250 g d'épinards
200 g d'oseille
100 g de mie de pain rassis
6 échalotes grises
1 dl de vin blanc sec
125 g de beurre demi-sel
sel, poivre

❧ Demandez à votre poissonnier d'écailler le poisson, de le vider et de l'ouvrir le long de l'arête centrale, côté ventre, sans séparer les deux filets afin de retirer l'arête centrale. Rincez le poisson ainsi ouvert et épongez-le.

❧ Pelez les échalotes et hachez-les finement. Lavez épinards et oseille et coupez-les en très fines lanières en éliminant les tiges. Otez la partie terreuse du pied des champignons ; rincez les champignons, épongez-les et hachez-les finement. Passez la mie de pain dans un robot afin de la réduire en une grossière chapelure.

❧ Faites fondre la moitié du beurre dans une sauteuse antiadhésive de 26 cm. Ajoutez l'échalote et mélangez 2 mn sur feu doux. Ajoutez ensuite les champignons, les épinards et l'oseille, et laissez cuire 10 mn environ, jusqu'à ce que les légumes ne rendent plus d'eau. Ajoutez sel, poivre et mie de pain, mélangez et retirez du feu. Laissez tiédir.

❧ Allumez le four, thermostat 8. Salez et poivrez l'intérieur du poisson puis garnissez-le de farce. Ficelez le poisson.

❧ Beurrez avec la moitié du beurre restant un plat à four pouvant contenir le poisson et posez-le dans le plat. Mélangez crème et vin, salez, poivrez légèrement et nappez le poisson de ce mélange. Parsemez-le de noisettes de beurre et glissez le plat au four. Laissez cuire le poisson 45 mn, en le retournant à mi-cuisson.

❧ Lorsque le poisson est cuit, posez-le sur un plat de service. Faites réduire la sauce de cuisson du poisson jusqu'à ce qu'elle soit onctueuse et nappez-en le poisson. Servez le poisson chaud, découpé en tranches.

POUR 6 PERS.

Bretagne

COTRIADE

Cette soupe de poissons très variés, à base de pommes de terre, d'oignons et de saindoux, se prépare sur tout le littoral breton et il en existe autant que de ports de pêche.

2 kg de poissons mélangés : merlan, maquereau, éperlan,
  lotte, raie, lieu, sole, daurade, rouget grondin...
1 kg de pommes de terre à chair farineuse
250 g d'oignons
80 g de saindoux
sel, poivre
Pour servir :
vinaigre de vin rouge
tranches de pain de campagne grillées

❧ Demandez à votre poissonnier d'écailler les poissons, de les étêter et de les vider. Coupez les plus gros poissons en tronçons de 4 cm et laissez les autres entiers ; lavez-les et épongez-les. Pelez les oignons et émincez-les finement. Pelez les pommes de terre, lavez-les et coupez-les en cubes de 3 cm.

❧ Faites fondre le saindoux dans une cocotte de 6 litres et faites-y blondir les oignons 5 mn, en les remuant avec une spatule. Ajoutez les pommes de terre, sel et poivre. Mélangez puis couvrez d'eau froide. Dès l'ébullition, comptez 15 mn de cuisson.

❧ Au bout de ce temps, ajoutez les poissons dans le liquide frémissant, en commençant par ceux dont la chair est la plus ferme (raie, lotte, maquereau, rouget) puis ajoutez ceux dont la chair est la plus tendre (daurade, lieu, sole, merlan, éperlan) en laissant reprendre l'ébullition entre chaque ajout. Salez, poivrez et laissez frémir 15 mn.

❧ Lorsque la cotriade est cuite, égouttez les poissons et les pommes de terre et dressez-les dans un plat creux. Arrosez-les d'un peu de bouillon et gardez au chaud. Versez le bouillon dans une soupière et servez aussitôt avec les tranches de pain grillées. Servez les poissons et les pommes de terre arrosés d'un trait de vinaigre.

POUR 6 PERS.

Bretagne

MERLANS DE LORIENT

750 g de filets de merlan, sans peau ni arêtes
4 échalotes grises
2 cuil. à soupe de persil plat ciselé
1 cuil. à soupe de moutarde forte
100 g de crème fraîche épaisse
1 dl de vin blanc sec : muscadet
1 cuil. à soupe de jus de citron
80 g de beurre
sel, poivre

❧ Allumez le four, thermostat 7. Pelez les échalotes et hachez-les menu. Mélangez-y le persil, salez et poivrez. Beurrez avec 10 g de beurre un plat à four pouvant juste contenir les filets de poisson en une seule couche et étalez-y le mélange persil-échalotes.

❧ Rincez les filets de poisson et épongez-les. Salez-les et poivrez-les. Rangez-les dans le plat. Délayez la moutarde dans le vin et arrosez-en les poissons. Garnissez de 20 g de beurre en noisettes et glissez le plat au four. Laissez cuire 10 mn.

❧ Au bout de ce temps, retirez les filets de poisson du plat et rangez-les sur un plat de service. Versez leur jus de cuisson dans une petite casserole et ajoutez le jus de citron. Faites réduire le jus jusqu'à ce qu'il soit sirupeux puis ajoutez la crème. Mélangez et laissez réduire jusqu'à obtention d'une sauce nappante. Retirez du feu et incorporez le reste du beurre en noisettes, en battant avec un fouet à main.

❧ Allumez le gril du four. Nappez les poissons du contenu de la casserole et glissez le plat au four, près de la flamme. Laissez gratiner 2 mn et servez.

POUR 4 PERS.

MERLANS DE LORIENT (à gauche),
COTRIADE (au centre) ET BAR FARCI (à droite).

MORUE AUX BLETTES ET AUX RAISINS SECS (en haut à gauche),
BRANDADE DE MORUE (en bas à gauche) ET MORUE BRESTOISE (à droite).

Bretagne

MORUE BRESTOISE

*Autrefois, en Bretagne, on pêchait des gadidés, et parmi eux, le
cabillaud. Salé et séché, on le conservait sous le nom de morue.
Lorsque ce poisson déserta les côtes, les pêcheurs durent le
poursuivre jusqu'à Terre-Neuve. Comme aujourd'hui.*

1 kg de filets de morue salés
1 kg de pommes de terre
250 g de blancs de poireaux
2 cuil. à soupe de cerfeuil ciselé
1/2 cuil. à café d'arrow-root
50 g de beurre
sel, poivre

❧ Mettez la morue dans un grand saladier rempli d'eau froide,
peau vers le haut. Laissez-la dessaler ainsi pendant 12 h, en
changeant l'eau trois fois.
❧ Au bout de ce temps, égouttez la morue et posez-la dans
une marmite remplie d'eau froide, peau vers le bas. Posez la
marmite sur feu doux et portez à ébullition. Baissez alors la
flamme jusqu'à obtenir un tout petit frémissement et laissez
cuire 10 mn. Retirez du feu et laissez refroidir.
❧ Lavez les pommes de terre et mettez-les dans une casserole
remplie d'eau froide. Portez à ébullition, salez et laissez cuire
25 mn environ, jusqu'à ce que les pommes de terre soient très
tendres et que la pointe d'un couteau les pénètre facilement.
Égouttez-les, pelez-les et coupez-les en rondelles de 3 mm.
❧ Lavez les blancs de poireaux et coupez-les en très fines
rondelles obliques. Faites fondre 30 g de beurre dans une
casserole et faites-y blondir les blancs de poireau en les remuant
sans cesse avec une spatule. Versez alors 4 dl d'eau. Délayez
la fécule dans 2 cuillerées à soupe d'eau froide et versez ce
mélange dans la casserole. Laissez cuire à feu modéré, en
remuant sans cesse, jusqu'à obtention d'une sauce liée.
❧ Allumez le four, thermostat 8. Égouttez la morue et
effeuillez-la. Beurrez avec le reste de beurre un plat à gratin

de 22 × 32 cm. Étalez les pommes de terre et la morue dans
le plat, en couches, en terminant par de la morue. Poudrez de
cerfeuil puis nappez de sauce aux poireaux. Glissez le plat au
four et laissez cuire 10 mn, jusqu'à ce que la surface du plat
soit dorée. Servez chaud dans le plat de cuisson.

POUR 6 PERS.

Corse

MORUE AUX BLETTES ET RAISINS SECS

1 kg de filets de morue salés
500 g de vert de blettes
50 g de raisins de Corinthe
500 g de tomates mûres
500 g de pommes de terre
1 oignon de 100 g
2 gousses d'ail
1 feuille de laurier
3 cuil. à soupe d'huile d'olive vierge extra
sel, poivre

❧ Mettez la morue dans un grand saladier rempli d'eau froide,
peau vers le haut. Laissez dessaler ainsi pendant 12 h, en
changeant l'eau trois fois.
❧ Au bout de ce temps, égouttez la morue et coupez-la en
carrés de 4 cm de côté. Pelez ail et oignon, et hachez-les menu.
Rincez les raisins sous l'eau chaude et égouttez-les. Lavez les
tomates, coupez-les en quatre et passez-les au moulin à légumes
grille moyenne. Pelez les pommes de terre, lavez-les, épongez-
les et coupez-les en cubes de 2 cm.
❧ Rincez le vert des blettes, égouttez-les et coupez-les en
lanières de 2 cm de large. Mettez-les dans une marmite, sans
les égoutter complètement, couvrez et posez la marmite sur
feu vif. Laissez cuire 4 mn puis égouttez les blettes.
❧ Faites chauffer l'huile dans une sauteuse antiadhésive de
26 cm et faites-y blondir le hachis d'ail et d'oignon en
mélangeant sans cesse pendant 2 mn. Ajoutez la pulpe de
tomate, la feuille de laurier et les pommes de terre. Salez,
poivrez et laissez cuire 15 mn à feu doux et à couvert.
❧ Au bout de ce temps, ajoutez les morceaux de morue, les
blettes et les raisins dans la sauteuse, et laissez cuire encore
15 mn, à feu très doux et à couvert.
❧ Versez la morue dans un plat creux et servez chaud.

POUR 6 PERS.

Languedoc

BRANDADE DE MORUE

*Spécialité de la ville de Nîmes, la brandade (du provençal
brandar, remuer) est une purée de morue émulsionnée à l'huile
d'olive et au lait. À Marseille et à Toulon, on y incorpore de
l'ail pilé et on la garnit de croûtons frottés d'ail. Dans
certaines familles, on y ajoute de la purée de pommes de terre,
il ne s'agit plus alors d'une brandade, mais d'une parmentière
de morue.*

1 kg de filets de morue salés
1/4 de litre d'huile d'olive vierge extra
1/4 de litre de lait

❧ Mettez la morue dans un grand saladier rempli d'eau froide,
peau vers le haut. Laissez dessaler ainsi pendant 12 h, en
changeant l'eau trois fois.

PETER JOHNSON

Au bout de ce temps, égouttez la morue et posez-la dans une marmite remplie d'eau froide, peau vers le bas. Posez la marmite sur feu doux et portez à ébullition. Baissez alors la flamme jusqu'à obtenir un tout petit frémissement et laissez cuire 10 mn.

Pendant ce temps, faites chauffer le lait dans une petite casserole. Versez la moitié de l'huile dans une grande casserole.

Égouttez la morue et retirez-en la peau et les arêtes. Effeuillez-la et ajoutez-la dans la casserole. Posez la casserole sur feu très doux et travaillez le tout avec une spatule, en ajoutant peu à peu le reste d'huile et le lait, jusqu'à obtention d'une très fine purée : ce travail dure environ 15 mn.

Mettez la brandade dans un plat creux et servez sans attendre.

POUR 6 PERS.

QUENELLES

PETER JOHNSON

Lyonnais

QUENELLES

Les quenelles de brochet sont une spécialité de la région lyonnaise ; on les sert aussi nappées de sauce Nantua — originaire de la ville du même nom —, sauce crémée comportant toujours des écrevisses.

500 g de filets de brochet, sans peau ni arêtes
300 g de crème fraîche épaisse
125 g de beurre
4 œufs
farine
4 pincées de piment de Cayenne en poudre
sel, poivre
Pour servir :
beurre blanc ou beurre fondu

Mettez le poisson dans le bol d'un robot et mixez jusqu'à obtention d'une fine purée. Ajoutez les œufs, la crème, sel, poivre et piment, sans cesser de mixer. Ajoutez enfin le beurre en noisettes et mixez jusqu'à ce que la purée soit très lisse et homogène.

Réservez cette purée au réfrigérateur et laissez-la reposer 12 h avant de préparer les quenelles.

Au bout de ce temps, prenez une grosse cuillerée de préparation et roulez-la sur le plan de travail légèrement fariné afin d'obtenir un boudin bien lisse. Continuez ainsi jusqu'à épuisement des ingrédients.

Faites bouillir de l'eau dans une grande casserole et salez-la. Plongez-y les quenelles par petites quantités et laissez-les cuire 15 mn à petits frémissements. Ensuite égouttez-les sur un linge puis dressez-les dans un plat chaud. Servez aussitôt, arrosé de beurre fondu ou nappé de beurre blanc.

POUR 6 PERS.

Provence

BOURRIDE

Entre la bourride de lotte languedocienne et la bourride provençale, le lien est l'aïoli. Mais la première ne se fait qu'avec la lotte et comporte une sauce très courte alors que la seconde est une véritable soupe où se retrouvent toutes les variétés de poissons blancs.

2 kg de poissons blancs mélangés : lotte, loup, saint-pierre, turbot...
1/2 litre de vin blanc sec
1 carotte moyenne
1 oignon de 100 g
2 blancs de jeunes poireaux
1 bouquet garni : 1 feuille de laurier, 1 brin de thym, 1 brin de fenouil sec, 6 tiges de persil, 1 lanière d'écorce d'orange sèche
6 gousses d'ail
sel, poivre
Pour la sauce :
3 gousses d'ail
2 jaunes d'œufs
1 cuil. à café de moutarde blanche
1/4 de litre d'huile d'olive vierge extra
sel
Pour servir :
tranches de pain grillées, baguette par exemple
ail

Demandez à votre poissonnier d'écailler les poissons, de les étêter, de les vider et de réserver les têtes et les arêtes. Coupez les poissons en tronçons de 4 cm.

Pelez la carotte, l'oignon et les poireaux. Lavez carotte et poireaux, et hachez grossièrement le tout. Liez les éléments du bouquet garni. Pelez les gousses d'ail.

Mettez les têtes et les arêtes de poisson dans une grande casserole. Ajoutez carotte, oignon, poireaux, ail et bouquet garni. Versez le vin et 3/4 de litre d'eau, et portez à ébullition, salez, poivrez et laissez frémir 20 mn.

Pendant ce temps, pelez la gousse d'ail et éliminez-en le germe. Passez l'ail au presse-ail au-dessus d'un bol peu évasé. Ajoutez la moutarde, les jaunes d'œufs et un peu de sel. Mélangez et laissez reposer 1 mn. Versez ensuite l'huile en mince filet, en fouettant, jusqu'à obtention d'une préparation très ferme : l'aïoli qui liera la sauce.

Lorsque le bouillon est cuit, filtrez-le au-dessus d'une marmite. Portez-le à ébullition sur feu doux et plongez-y les poissons. Laissez-les cuire 10 mn à couvert.

Lorsque le poisson est cuit, retirez-le de la sauteuse et gardez-le au chaud, dans une soupière. Hors du feu, incorporez la moitié de l'aïoli dans la marmite en mélangeant. Nappez le poisson de sauce et servez aussitôt, accompagné de pain grillé frotté d'ail et tartiné du reste d'aïoli.

POUR 6 PERS. *Photo page 10*

Provence

BOUILLABAISSE

La bouillabaisse a été inventée par les pêcheurs méditerranéens qui, au retour de la pêche, cuisinaient dans un grand chaudron, sur un feu de bois, les poissons les plus modestes avec quelques coquillages, de l'huile d'olive, un morceau d'écorce d'orange séchée et du safran. Elle est peu à peu devenue un grand plat du Midi dont il existe autant de recettes que de cuisiniers. Le point commun à toutes ces recettes est l'utilisation des poissons de roche à chair blanche aussi nombreux que possible, auxquels peuvent s'ajouter des petits crabes, des moules, des cigales, et même des seiches avec leur encre.

3 kg de poissons et crustacés mélangés : rascasse, saint-pierre, lotte, congre, vive, loup, rouget, seiche, sole, barbue, étrilles, homard, langouste...
500 g de tomates mûres
1/2 litre de vin blanc sec : picpoul, clairette...
2 carottes moyennes
1 oignon de 100 g
1 poireau
10 gousses d'ail
10 tiges de persil
1 côte de céleri
1 lanière de zeste d'orange sec
1 brin de thym sec
1 brin de romarin sec
1 brin de fenouil sec
1 feuille de laurier
6 pincées de filaments de safran
4 cuil. à soupe d'huile d'olive vierge extra
sel, poivre
Pour servir :
tranches de pain grillées, baguette par exemple
gousses d'ail

Demandez à votre poissonnier d'écailler les poissons, de les étêter, de les vider et de réserver les têtes et les arêtes. Coupez les plus gros poissons en tronçons de 4 cm et laissez les autres entiers : lavez-les et épongez-les. Si vous mettez de la langouste ou du homard, coupez-les en deux en séparant la tête et la queue ; éliminez la poche caillouteuse de la tête. Nettoyez les seiches et ne gardez que les tentacules et le cornet ; lavez-les et épongez-les.

Lavez les tomates et hachez-les grossièrement. Pelez oignon, carottes et poireau. Lavez carottes, poireau et céleri. Émincez finement le poireau, y compris la partie vert tendre, l'oignon et le céleri. Coupez les carottes en fines rondelles.

Faites chauffer l'huile dans une cocotte de 6 litres. Ajoutez les têtes et arêtes des poissons et crustacés, et mélangez 5 mn sur feu doux. Ajoutez les tomates, les carottes, le poireau, le céleri et l'oignon, et mélangez encore 5 mn, jusqu'à ce que les légumes blondissent. Ajoutez le thym, le romarin, le fenouil, le laurier, le zeste d'orange, les gousses d'ail entières, les tiges de persil, le safran, sel et poivre. Mélangez 1 mn puis versez le vin blanc. Laissez cuire 45 mn à petits frémissements.

Au bout de ce temps, retirez les têtes et arêtes de poisson de la cocotte, ainsi que les branches de thym, fenouil, romarin, les tiges de persil, l'ail et l'orange. Passez le reste au moulin à légumes grille fine puis au mixer longuement afin d'obtenir un velouté.

Essuyez la cocotte et versez-y le velouté. Portez à ébullition sur feu doux et ajoutez-y les poissons en commençant par ceux dont la chair est la plus ferme (seiche, congre, baudroie, rascasse, rouget) puis ajoutez ceux dont la chair est plus tendre (vive, saint-pierre, loup, sole, barbue) et en laissant reprendre l'ébullition entre chaque opération. Ajoutez les crustacés. Laissez frémir 10 mn puis égouttez les poissons et les crustacés et dressez-les sur un plat. Réservez au chaud.

Versez le bouillon dans une soupière et servez-le chaud, sur des tranches de pain frottées d'ail. Servez les poissons ensuite.

POUR 6-8 PERS. *Photo page 10*

Alsace

MATELOTE AU RIESLING

« Matelote » vient du mot « matelot » et désigne toute soupe de poissons d'eau douce cuits dans du vin, rouge ou blanc. On la prépare sur les bords de la Loire, du Rhône ou du Rhin. La matelote alsacienne est traditionnellement servie avec des pâtes fraîches.

2 kg de poissons de rivière mélangés : anguille, brochet, tanche, perche, truite...
1/2 litre de riesling
2 carottes moyennes
2 poireaux
2 oignons de 100 g
1 bouquet garni : 1 brin de thym, 1 feuille de laurier, 6 tiges de persil, 2 brins d'estragon
200 g de crème fraîche épaisse
3 jaunes d'œufs
4 pincées de noix muscade râpée
sel, poivre

Demandez à votre poissonnier d'écailler les poissons, de les étêter, de les vider et de réserver les têtes et les arêtes. Coupez les poissons en tronçons de 4 cm.

Pelez les carottes et les poireaux. Lavez-les et coupez-les en rondelles. Pelez les oignons et émincez-les. Liez le bouquet garni. Mettez ces légumes dans une casserole les têtes et arêtes de poisson, le bouquet garni, le vin et autant d'eau, noix muscade, sel et poivre. Portez à ébullition et laissez frémir 20 mn.

Au bout de ce temps, filtrez le bouillon au-dessus d'une marmite. Portez à ébullition et plongez-y les poissons dans cet ordre : anguille, brochet, tanche, perche et truite, en attendant la reprise de l'ébullition entre chaque ajout. Laissez frémir 25 mn puis retirez du feu et égouttez les poissons. Réservez-les au chaud dans un plat creux.

PETER JOHNSON

MATELOTE AU RIESLING

Faites réduire le bouillon des poissons de moitié. Fouettez les jaunes d'œufs et la crème dans un bol, avec une fourchette.

Lorsque le bouillon est réduit, versez-en 2 cuillerées à soupe dans le bol et fouettez. Versez ce mélange dans la marmite, sans cesser de fouetter, hors du feu, jusqu'à ce que la préparation épaississe. Nappez les poissons de cette sauce veloutée et servez aussitôt.

POUR 6 PERS.

Bourgogne

POCHOUSE

La pochouse — ou encore pauchouse — se prépare toujours au vin blanc. Elle est originale en ce qu'elle comprend du lard demi-sel, ingrédient peu banal dans une préparation à base de poissons.

2 kg de poissons de rivière : anguille, carpe, tanche, perche, brochet...
3/4 de litre de vin blanc sec : bourgogne blanc
25 petits oignons grelots
150 g de lard demi-sel

6 gousses d'ail
75 g de beurre
25 g de farine
sel, poivre
Pour servir :
croûtons

Demandez à votre poissonnier d'écailler les poissons, de les étêter et de les vider. Coupez-les en tronçons de 4 cm, rincez-les et épongez-les. Pelez les oignons et les gousses d'ail.

Rincez le lard. Coupez-le en fins bâtonnets en ôtant la couenne. Faites-le blanchir 1 mn puis égouttez-le, rincez-le et égouttez-le.

Faites fondre 50 g de beurre dans une cocotte de 6 litres. Ajoutez les oignons et le lard, et faites-les blondir 5 mn à feu doux. Salez, poivrez puis versez le vin. Portez à ébullition et ajoutez l'ail et les poissons. Laissez frémir 20 mn puis retirez les poissons et gardez-les au chaud dans une soupière.

Liez la farine et le reste de beurre dans un bol afin d'obtenir une petite boule souple. Mélangez-y 3 cuillerées à soupe de bouillon des poissons puis versez dans la cocotte. Mélangez 5 mn sur feu doux, jusqu'à obtention d'une sauce veloutée. Nappez-en les poissons et servez, accompagnée de croûtons.

POUR 6 PERS.

INGRÉDIENTS DE LA POCHOUSE

TRUITES AU RIESLING (en haut) ET TRUITES AUX AMANDES

Champagne

TRUITES AUX AMANDES

4 truites de 200 g chacune
120 g d'amandes effilées
150 g de beurre
sel, poivre

Demandez à votre poissonnier de vider les poissons et de les gratter. Rincez-les et épongez-les. Salez-les et poivrez-les.

Faites fondre la moitié du beurre dans une poêle antiadhésive de 26 cm et faites-y cuire les truites 6 mn de chaque côté puis réservez-les sur un plat de service tenu au chaud.

Éliminez le beurre de cuisson et essuyez la poêle. Ajoutez-y les amandes et laissez-les blondir sur feu doux, en les remuant. Ajoutez ensuite le reste de beurre et faites-le fondre sur feu doux.

Nappez les truites de beurre aux amandes et servez aussitôt.

POUR 4 PERS.

Bourgogne

CARPE FARCIE

1 carpe de 1,5 kg
200 g de crème fraîche épaisse
150 g de mie de pain rassis
3 échalotes grises
1 gousse d'ail

Alsace

TRUITES AU RIESLING

4 truites de 200 g chacune
1,5 dl de riesling
4 échalotes grises
150 g de petits champignons de Paris
100 g de crème fraîche épaisse
75 g de beurre
sel, poivre

Demandez à votre poissonnier de vider les poissons et de les gratter. Rincez-les et épongez-les. Salez-les et poivrez-les. Pelez les échalotes et hachez-les menu.

Allumez le four, thermostat 7. Beurrez avec 20 g de beurre un plat à four pouvant juste contenir les poissons. Étalez-y le hachis d'échalotes et posez les poissons dessus. Versez le riesling dans le plat et couvrez-le d'une feuille de papier sulfurisé ou d'aluminium. Glissez le plat au four et laissez cuire 20 mn.

Pendant ce temps, ôtez la partie terreuse du pied des champignons. Lavez les champignons, épongez-les et coupez-les en quatre. Faites fondre 20 g de beurre dans une poêle antiadhésive de 24 cm et faites-y cuire les champignons jusqu'à ce qu'ils soient dorés et ne rendent plus d'eau. Réservez-les au chaud.

Lorsque les truites sont cuites, égouttez-les et dépouillez-les. Dressez-les sur un plat de service. Entourez-les de champignons et réservez au chaud.

Filtrez le jus de cuisson des truites dans une petite casserole. Faites-le réduire sur feu vif, jusqu'à ce qu'il soit sirupeux puis ajoutez la crème et laissez cuire jusqu'à obtention d'une sauce très onctueuse. Incorporez-y le reste de beurre en fouettant avec une spatule. Nappez poisson et champignons de sauce, et servez aussitôt.

POUR 4 PERS.

1 œuf
100 g de poitrine fumée en fines tranches
1 cuil. à soupe de persil plat ciselé
1 dl de vin blanc sec : bourgogne aligoté
20 g de beurre
sel, poivre

Demandez à votre poissonnier d'écailler le poisson, de le vider et de l'ouvrir le long de l'arête centrale, côté ventre, sans séparer les deux filets afin de retirer l'arête centrale. Réservez les œufs ou les laitances du poisson s'il en contient et hachez-les grossièrement au couteau. Rincez le poisson ainsi ouvert et épongez-le.

Pelez l'ail et les échalotes, et hachez-les finement. Passez la mie de pain dans un robot afin de la réduire en une grossière chapelure. Hachez finement au couteau la poitrine fumée en éliminant la couenne.

Faites fondre le beurre dans une sauteuse antiadhésive de 26 cm. Ajoutez le hachis d'ail et d'échalote, et mélangez 2 mn sur feu doux. Ajoutez ensuite la poitrine fumée et mélangez encore 2 mn. Ajoutez sel, poivre, laitances ou œufs, persil et mie de pain, mélangez et retirez du feu. Incorporez l'œuf et laissez tiédir.

Allumez le four, thermostat 8. Salez et poivrez l'intérieur du poisson puis garnissez-le de farce. Ficelez le poisson.

Beurrez avec le reste de beurre un plat à four pouvant contenir le poisson et posez-le dans le plat. Ajoutez le vin et glissez le plat au four. Laissez cuire le poisson 45 mn, en l'arrosant souvent du jus de cuisson.

Lorsque le poisson est cuit, posez-le sur un plat de service. Faites réduire la sauce jusqu'à ce qu'elle soit sirupeuse et ajoutez la crème. Faites cuire encore 2 mn en mélangeant jusqu'à ce que la sauce épaississe et nappez-en le poisson. Servez le poisson chaud, découpé en tranches.

POUR 6 PERS.

CARPE FARCIE

ANGUILLES AU VERT

Picardie

ANGUILLES AU VERT

Le hachis d'herbes qui entre dans la composition de ce plat peut en compter 15 variétés, variables selon les saisons ; il peut être enrichi d'ortie blanche, de cressonnette, de citronnelle, d'aneth, de pimprenelle...

1 kg d'anguilles de taille moyenne
100 g d'oseille
100 g d'épinards
10 brins de persil plat
4 brins de cerfeuil
4 brins de sauge
2 brins d'estragon
2 brins de thym
1 brin de menthe
1 feuille de laurier
3 échalotes grises
1 dl de vin blanc sec
100 g de crème fraîche épaisse
2 jaunes d'œufs
40 g de beurre

Dépouillez les anguilles, videz-les, lavez-les et coupez-les en tronçons de 4 cm d'épaisseur. Essuyez-les dans du papier absorbant, salez-les et poivrez-les. Retirez les tiges de l'oseille, des épinards et des herbes. Lavez les feuilles et épongez-les. Ciselez le tout. Pelez les échalotes et hachez-les.

Faites fondre le beurre dans une sauteuse antiadhésive de 26 cm. Ajoutez les tronçons d'anguille et les échalotes, et mélangez 5 mn sur feu doux, jusqu'à ce que les anguilles soient juste dorées. Jetez le beurre de cuisson et versez le vin dans la sauteuse. Mélangez, ajoutez thym et laurier, et portez à ébullition. Laissez frémir 5 mn à feu doux et à couvert.

Au bout de ce temps, retirez thym et laurier, et ajoutez herbes et verdure. Mélangez et laissez cuire encore 5 mn, toujours à feu doux et à couvert.

Pendant ce temps, fouettez les jaunes d'œufs et la crème à la fourchette dans un bol.

Au bout de 10 mn de cuisson, versez 2 cuillerées à soupe de la cuisson des anguilles dans le bol. Mélangez puis versez le tout dans la sauteuse. Retirez du feu et mélangez jusqu'à ce que la sauce épaississe et enrobe les tronçons d'anguille. Mettez les anguilles au vert dans un plat creux et servez aussitôt.

POUR 4 PERS.

DE LA FRANCHE-COMTÉ AU DAUPHINÉ

D'une montagne l'autre

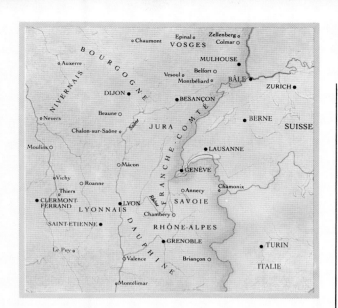

FRANCHE-COMTÉ BOURGOGNE LYONNAIS SAVOIE DAUPHINÉ

D'une montagne l'autre

C'est un plateau qui succède à l'autre, recule devant la vallée et donne ainsi son nom au paysage d'ici : les « reculées ». Le Jura en est riche. Cette montagne douce, tendre et verte, qui dépasse rarement les mille mètres, se frotte avec la Suisse et appartient tout entière à la Comté franche, fut toujours une terre convoitée : entre le royaume d'Espagne et le duché de Bourgogne. On n'y prépare plus guère la « gaude », qui est une soupe à la farine mêlée de beurre cru. Ni même le « brési », ce bœuf en saumure qui sèche longuement dans l'âtre. Voici le royaume des petites montagnes, de l'air frais, des vins d'air pur. Rouges, fruités et légers, issus des cépages poulsard et trousseau, blancs issus de chardonnay et surtout de savagnin : ce raisin coloré, jaune d'or et rosâtre qui, laissé six ans en fûts où un tiers du liquide s'évapore, donne le « vin jaune », le vrai trésor du pays, qui lui emprunte son goût et son parfum : de noix, de résine et de fleurs sèches subtilement assemblées.

S'il faut bien insister sur la qualité propre des vins du Jura et dont les rois se trouvent entre Arbois, la cité de Pasteur, et le belvédère de Château-Chalon, c'est qu'ils se marient d'abord admirablement aux plats de la Franche-Comté, à ses produits, entrant pleinement dans la composition des sauces et de ses apprêts. Avec la saucisse sèche, le « côti » du Sauguais

PRÈS DE CHALON-SUR-SAÔNE, DANS UNE BOURGOGNE À JUSTE TITRE FIÈRE DE SES VINS, UNE FERME SE PARE DE PAMPRES.

PAGES PRÉCÉDENTES : DRAPÉ DE BRUME ET DE SON INOUBLIABLE BEAUTÉ, LE MONT BLANC, PLUS HAUT SOMMET D'EUROPE, MÉRITE SA RÉPUTATION.
LEO MEIER

117

(cette côte de porc fumée qui est le plat populaire par excellence des « mâchons » arboisiens), mais surtout la poularde au vin jaune et aux morilles, le ris de veau où crème et vin forment la plus délicate et la plus onctueuse des sauces, avec les gâteaux aux noix, comme, bien sûr, avec les fromages d'ici.

Ce sont le comté et le morbier des fruitières, le vacherin du mont d'Or ou encore, mais plus industrielle, la cancoillotte de Besançon ou de Haute-Saône, liquide et préparée à partir du lait écrémé. Le comté, qui porte le nom de la province, est un admirable fromage du type « gruyère » : issu de lait cru de vache, de pâte molle, de saveur fruitée et odorante, au goût d'herbe. Il démontre que la Franche-Comté, si joliment nommée, n'a aucunement abdiqué la franchise qui la caractérise, son goût sauvage, celui des pâturages des plateaux.

À leur pied, le kirsch de la Marsotte se produit au fil de la belle vallée de la Loue. Cette vallée n'a guère changé depuis le temps où Gustave Courbet, natif d'Ornans, la peignait en observateur émerveillé. Les truites de torrent, vives et légères, les poissons de rivière abondent encore dans ces sources d'eau claire nombreuses aux abords de Lods et de Mouthier-Haute-Pierre.

Tout à côté, c'est la Bourgogne, autre pays de vin. Et autrement fameux. De Dijon à Chagny, s'égrènent les grandes côtes : nuits de Fixin à Corgoloin, beaune de Ladoix à Cheilly-les-Maranges. S'y trouvent certaines des appellations viticoles les plus fameuses du monde : clos vougeot, chambertin ou vosne-romanée, pommard, meursault ou montrachet.

Henri Vincenot, l'incomparable écrivain bourguignon et auteur du *Pape des escargots,* contait toujours la fameuse histoire du « vin de trois ». « Non comme la ville (de Troyes), précisait-il, mais comme le chiffre. » Il fallait, en effet, trois personnes pour apprécier ce vin : « un dégustateur volontaire, et deux personnes pour porter le buveur »... Plaisanteries bourguignonnes.

Il n'est guère de pays plus sérieux quant aux arts de la table. Ceux-ci possèdent d'ailleurs leur musée, à l'écart des grandes côtes, au bourg d'Arnay-le-Duc. Les traditions, malgré la raréfaction des produits de jadis, demeurent : celle de l'escargot dit « gros gris » de Bourgogne, celle de la pochouse verdunoise, une fricassée de poissons d'eau douce, cuits dans le vin blanc. La cuisine au vin y a la part belle : civet au vin rouge, marinade au vin blanc ou encore « verjus » utilisant le jus ultime du raisin pressé.

D'autres produits sont ici à la fête et rayonnent à Dijon : la belle capitale de l'ancien duché, avec l'ancien palais de Charles le Téméraire abritant un splendide musée des beaux-arts, ses vieux hôtels, ses églises anciennes et ses rues pavées. La moutarde est ici traditionnelle. Le pain d'épice est également à la fête. La liqueur de cassis, fabriquée à partir des petits fruits récoltés autour d'Arcenant, une commune rustique sur les hauteurs de la côte de Nuits, a connu une destinée pleine de renommée grâce à l'utilisation

LEO MEIER

COMME LA PLUPART DES STATIONS ALPINES, CHAMONIX RESTE UNE PETITE VILLE DE MONTAGNE AU CHARME DÉSUET ET DONT LES JOLIS HÔTELS-CHALETS, COMME CELUI-CI, ATTIRENT UNE CLIENTÈLE INTERNATIONALE SOPHISTIQUÉE.

LEO MEIER

118

CHAMONIX, VILLE FRONTALIÈRE PERCHÉE SUR LES HAUTEURS DES ALPES, EST TOUTE L'ANNÉE UN SITE TOURISTIQUE APPRÉCIÉ.

qu'en fit le chanoine Kir, maire de la ville, qui le mêla au vin blanc, en lui donnant son nom.

Champignons, brochets, écrevisses et aussi sauce Nantua, confectionnée avec une bisque d'écrevisses, appartiennent au terroir commun de la Bourgogne et de la Franche-Comté dont les destinées, jadis, furent liées. Mais la Bourgogne qui fut, à son apogée, plus grande que le royaume de France, a su annexer toutes les richesses de ses petits « pays » voisins : Charolais fameux pour sa viande de bœuf, Morvan célèbre pour son jambon servi chaud, Bresse illustre pour sa volaille blanche. D'où ces jambons à la crème, ces poulardes au vin blanc, ces coqs au vin, ces bœufs bourguignons ou ces daubes qui témoignent encore d'une richesse importante de la Bourgogne gourmande.

Les fromages d'Époisses et de Chambertin, de saveur et de senteurs fortes — de type « lait de vache à pâte molle » —, résistent aux grands vins rouges puissants et charpentés de la côte de Nuits, qui, eux-mêmes, épousent à merveille ces « costauds » issus de la ferme. Les œufs en meurette — pochés au vin rouge —, les gougères — ces choux au fromage, que l'on sert traditionnellement en apéritif —, les charcuteries diverses comme le jambon persillé — dans une gelée relevée d'herbes fines (thym, cerfeuil, estragon) et confectionnée avec du vin blanc : voilà qui complète à merveille un tableau réjouissant.

Lyon pourrait passer pour la fille naturelle de la Bourgogne. Ou son aînée. Depuis belle lurette, les chroniqueurs se sont épanchés à son propos, chantant l'ex-capitale des Gaules, comme « capitale de gueule », clamant, tel Curnonsky, que Lyon était « la capitale mondiale de la gastronomie ». Ou encore, avec Henri Clos-Jouve, que « Lyon est un garde-manger ».

De fait, Lyon et ses abords possèdent plein d'atouts pour appâter le gourmet : les poires de la vallée du Rhône, les nougats de Montélimar, les vins d'Hermitage, de Condrieu, de Cornas, de Château-Grillet ou de Saint-Joseph, les côtes-rôties, rouges aux arômes de violette et issus du cépage syrah, les gentils mâcon blancs et rouges, les grands pouilly-fuissé, les séduisants saint-véran, les crozes-hermitage. Et puis le beaujolais qui à lui seul pourrait constituer une saga. « Lyon, disait Léon Daudet, est arrosé par trois fleuves : le Rhône, la Saône et le Beaujolais. »

Plus qu'une ville gourmande, Lyon est un symbole : grand carrefour gourmand à la croisée de toutes les routes, pont vers la Côte d'Azur, depuis Paris, cheminant vers la Suisse et l'Est européen, flirtant avec le Charolais, la Bresse, mais aussi l'Auvergne, jouissant d'une situation stratégique d'importance et bénéficiant d'une réputation hors du commun, dès l'origine, dès la Lugdunum des Romains.

Lyon est, disait-on, une ville qui donne faim. Jadis, les « mères » faisaient la loi gourmande. Elles ont été — mère Charles, mère Guy, mère Blanc et, la plus fameuse de toutes, mère Brazier — remplacées par des hommes qui n'ont pas toujours de descendants. Lyon est-elle une ville qui stagne, se reposant sur sa situation ? À vrai dire, Lyon demeure toujours une capitale du bien-manger et du bien-vivre, même si elle laisse à Paris, voire au reste de la province, le soin de guider les modes.

Les bons charcutiers abondent. Les rois de la rosette, du saucisson sec, de l'andouillette, du sabodet, de la saucisse à cuire, du gras-double ou des paquets de couenne fournissent les excellents produits savoureux qui sont à la base de la cuisine lyonnaise populaire que l'on sert dans les « bouchons » lyonnais, ces bistrots typiques où règnent le « pot » de « côtes » ou de beaujolais, ou Chez Léon de Lyon, le grand restaurant le plus typique de la ville. Ainsi le saucisson chaud présenté avec des pommes à l'huile, le tablier de sapeur confectionné avec des morceaux de panse de bœuf servis poêlés, ou encore la cervelle chaude aux câpres.

La cervelle de canut doit son nom aux ouvriers des soieries lyonnaises (les canuts). Entre dans sa composition un mélange de fromage blanc, battu, salé, poivré, avec échalote hachée, fines herbes, vin blanc et huile : voilà un bel exemple de la franchise et de la gourmandise lyonnaises. D'autres plats lyonnais ? La volaille à la broche servie simplement avec des cardons (plante de la même famille que l'artichaut) à la moelle ou un gratin de macaronis ; le foie de veau sauté à la lyonnaise avec oignons et vinaigre ; la quenelle de brochet cuite à la graisse de bœuf ;

l'andouillette, confectionnée avec de la fraise de veau et de la panse de porc, que l'on poêle également avec oignons et vin blanc ou vinaigre, ajoutant parfois de la moutarde ; la volaille lardée de truffes et dite demi-deuil, ou pochée dans une vessie contenant un bouillon de légumes, puis additionnée de crème, ou encore cuite au vinaigre ; la tarte salée (dite « tâtre ») des Allymes, la galette pérougienne au sucre et aux œufs. Les bugnes bressanes font également partie du répertoire lyonnais qui utilise toutes les ressources que lui fournissent les vergers, les vallées, les lacs, les pâturages et les vignobles environnants.

Les montagnes cernent Lyon, lui apportent une bouffée d'air pur, enivrant sur ses hauteurs. Elles ne sont pas avares de leur richesse. Le gratin dauphinois, si populaire à Lyon, mais aussi partout en France, se prépare avec des pommes de terre en couches minces gratinées à la crème. Les ravioles de Romans, du côté de la Drôme, sont confectionnées avec une pâte fine, taillée petite et farcie de chèvre. Le fromage de Saint-Marcellin, de vache à pâte molle, offre sa saveur acide et digeste aux fins de repas tranquilles. Les diverses charcuteries telles que boudins farçons, mursons, caillettes (pâtés de foie au lard et aux épinards) sont quelques-unes des richesses du Dauphiné, bien qu'elles se retrouvent également de l'autre

côté du Rhône, sur le versant rude de l'Ardèche.

La Savoie, avec ses vastes pâturages à flanc de montagne, ses fermes boisées, ses chalets fleuris, ses vastes étables, ses fruits des bois et sa tradition laitière, est d'une richesse inaccoutumée. Les Français, eux-mêmes, soupçonnent mal la variété des produits qu'elle possède et qui alimentent les régions voisines. Les lacs du Bourget, d'Annecy et de Genève fournissent de beaux poissons : truite, féra, perche, carpe, anguille et, le plus fin de tous, l'admirable omble-chevalier à chair rosâtre que l'on sert simplement meunière ou au beurre mousse.

Ses fromages figurent parmi les meilleurs de France et se retrouvent au mieux de leur forme sous les modernes halles de la Part-Dieu lyonnaise : ce sont le reblochon, fabriqué entre Thônes et le Grand-Bornand, à partir du lait cru, sans fermentation, à la croûte lavée fréquemment durant son affinage de deux semaines en cave fraîche ; le beaufort, orgueil du Beaufortin, pays des clochers à bulbe et des herbages vallonnés, « prince des gruyères » selon Brillat-Savarin, fabriqué durant les cent jours d'alpage, avec du lait chaud, fleurant bon l'herbe et le caillé ; le tamié, qui est un reblochon à croûte lavée, de saveur forte, fabriqué par les moines de l'abbaye du même nom ; la tomme des Bauges à croûte fleurie ;

DANS QUELQUES SEMAINES, LE LAC DE RETENUE DU BARRAGE DE ROSELEND, COMME DE NOMBREUX AUTRES LACS ALPINS, SE COUVRIRA DE GLACE.

LEO MEIER

LEO MEIER

LES MAISONS AUX TOITS DE BARDEAUX DE SAINT-PIERRE-DE-CHARTREUSE,
EN DAUPHINÉ, SONT ENTOURÉES DE POTAGERS.

le persillé qui est un chèvre où le lait est chauffé en prise lente et qui prend un goût de moisi : est-ce assez pour dire la grande richesse des fromages de Savoie ? Elle est d'autant plus importante que beaucoup de plats traditionnels de la région empruntent à sa gamme variée. Ainsi la « pela des Aravis » qui n'est ni plus ni moins que du fromage fondu sur des pommes de terre ou encore la fameuse « fondue » qui utilise gruyère fondu, vin blanc, kirsch et muscade.

Ces plats traditionnels de Savoie tendraient-ils à disparaître, pour des raisons diététiques ? On prépare encore, dans les fermes entre Megève et Chamonix, le « farcement savoyard » qui est un gâteau de pommes de terre crues et râpées auxquelles on incorpore pruneaux, poires séchées, raisins secs, œufs et farine. Mais plus beaucoup le « farçon » : une purée de pommes de terre aux œufs et fines herbes. Et davantage, peut-être, le « caïon », un civet de porc au vin rouge, que l'on accompagne de polenta.

On retrouve, ailleurs qu'en Savoie, le matafan ou matefaim, cette crêpe épaisse et nourrissante en beignets aux pommes de terre et que l'on prépare, en Bourgogne et Jura, avec des pommes et du sucre. La pâtisserie d'ici est douce et digne de la neige, ainsi le biscuit de Savoie, à base d'œufs mélangés à du sucre, simple, bon, léger et... neigeux. Ou encore la brioche de Saint-Genix, due à la pâtisserie Debeauve à Yenne : une brioche moulée à la main, farcie de praline et recouverte de sucre roux.

Les vins de Savoie sont la roussette et le chignin issus du cépage roussette (fins, élégants, suaves), le bergeron issu de la roussanne (rond et charpenté) et l'apremont ou l'abymes issus de jacquère (plus léger, plus diurétique) : on les considère un peu trop facilement comme des vins faciles, d'après-ski, alors que les deux premiers nommés se bonifient aisément avec l'âge. Le rouge local le plus typique est la mondeuse, importé jadis par les Allobroges, qui surprend par son pouvoir de vieillissement et ses arômes de fruits de montagne. Ces derniers (myrtilles, mûres, framboises) se préparent en confiture, en gelée ou en sirop. Mais aussi en alcool. Le génépi, issu de la distillation d'une plante savoyarde, est le digestif local par excellence. Mais sait-on encore que Chambéry a donné naissance au « french vermouth », né en 1821 à la distillerie Routin ? La recette consiste à faire macérer plantes, racines, écorces, fleurs de montagne avec du vin blanc sec de la région. C'est là aussi que fut lancé le « chambéry-fraise », l'apéritif préféré des Américains dans la France de l'après-guerre : un apéritif à base de fraises des Alpes et de vin blanc qui n'a pas pris une ride.

121

VOLAILLES

De basse-cour et d'ailleurs

LE FOIE GRAS, RÉSULTAT DU GAVAGE DE L'OIE OU DU CANARD, EST UNE DES PLUS ANCIENNES MERVEILLES
DE LA GASTRONOMIE FRANÇAISE. LE MEILLEUR VIENT D'ALSACE OU DU PÉRIGORD,
ET SA SAISON DE PRODUCTION S'ÉTEND D'OCTOBRE À AVRIL.

VOLAILLES

De basse-cour et d'ailleurs

Ah, le temps de la poule au pot du bon roi Henri ! Grâce à lui, chaque dimanche, les bons Français consommaient un mets de choix. Depuis cinq siècles, le poulet est devenu bon marché, et, hélas, souvent ordinaire. Foin de mets royal. Le poulet que l'on dit de batterie est produit en série. Pour réagir contre l'élevage des volatiles de basse-cour en cercle clos, les producteurs artisans se groupent pour défendre leur « label », établi selon l'espace de verdure et la liberté concédée au poulet. Le fin du fin, le luxe du luxe, c'est la volaille de Bresse : plumes blanches, pattes bleues, disposant de dix mètres carrés d'espace, nourrie au grain. Une volaille fine, à chair tendre, juteuse et savoureuse.

À Loué dans la Sarthe, dans les landes en Chalosse, les volailles sont elles aussi de qualité et revendiquent leur label. La meilleure manière de les manger ? Rôties à la broche, mitonnées en cocotte, cuites en vessie. Leur peau (grasse) devient croustillante sous l'action de la chaleur, les pattes se mangent en salade, le blanc (moelleux) peut être escalopé ou mariné.

À dire vrai, la volaille est un produit qui plaît à tous, s'accommodant de toutes les préparations et de tous les légumes. À la crème, à l'estragon, au vinaigre, aux champignons des bois, au vin jaune, aux écrevisses, à l'ail, au cidre, au beurre, à la moutarde, farcie, au bouillon, au riz, avec une sauce crémée dite « suprême », aux poivrons, aux truffes, à la bière, au champagne, au riesling : chaque région tient sa recette. De là à dire que la volaille est le plus petit commun dénominateur des Français...

Le coq, lui, que l'on cuisine traditionnellement au vin rouge, blanc ou jaune, histoire d'adoucir sa chair plutôt ferme — celle d'un animal d'un ou deux ans, ayant servi à la reproduction, devient rare. Le cas de la poule est similaire et on les remplace tous deux avantageusement par des poulets d'un an.

Le *nec plus ultra*, c'est le chapon : un coq châtré à six semaines, engraissé six mois, pèse de quatre à cinq kilos avant d'être abattu, et vendu pour Noël. Cette chair fondante est une nourriture de fête par excellence.

Pintade de basse-cour, dinde de chair plus ou moins fine et que l'on accompagne de marrons à Noël selon une tradition internationale mais qui tend, dans les escalopes panées, à remplacer le veau galvaudé,

PAGES PRÉCÉDENTES : PINTADE FARCIE AUX GIROLLES (en haut à gauche, recette page 130),
RÂBLE DE LIÈVRE À LA CRÈME (en haut à droite, recette page 128),
POULET AUX ÉCREVISSES (en bas à gauche, recette page 131)
ET POULET AU VINAIGRE (en bas à droite, recette page 127),
PHOTOGRAPHIÉS EN LYONNAIS.
PIERRE HUSSENOT/AGENCE TOP

LES FRANÇAIS ONT TOUJOURS ÉTÉ D'ADROITS CHASSEURS. DÈS LE DÉBUT DE L'AUTOMNE S'OUVRE LA SAISON DE LA CHASSE ; CE FERMIER, SANS TARDER, ARPENTE SES CHAMPS DE BETTERAVES POUR TRAQUER LE LIÈVRE OU LE FAISAN.

BEAUCOUP DE MAISONS À COLOMBAGE, À DINAN, SONT OCCUPÉES PAR DES ARTISANS. CELLE-CI, DANS LE CENTRE VILLE, EST UN RESTAURANT DONT LES SPÉCIALITÉS DE VOLAILLE ET DE GIBIER SONT TOUJOURS DÉLICIEUSES.

faisan, qui peut être d'élevage ou sauvage, sont de la race des volailles. Certaines espèces jadis sauvages ont été apprivoisées. Dans de nombreuses forêts de Sologne, on élève désormais les perdreaux, perdrix, cailles, canards colverts qui seront lâchés pour la saison de la chasse. Il ne faut pas confondre les pigeons d'élevage, nourris au grain, à la chair rouge, avec le pigeon ramier à la chair plus sombre et au goût sauvage. D'étangs en taillis, de forêts en halliers, il est encore de beaux gibiers en France.

Le canard, lui, est de ces mets qui donnent leurs lettres de noblesse aux grandes préparations à la française. Sa caractéristique : une chair ferme, voire résistante, qui s'accommode fort bien des cuissons dites à la goutte de sang, des préparations aigres-douces, à l'orange, des sauces montées au foie gras et aux abats, en pressant le jus extirpé de la carcasse au moyen d'une presse en argent. La race la plus fine est le challans, venant de la région nantaise. Les mulards donnent d'excellents foies gras. Mais le barbarie, plus commun, est également apprécié.

On cuisine de plus en plus, selon une mode lancée dans le Gers par le cuisinier d'Auch, André Daguin, les filets de canard gras cuits saignants et dits « magrets » ou « maigrets ». C'est, en quelque sorte, un « steak » de canard. La méthode de confire le canard en le cuisant dans sa graisse et l'enfermant dans un pot de grès est un mode de conservation légué par les Maures lors de leur passage dans le Sud-Ouest. Cette méthode se pratique autant avec l'oie, plus filandreuse, appréciée en Alsace, notamment dans la cuisine juive, qu'avec le canard.

Longtemps laissé pour compte et dévolu aux seuls plats de ménage, le lapin fait un retour en force dans la grande cuisine française. La tradition régionale ne l'avait jamais abandonné, qu'elle le conseille accompagné de pruneaux, de moutarde ou de cidre, elle invite à consommer ses cuisses dodues, mais aussi son râble (partie charnue qui s'étend du bas des côtes à la queue) que l'on cuisine sauté, rôti, en gibelotte, en civet ou farci. Ce peut être un vrai morceau de grande cuisine, à condition que la chair ne soit pas trop cuite, sinon elle risque de basculer dans la fadeur.

Les meilleurs lapins viennent souvent du Gâtinais. Si l'on traverse la Loire, on aborde la Sologne, ses grandes forêts, ses terres de chasse, parmi lesquelles le lièvre fait encore bonne figure. Sa chair (noire) garde le goût des forêts, des mousses et des bruyères qu'en fuyant le chasseur il a traversées. En civet, à la royale, avec une farce de foie gras et une sauce aux abats, avec des fruits poêlés, comme le coing et les poires, une purée de marrons, des pâtes fraîches, il représente le plus savoureux des plats d'automne.

VIEILLE GRANGE BRETONNE DE LA RÉGION DU MONT-SAINT-MICHEL, PARÉE DE TOUTE SA PAISIBLE RUSTICITÉ.

LEO MEIER

126

Lyonnais

POULET AU VINAIGRE

1 poulet de 1,5 kg
150 g de crème fraîche épaisse
1 dl de vinaigre de vin blanc à l'estragon
1,5 dl de vin blanc sec
2 tomates moyennes, mûres
6 gousses d'ail
2 pincées de sucre
1 cuil. à café de moutarde forte
1 cuil. à soupe d'huile
25 g de beurre
sel, poivre

Demandez à votre volailler de vider le poulet et de le couper en 8 morceaux. Salez-les et poivrez-les. Pelez les gousses d'ail. Ébouillantez les tomates 10 secondes, puis rafraîchissez-les sous l'eau courante, pelez-les, coupez-les en deux et éliminez-en les graines ; hachez finement la pulpe.

Faites chauffer l'huile dans une sauteuse antiadhésive de 26 cm et ajoutez le beurre. Dès qu'il est fondu, faites-y dorer les morceaux de poulet et les gousses d'ail pendant 10 mn, jusqu'à ce qu'ils soient dorés. Versez le vinaigre et laissez-le s'évaporer. Ajoutez alors le vin et les tomates. Salez, poivrez, sucrez et mélangez. Laissez cuire 45 mn, en mélangeant de temps en temps.

Pendant la cuisson du poulet, mélangez la crème et la moutarde dans un bol.

Lorsque le poulet est cuit, retirez-le de la sauteuse et réservez-le au chaud. Filtrez le jus de cuisson au-dessus d'une casserole en le passant à travers une passoire fine et en écrasant les gousses d'ail. Faites-le réduire sur feu vif, pendant 5 mn environ, jusqu'à ce qu'il soit sirupeux. Ajoutez le mélange crème-moutarde et laissez bouillir encore 2 mn à feu vif jusqu'à obtention d'une sauce onctueuse. Nappez-en les morceaux de poulet et servez aussitôt.

POUR 4-6 PERS.   *Photos pages 122-123*

PETER JOHNSON

COQ AU VIN

Auvergne/Bourgogne

COQ AU VIN

À l'origine, le coq au vin était préparé avec du chanturgues, un vin rouge d'Auvergne. Devenu rare, ce vin est aujourd'hui remplacé par du vin rouge de Bourgogne. Mais toutes les provinces françaises se glorifient d'avoir créé ce plat ; il est vrai que l'on trouve un peu partout des préparations similaires, à base de vin rouge comme de vin blanc.

1 coq de 2,5 kg
75 cl de vin rouge de Bourgogne : chambertin par exemple
24 oignons grelots
24 petits champignons de Paris
1 tranche de poitrine fumée de 100 g
3 gousses d'ail
1 bouquet garni : 1 feuille de laurier, 1 brin de thym, 1 brin de romarin, 8 tiges de persil
2 cuil. à soupe de cognac
6 cuil. à soupe de farine
1 cuil. à café de sucre
1 cuil. à soupe d'huile
50 g de beurre
4 pincées de noix muscade râpée
sel, poivre
Pour servir :
croûtons

Demandez à votre volailler de vider le coq et de le couper en 10 morceaux. Salez-les et poivrez-les. Mettez la farine dans une assiette creuse et passez-y les morceaux de coq. Secouez-les pour en éliminer l'excédent.

Liez les éléments du bouquet garni. Pelez les gousses d'ail. Coupez la poitrine fumée en fins bâtonnets en éliminant la couenne. Pelez les oignons. Otez la partie terreuse du pied des champignons, lavez-les et épongez-les.

Faites chauffer l'huile dans une cocotte de 6 litres et ajoutez le beurre. Faites-y blondir les oignons, la poitrine fumée et les champignons et retirez-les. Réservez-les.

Mettez les morceaux de coq dans la cocotte et faites-les dorer de tous côtés pendant 10 mn. Arrosez-les de cognac et enflammez-les. Dès que la flamme s'est éteinte, versez le vin et ajoutez le bouquet garni et les gousses d'ail, sel, poivre et noix muscade. Mélangez et, dès l'ébullition, couvrez et laissez cuire 1 h, en remuant de temps en temps.

Au bout de 1 h, ajoutez le mélange poitrine fumée, champignons et oignons dans la cocotte et laissez cuire encore 30 mn.

Lorsque le coq est cuit, retirez-en les morceaux de la cocotte et dressez-les sur un plat de service. Éliminez le bouquet garni et laissez bouillir la sauce 2 mn à feu vif afin qu'elle se veloute. Nappez-en le coq et servez aussitôt, accompagné de croûtons.

POUR 6 PERS.

Franche-Comté

RÂBLE DE LIÈVRE À LA CRÈME

Ce plat se retrouve aussi en Alsace où on le sert avec des spätzle et des champignons sauvages sautés.

2 râbles de lièvre
150 g de crème fraîche épaisse
2 dl de bouillon de volaille
2 cuil. à soupe de cognac
1 oignon de 100 g
2 gousses d'ail
1 brin de thym
1 feuille de laurier
6 tiges de persil
1 cuil. à soupe d'huile
sel, poivre

Demandez à votre volailler de couper chaque râble en deux. Rincez-les et épongez-les. Salez et poivrez. Pelez l'oignon et émincez-le. Pelez la carotte, lavez-la et coupez-la en rondelles. Pelez les gousses d'ail et coupez-les en quatre.

Versez le cognac, le bouillon et l'huile dans un saladier. Ajoutez l'oignon, la carotte, l'ail, le thym, le laurier et le persil en les émiettant entre vos doigts. Mettez les morceaux de lièvre dans cette marinade, retournez-les et laissez-les mariner 12 h au réfrigérateur, en les retournant plusieurs fois.

Au bout de 12 h, retirez le saladier du réfrigérateur et égouttez les morceaux de lièvre. Épongez-les. Filtrez la marinade et éliminez aromates et épices. Allumez le four, thermostat 8. Posez les morceaux de râble dans un plat pouvant juste les contenir. Lorsque le four est chaud, glissez-y le plat et laissez dorer les râbles 10 mn de chaque côté. Baissez le thermostat à 6 et laissez cuire les râbles encore 30 mn, en versant peu à peu la marinade au fond du plat en les arrosant régulièrement du jus qui se forme. Au bout de 40 mn de cuisson, retirez les morceaux de râble du plat et gardez-les au chaud. Versez le jus de cuisson dans une petite casserole et dégraissez-le. Faites-le bouillir 2 mn jusqu'à ce qu'il soit sirupeux puis ajoutez la crème. Laissez bouillir encore 3 à 4 mn, jusqu'à obtention d'une sauce onctueuse et veloutée. Nappez-en les morceaux de râble et servez aussitôt.

POUR 4 PERS. *Photos pages 122-123*

Provence

POULET AUX QUARANTE GOUSSES D'AIL

En Provence, l'ail — appelé « truffe du pauvre » — est la base de la cuisine. Cuites à l'étouffé, « en chemise » (c'est-à-dire non pelées), les gousses d'ail deviennent fondantes et crémeuses, et cette exquise purée accompagne très bien la volaille.

1 poulet de 1,750 kg
40 gousses d'ail nouveau
2 brins de thym frais
2 brins de romarin frais
2 brins de sauge fraîche
4 brins de persil plat
2 côtes tendres de céleri, avec leurs feuilles
3 cuil. à soupe d'huile d'olive
sel, poivre
Pour servir :
tranches de pain de campagne grillées

Demandez à votre volailler de vider le poulet. Rincez-le, épongez-le et salez-le à l'intérieur et à l'extérieur.

Allumez le four, thermostat 6. Séparez les gousses d'ail les unes des autres et pelez-les mais sans retirer la dernière peau. Garnissez l'intérieur du poulet de la moitié du thym, du romarin, de la sauge et du céleri, et ajoutez le persil et 4 gousses d'ail. Mettez le reste du thym, du romarin, de la sauge et du céleri dans une cocotte ovale en grès ou en fonte pouvant juste contenir le poulet. Ajoutez l'huile, du sel, du poivre et le reste des gousses d'ail. Roulez le poulet dans cette huile parfumée puis couvrez la cocotte.

Glissez la cocotte au four et laissez cuire 1 h 45, sans y toucher.

Au bout de ce temps, retirez la cocotte du four et posez le poulet sur un plat de service. Entourez-le des gousses d'ail dorées. Dégraissez le jus de cuisson et versez-le dans une saucière. Servez le poulet chaud, accompagné de sa sauce et de tranches de pain grillées : chacun écrasera les gousses d'ail afin de les débarrasser de leur enveloppe et tartinera les tranches de pain de la purée très parfumée qu'elles contiennent.

POUR 5-6 PERS.

Provence

LAPIN EN PAQUETS

C'est la façon de préparer ce plat qui lui a valu son nom, chaque morceau de lapin étant véritablement « empaqueté » dans de la poitrine fumée. Cette manière de préparer le lapin se retrouve dans toute la Provence où quelquefois les tomates sont remplacées par des tranches d'aubergines frites.

1 lapin de 1,6 kg
250 g de tomates mûres
8 très fines tranches de poitrine fumée
8 petits brins de thym
2 gousses d'ail
2 pincées de sucre
2 cuil. à soupe d'huile d'olive
sel, poivre

Demandez à votre volailler de couper le lapin en 8 morceaux. Rincez-les et épongez-les. Salez-les et poivrez-les.

Allumez le four, thermostat 6. Ébouillantez les tomates 10 secondes, puis rafraîchissez-les sous l'eau courante, pelez-les, coupez-les en deux et éliminez-en les graines ; hachez grossièrement la pulpe. Mettez les tomates dans une sauteuse antiadhésive de 26 cm, avec 1 cuillerée à soupe d'huile d'olive. Posez la sauteuse sur feu vif et ajoutez sel, poivre et sucre. Laissez cuire 5 mn à feu vif, en tournant sans cesse, jusqu'à obtention d'une purée épaisse.

Huilez avec le reste d'huile un plat à four pouvant contenir les morceaux de lapin en une seule couche et versez-y la purée de tomates.

Pelez les gousses d'ail et coupez-les en fins éclats. Posez un morceau de lapin au centre d'une tranche de poitrine fumée et garnissez-le d'un brin de thym et de quelques éclats d'ail. Repliez la tranche de poitrine fumée et maintenez-la avec un bâtonnet. Faites de même avec les autres morceaux de lapin.

Posez les « paquets » de lapin sur la purée de tomates et glissez le plat au four. Laissez cuire 1 h, en retournant les paquets à mi-cuisson.

Lorsque le lapin est cuit, retirez les bâtonnets et dressez les paquets sur un plat de service. Nappez-les de sauce tomate et servez aussitôt.

POUR 4 PERS.

LAPIN EN PAQUETS (à gauche) ET POULET AUX QUARANTE GOUSSES D'AIL (à droite), PHOTOGRAPHIÉS EN PROVENCE.
PIERRE HUSSENOT/AGENCE TOP

PETER JOHNSON

POULE AU POT À LA TOULOUSAINE

Languedoc

POULE AU POT À LA TOULOUSAINE

1 poule de 2 kg
200 g de jambon cru
2 œufs
1 cuil. à soupe de persil plat ciselé
100 g de mie de pain frais
5 cl de lait
4 gousses d'ail
2 oignons de 100 g
2 carottes moyennes
2 côtes tendres de céleri
1 bouquet garni : 1 feuille de laurier, 1 brin de thym,
    6 tiges de persil
4 clous de girofle
4 pincées de noix muscade râpée
10 grains de poivre noir et blanc mélangés
sel, poivre
Pour servir :
tranches de pain grillées

Demandez à votre volailler de vider la poule et d'en réserver les abattis. Nettoyez foie et gésier. Salez et poivrez la poule à l'intérieur et à l'extérieur.

Faites chauffer le lait dans une petite casserole et ajoutez-y le pain en l'émiettant. Mélangez jusqu'à obtention d'une pâte puis retirez du feu et laissez refroidir.

Pelez 2 gousses d'ail et hachez-les menu. Retirez la couenne du jambon et hachez-le finement avec le foie de la poule, dans un robot.

Cassez les œufs dans un bol et battez-les à la fourchette. Ajoutez l'ail, le hachis de jambon et de foie, le pain gonflé dans le lait, le persil, sel, poivre et noix muscade. Mélangez bien avec une spatule, jusqu'à obtention d'une farce homogène. Garnissez l'intérieur de la poule de farce et cousez l'ouverture avec du fil de cuisine.

Pelez les oignons et piquez-les des clous de girofle. Pelez les carottes, lavez-les et coupez-les en grosses rondelles. Lavez les côtes de céleri et coupez-les en larges tronçons. Liez les éléments du bouquet garni.

Versez 3 litres d'eau dans une marmite pouvant largement contenir la poule et ajoutez les abattis, les oignons, les carottes, le céleri, les 2 gousses d'ail restantes, les grains de poivre et le bouquet garni. Portez à ébullition et plongez-y la poule. Salez. Couvrez et laissez cuire 3 h à petits frémissements.

Au bout de ce temps, égouttez la poule de la marmite, découpez-la, arrosez-la d'un peu de bouillon et gardez-la au chaud. Filtrez le bouillon de cuisson et versez-le dans une soupière. Servez-le avec du pain grillé. Servez ensuite la poule et sa farce.

POUR 8 PERS.

Savoie

PINTADE FARCIE AUX GIROLLES

1 pintade de 1,2 kg
500 g de girolles
2 échalotes grises
50 g de foies de volaille
100 g de crème fraîche épaisse
2 cuil. à soupe de porto
1 cuil. à soupe de persil ciselé
1 cuil. à soupe d'estragon ciselé
50 g de beurre
sel, poivre

Demandez à votre volailler de vider la pintade et d'en réserver le foie. Salez et poivrez la pintade à l'intérieur et à l'extérieur.

Préparez la farce : nettoyez 200 g de girolles, lavez-les et épongez-les. Hachez-les finement. Nettoyez les foies de volaille et celui de la pintade, rincez-les, épongez-les et hachez-les finement. Mélangez les girolles, les foies et les fines herbes dans un saladier. Faites fondre la moitié du beurre, ajoutez sel et poivre et laissez tiédir. Versez ce beurre dans le saladier et mélangez encore. Garnissez l'intérieur de la pintade de farce et cousez l'ouverture avec du fil de cuisine.

Allumez le four, thermostat 7. Pelez les échalotes et hachez-les menu. Faites fondre le reste de beurre dans une cocotte pouvant contenir la pintade. Faites-la dorer sur feu doux, de tous côtés puis retirez-la et éliminez le gras de cuisson. Faites dorer les échalotes, en les tournant sans cesse. Remettez la pintade dans la cocotte et couvrez. Glissez la cocotte au four et laissez cuire 45 mn.

Pendant ce temps, nettoyez le reste des girolles, lavez-les et épongez-les.

Au bout de 5 mn de cuisson, ajoutez les girolles autour de la pintade et laissez cuire encore 10 mn, en remuant les champignons à mi-cuisson.

Lorsque pintade et girolles sont cuites, dressez-les dans un plat de service et réservez au chaud. Faites réduire le jus de cuisson jusqu'à ce qu'il soit sirupeux puis ajoutez le porto et la crème. Faites bouillir 2 mn environ, jusqu'à ce que la sauce soit onctueuse, ajoutez l'estragon, mélangez et versez en saucière.

Servez la pintade découpée en morceaux, garnie de farce et de girolles, et la sauce à part.

POUR 4-6 PERS.   *Photos pages 122-123*

Lyonnais

POULET AUX ÉCREVISSES

1 poulet de 1,5 kg
24 écrevisses
250 g de tomates mûres
100 g de crème fraîche épaisse
2 cuil. à soupe de cognac
1/4 de litre de vin blanc sec
1 carotte
1 oignon de 50 g
2 échalotes
2 gousses d'ail
2 pincées de brindilles de thym sec
3 cuil. à soupe d'huile
50 g de beurre
sel, poivre

🐚 Demandez à votre volailler de vider le poulet et de le couper en 8 morceaux. Salez-les et poivrez-les. Châtrez les écrevisses : tirez la nageoire centrale de la queue en la tournant afin de retirer le boyau noir.

🐚 Rincez-les et égouttez-les. Ébouillantez les tomates 10 secondes, puis rafraîchissez-les sous l'eau courante, pelez-les, coupez-les en deux et éliminez-en les graines.

🐚 Pelez oignon, ail, échalotes et carotte. Coupez la carotte en fines rondelles ; hachez oignon, échalotes et coupez l'ail en quatre.

🐚 Faites chauffer l'huile dans une sauteuse antiadhésive de 26 cm et ajoutez la moitié du beurre. Dès qu'il est fondu, faites-y dorer les morceaux de poulet pendant 10 mn, jusqu'à ce qu'ils soient dorés. Versez la moitié du vin blanc et laissez-le s'évaporer puis ajoutez les tomates et l'ail. Mélangez, salez, poivrez et laissez cuire 45 mn à feu doux.

🐚 Pendant ce temps, faites fondre le reste du beurre dans une sauteuse de 22 cm et ajoutez la carotte, l'oignon, les échalotes et le thym. Mélangez et ajoutez les écrevisses. Faites-les cuire 3 mn, en les tournant sans cesse puis arrosez-les de cognac et laissez-le s'évaporer. Versez le reste du vin et mélangez sur feu vif. Laissez cuire encore 5 mn puis retirez les écrevisses de la sauteuse et laissez-les tiédir. Réservez le fond de cuisson. Décortiquez les écrevisses mais gardez-en 6 entières pour la décoration ; réservez-les dans un bol.

🐚 Lorsque le poulet est cuit, retirez-le de la sauteuse et mettez-le sur un plat de service. Versez le jus de cuisson des écrevisses dans la sauteuse et laissez cuire 5 mn sur feu vif, jusqu'à ce que vous obteniez une sauce sirupeuse. Ajoutez la crème et laissez bouillir encore 3 à 4 mn, jusqu'à ce que la sauce soit onctueuse et veloutée. Passez-la à travers une passoire fine en appuyant bien sur les légumes afin de récupérer tous leurs sucs et versez-la dans la sauteuse. Remettez-y poulet et écrevisses et mélangez-les 1 mn dans la sauce afin qu'ils réchauffent.

🐚 Dressez poulet et écrevisses sur un plat de service et servez aussitôt.

POUR 4-6 PERS.   *Photos pages 122-123*

Pays basque

POULET BASQUAISE

1 poulet de 1,5 kg
4 petits poivrons verts
1 tranche de jambon de Bayonne de 150 g
500 g de tomates mûres
2 oignons de 100 g
3 gousses d'ail
1,5 dl de vin blanc sec

POULE AU RIZ (en haut, recette page 132), POULET BASQUAISE (en bas à gauche) ET POULET AU COMTÉ (en bas à droite, recette page 132).

1 piment frais
3 cuil. à soupe d'huile
sel, poivre

🐚 Demandez à votre volailler de vider le poulet et de le couper en 8 morceaux. Salez-les et poivrez-les. Pelez les oignons et les gousses d'ail et hachez-les finement. Coupez le jambon en petits dés. Lavez le piment et les poivrons, coupez-les en deux et retirez le pédoncule, les graines et les filaments blancs. Coupez les poivrons en fines lanières et hachez finement le piment.

🐚 Ébouillantez les tomates 10 secondes, puis rafraîchissez-les sous l'eau courante, pelez-les, coupez-les en deux et éliminez-en les graines ; hachez finement leur pulpe.

🐚 Faites chauffer l'huile dans une sauteuse antiadhésive de 26 cm et faites-y dorer les morceaux de poulet, en les retournant sans cesse pendant 10 mn. Retirez-les de la sauteuse et mettez-y le hachis d'ail et d'oignon. Mélangez 1 mn et ajoutez poivrons et piment. Mélangez 5 mn sur feu doux, jusqu'à ce que les légumes blondissent.

🐚 Remettez les morceaux de poulet dans la sauteuse et versez le vin. Laissez-le s'évaporer sur feu vif puis ajoutez les tomates. Salez, poivrez et mélangez. Couvrez la cocotte et laissez cuire 45 mn, à feu doux, en remuant de temps en temps.

🐚 Au bout de ce temps, mettez les morceaux de poulet dans un plat creux. Faites réduire le jus de cuisson à feu vif, jusqu'à ce qu'il soit onctueux puis nappez-en le poulet. Servez aussitôt.

POUR 4-6 PERS.

131

Savoie

POULET AU COMTÉ

On prépare ce délicieux plat, aussi bien en Savoie, qu'en Franche-Comté ou dans le Lyonnais, où il s'appelle plus simplement poulet au fromage. La moitié du comté est quelquefois remplacée par de l'emmental.

1 poulet de 1,6 kg
100 g de comté finement et fraîchement râpé
2 cuil. à soupe de moutarde blanche
2 dl de vin blanc sec, de Savoie de préférence
1 cuil. à soupe d'huile
sel, poivre

❦ Demandez à votre volailler de vider le poulet et de le couper en 8 morceaux. Salez-les et poivrez-les.

❦ Allumez le four, thermostat 7. Faites chauffer l'huile dans une sauteuse antiadhésive de 26 cm et faites-y dorer les morceaux de poulet, en les retournant sans cesse pendant 10 mn. Retirez-les de la sauteuse et éliminez l'huile. Versez le vin dans la sauteuse et déglacez les sucs de cuisson du poulet en remuant avec une spatule. Délayez la moutarde dans le vin.

❦ Rangez les morceaux de poulet dans un plat à four pouvant les contenir en une seule couche et arrosez-les du contenu de la sauteuse. Glissez au four et laissez cuire 40 mn, en retournant plusieurs fois les morceaux de poulet.

❦ Au bout de 40 mn de cuisson, parsemez les morceaux de poulet de fromage râpé et laissez cuire encore 5 mn jusqu'à ce que le fromage fonde et commence à dorer. Servez chaud dans le plat de cuisson.

POUR 6 PERS. *Photo page 131*

Bourgogne

POULE AU RIZ

Ce plat familial, simple et revigorant, est toujours aussi populaire. Le riz peut être parsemé d'emmental finement râpé.

1 poule de 2 kg
350 g de riz à grain long
250 g d'oignons
250 g de carottes
1/2 litre de vin blanc sec : bourgogne
1 bouquet garni : 1 feuille de laurier, 1 brin de thym,
   6 tiges de persil
1 cuil. à soupe d'huile
25 g de beurre
sel, poivre

❦ Demandez à votre volailler de vider la poule et d'en réserver les abattis. Nettoyez foie et gésier. Salez et poivrez la poule à l'intérieur et à l'extérieur.

❦ Pelez les oignons et hachez-les menu. Pelez les carottes, lavez-les, coupez-les en quatre dans la longueur puis en éventails de 1/2 cm. Liez les éléments du bouquet garni.

❦ Faites chauffer l'huile dans une cocotte de 4 litres et faites-y dorer la poule de tous côtés. Retirez-la de la cocotte et jetez l'huile. Mettez le beurre, les carottes et les oignons dans la cocotte, et faites-les blondir sur feu doux, en remuant sans cesse avec une spatule. Ajoutez les abattis de la poule et mélangez 1 mn. Remettez la poule dans la cocotte et versez le vin et 3 dl d'eau. Portez à ébullition et ajoutez le bouquet garni, sel et poivre. Mettez la poule sur une cuisse, couvrez et laissez cuire 1 h à feu très doux.

❦ Au bout de ce temps, retournez la poule sur l'autre cuisse et laissez cuire encore 1 h de la même façon.

❦ Après 2 h de cuisson, couchez la poule sur le dos et versez le riz en pluie tout autour de celle-ci. Couvrez et laissez cuire encore 30 mn, toujours à feu doux et sans y toucher.

❦ Lorsque la cuisson est achevée, retirez la poule et posez-la sur un plat de service. Otez les abattis et le bouquet garni, et remuez le riz avec une fourchette. Entourez-en la poule et servez.

POUR 6 PERS.

Normandie

POULET VALLÉE D'AUGE

Cette recette tire son nom de la région normande appelée vallée d'Auge, connue pour ses pommes ; on y retrouve le beurre, la crème et le calvados, autres ingrédients de base de la cuisine normande.

1 poulet de 1,5 kg
500 g de champignons : rosés des prés
1 pomme : reine des reinettes
2 cuil. à soupe de calvados
150 g de crème fraîche épaisse
50 g de beurre
1 cuil. à soupe d'huile
sel, poivre

❦ Demandez à votre volailler de vider le poulet et de le couper en 8 morceaux. Salez-les et poivrez-les. Coupez la pomme en quatre, pelez les quartiers et ôtez-en le cœur ; coupez chaque quartier en cubes de 1 cm.

❦ Faites chauffer l'huile dans une sauteuse antiadhésive de 26 cm, ajoutez la moitié du beurre et, dès qu'il est fondu, faites-y dorer les morceaux de poulet de tous côtés, en les tournant avec une spatule. Ajoutez les dés de pomme, mélangez 1 mn puis versez le calvados. Enflammez-le et dès que la flamme s'est éteinte, versez 1 cuillerée à soupe d'eau dans la sauteuse. Mélangez, couvrez et laissez cuire 45 mn à feu très doux.

❦ Pendant ce temps, préparez les champignons : ôtez-en la partie terreuse du pied, rincez-les et épongez-les. Coupez-les en fines lamelles. Faites fondre le reste du beurre dans une poêle antiadhésive de 26 cm et faites-y cuire les champignons à feu vif, jusqu'à ce qu'ils ne rendent plus d'eau et soient dorés.

❦ Lorsque le poulet est cuit, retirez-le de la cocotte et réservez-le dans un plat de service tenu au chaud. Faites réduire le jus de cuisson jusqu'à ce qu'il soit sirupeux puis ajoutez la crème. Laissez bouillir 2 mn environ, sur feu vif, en remuant avec une spatule, jusqu'à obtention d'une sauce liée et onctueuse. Ajoutez alors les champignons, mélangez 1 mn puis nappez le poulet de cette sauce. Servez aussitôt.

POUR 4-6 PERS.

LAPIN AU CIDRE (en haut à gauche, recette page 140),
POULET VALLÉE D'AUGE (en haut à droite)
ET POULET À LA CRÈME À L'ESTRAGON (en bas, recette page 134),
PHOTOGRAPHIÉS EN NORMANDIE.

PIERRE HUSSENOT/AGENCE TOP

Normandie

POULET À LA CRÈME À L'ESTRAGON

1 poulet de 1,750 kg
10 brins d'estragon frais
200 g de crème fraîche épaisse
2 dl de bouillon de volaille
25 g de beurre
sel, poivre

Demandez à votre volailler de vider le poulet. Rincez-le, épongez-le et salez-le à l'intérieur et à l'extérieur. Rincez les brins d'estragon et épongez-les. Garnissez l'intérieur du poulet de 8 brins d'estragon.

Faites fondre le beurre dans une cocotte pouvant juste contenir la volaille et faites-la dorer de tous côtés pendant 10 mn environ. Retirez-la de la cocotte et éliminez le beurre. Versez le bouillon dans la cocotte et laissez-le réduire en tournant avec une spatule afin de détacher les sucs de cuisson de la volaille.

Remettez le poulet dans la cocotte, couvrez et laissez cuire 1 h 20 à feu doux.

Pendant ce temps, éliminez les tiges d'estragon réservées et ciselez les feuilles.

Lorsque le poulet est cuit, retirez-le de la cocotte et réservez-le au chaud. Faites réduire le jus de cuisson jusqu'à ce qu'il soit sirupeux puis ajoutez la crème. Laissez bouillir encore 2 mn environ, jusqu'à obtention d'une sauce sirupeuse. Ajoutez l'estragon ciselé, mélangez et retirez du feu.

Coupez le poulet en morceaux et dressez-les sur un plat de service. Nappez de sauce à la crème et servez aussitôt.

POUR 4-6 PERS. *Photo page 133*

Alsace

FAISAN EN CHARTREUSE

La préparation dite « en chartreuse » désigne toujours une composition de viandes — le plus souvent des gibiers à plume — et de légumes, disposés en couche dans un moule rond ou ovale. Autrefois, elle ne se composait que de légumes, faisant référence au régime végétarien des moines chartreux.

1 faisan de 1,5 kg
150 g de navets
150 g de carottes
150 g de haricots verts
1 cœur de chou vert
1 blanc d'œuf
1 dl de bouillon de volaille
100 g de veau haché : quasi, épaule
150 g de crème fraîche épaisse
100 g de beurre
2 cuil. à soupe de madère
sel, poivre

Demandez à votre volailler de vider le faisan. Salez-le et poivrez-le à l'intérieur et à l'extérieur. Faites fondre la moitié du beurre dans une cocotte pouvant contenir le faisan. Faites-le dorer sur toutes ses faces en le tournant sans cesse pendant 15 mn puis laissez-le cuire 30 mn à feu doux et à couvert.

Pendant ce temps, pelez les carottes et les navets, et effilez les haricots verts. Lavez ces légumes avec le cœur de chou. Coupez carottes et navets en bâtonnets de la taille des haricots verts. Faites cuire carottes, navets et haricots verts à l'eau bouillante salée, séparément : ils doivent rester légèrement croquants. Égouttez-les.

PETER JOHNSON

FAISAN EN CHARTREUSE

Coupez le chou en quatre puis en lanières de 1 cm de large et éliminez le centre dur. Faites fondre 25 g de beurre dans une sauteuse antiadhésive de 26 cm et faites-y blondir les lanières de chou 1 mn, en les retournant sans cesse. Versez le bouillon, salez et laissez cuire à feu doux et à couvert pendant 20 mn, jusqu'à ce que le chou soit très tendre.

Lorsque le faisan a cuit 45 mn, retirez-le de la cocotte et réservez-le. Éliminez le gras de cuisson et versez le madère dans la cocotte. Laissez bouillir 1 mn puis réservez ce jus dans un bol.

Découpez le faisan et réservez les cuisses et les filets. Coupez-les en lanières en réservant la chair autour des os. Hachez finement au couteau cette chair et celle qui est sur la carcasse. Mélangez cette viande avec le veau. Fouettez le blanc d'œuf dans un saladier, jusqu'à ce qu'il mousse et ajoutez les viandes, la crème, sel et poivre. Mélangez jusqu'à obtention d'une farce homogène. Réservez au réfrigérateur.

Allumez le four, thermostat 6. Beurrez avec le reste de beurre — moins une noisette — un moule à soufflé de 2 litres de contenance et garnissez-en le fond et le tour de bâtonnets de carottes et de navets et de haricots verts, en alternant les couleurs. Garnissez de la moitié de la farce et couvrez-la de la moitié du chou. Étalez dessus les lanières de faisan réservées et couvrez-les du reste de chou. Couvrez du reste de farce et lissez bien la surface. Couvrez d'un papier sulfurisé beurré avec la noisette de beurre réservée, côté beurré contre la farce.

Posez le moule dans un bain-marie frémissant et glissez au four. Laissez cuire 40 mn.

Lorsque la chartreuse est cuite, retirez-la du four et laissez reposer 10 mn. Ensuite démoulez-la sur un plat de service. Faites réchauffer le jus de cuisson du faisan et entourez-en la chartreuse. Servez aussitôt.

POUR 4-6 PERS.

Languedoc

CANARD AUX NAVETS DU PARDAILHAN

C'est sur le plateau du Minervois que pousse cet extraordinaire navet allongé, à la peau noire et à la chair très blanche, ferme et légèrement piquante.

1 canard de 1,5 kg
3 cuil. à soupe de fine champagne
1 cuil. à soupe de baies de genièvre
1 dl de vin blanc sec
sel, poivre
Pour les navets :
1 kg de navets longs
1 cuil. à soupe de sucre semoule
25 g de graisse d'oie
sel, poivre

Demandez à votre volailler de vider le canard. Salez-le et poivrez-le à l'intérieur et à l'extérieur.

Faites fondre la graisse dans une cocotte pouvant contenir le canard. Faites-le dorer sur toutes ses faces dans la graisse chaude pendant 15 mn. Arrosez-le de fine champagne et retournez-le dans la cocotte. Entourez-le de baies de genièvre et versez le vin. Dès l'ébullition, couvrez la cocotte et laissez cuire 45 mn.

Pendant ce temps, pelez les navets, lavez-les et coupez-les en bâtonnets de 4 cm de long et de 1 cm de section. Faites fondre la graisse d'oie dans une sauteuse antiadhésive de

CANARD AUX NAVETS DU PARDAILHAN

26 cm et faites-y dorer les navets, en les retournant dans la graisse chaude pendant 5 mn environ. Poudrez-les de sucre et de sel, poivrez légèrement et mélangez délicatement jusqu'à ce que les navets soient caramélisés. Couvrez alors la sauteuse et laissez cuire 8 à 10 mn, jusqu'à ce que les navets soient juste tendres. Réservez au chaud.

Lorsque le canard est cuit, retirez-le de la cocotte et réservez-le au chaud. Dégraissez le jus de cuisson et faites-le bouillir 2 mn, jusqu'à ce qu'il soit sirupeux. Mettez les navets dans la cocotte et retournez-les 1 mn dans le jus chaud.

Découpez le canard et dressez-le sur un plat de service. Entourez-le de navets et servez aussitôt.

POUR 4 PERS.

Languedoc

MAGRETS GRILLÉS SAUCE AILLADE

Cette sauce particulièrement prisée à Toulouse peut se préparer avec moitié huile d'olive, moitié huile de noix. Le magret nappé de cette sauce parfumée est excellent accompagné de cèpes sautés.

2 magrets de canard frais de 350 g chacun
3 cuil. à soupe d'armagnac
1 brin de thym
2 gousses d'ail
sel, poivre
Pour la sauce aillade :
24 noix fraîches
1 dl d'huile d'olive vierge extra
3 gousses d'ail
sel, poivre

Préparez les magrets : pelez les gousses d'ail et hachez-les grossièrement. Mettez-les dans un saladier avec l'armagnac et le thym, en l'émiettant. Salez, poivrez. Ajoutez les magrets et retournez-les dans cette marinade. Laissez-les mariner 1 h à température ambiante en les retournant souvent.

Pendant ce temps, préparez la sauce : ouvrez les noix et éliminez la coque ; pelez les cerneaux. Pelez les gousses d'ail et hachez-les grossièrement. Mettez les cerneaux de noix et l'ail haché dans le bol d'un robot et ajoutez 2 cuillerées à soupe d'eau. Mixez jusqu'à obtention d'une pâte épaisse puis salez, poivrez et versez l'huile en mince filet, sans cesser de mixer, jusqu'à ce que la sauce soit émulsionnée. Réservez-la dans une saucière.

Égouttez les magrets et épongez-les. Faites chauffer une cocotte en fonte de 4 litres sur feu moyen et couchez-y les magrets, côté peau contre le fond de la cocotte. Laissez cuire 8 mn, en arrosant la chair du gras rendu pendant la cuisson.

Au bout de 8 mn de cuisson, jetez le gras et retournez les magrets dans la cocotte. Laissez cuire 5 mn, en piquant la peau croustillante de plusieurs coups de fourchette afin d'éliminer encore le gras. Retirez les magrets de la cocotte et jetez tout le gras.

Versez la marinade dans la cocotte, en la filtrant, puis laissez bouillir 1 mn et retirez du feu. Posez les magrets dans la cocotte, côté peau contre le fond, couvrez la cocotte et laissez reposer 15 mn.

Au bout de ce temps, retirez les magrets de la cocotte et émincez-les finement. Répartissez-les dans quatre assiettes chaudes. Versez dans la cocotte le jus rendu au découpage, mélangez puis nappez-en les magrets. Servez aussitôt, accompagné de sauce.

POUR 4 PERS. *Photos pages 12-13*

Orléanais

CANARD À L'ORANGE

1 canard de 1,5 kg
6 oranges moyennes, non traitées
1 citron non traité
75 g de sucre semoule
1 dl de vin blanc sec
3 cuil. à soupe de vinaigre de vin vieux
3 cuil. à soupe de curaçao
1 cuil. à soupe de gelée de groseille
1 cuil. à café d'arrow-root
1 cuil. à soupe d'huile
sel, poivre

Demandez à votre volailler de vider le canard. Salez-le et poivrez-le à l'intérieur et à l'extérieur.

Allumez le four, thermostat 7. Posez le canard dans un plat allant au four. Lorsque le four est chaud, glissez-y le plat et laissez cuire le canard 1 h, en l'arrosant régulièrement du jus qui se forme au fond du plat.

Pendant ce temps, préparez les fruits : lavez citron et oranges, et épongez-les. Retirez le zeste du citron et de 2 oranges à l'aide d'un zesteur. Coupez ces 3 fruits en deux et pressez-les ; réservez leur jus dans un bol. Pelez les autres oranges à vif et séparez-les en quartiers ; ajoutez le jus qui s'écoule pendant cette opération dans le bol.

Mettez le sucre et 2 cuillerées à soupe d'eau dans une casserole et laissez cuire sur feu doux jusqu'à obtention d'un caramel ambré. Ajoutez-y le vinaigre et le jus des fruits, et laissez bouillir encore 1 mn.

Lorsque le canard est cuit, retirez-le du four en faisant couler dans le plat de cuisson le jus qu'il contient. Posez le canard sur un plat. Réservez-le au chaud.

Dégraissez le jus contenu dans le plat de cuisson. Posez le plat sur feu vif et versez-y le vin. Déglacez les sucs de cuisson de la viande en remuant avec une spatule et laissez réduire ce jus de moitié. Versez-le dans une petite casserole et portez-le à ébullition. Délayez l'arrow-root et le curaçao dans un bol puis versez ce mélange dans la sauce bouillante, avec la gelée de groseille. Laissez bouillir 2 mn, en remuant sans cesse, jusqu'à obtention d'une sauce liée. Ajoutez les zestes et les quartiers de fruits, mélangez encore et retirez du feu.

Découpez le canard et dressez-le sur un plat de service. Entourez-le de quartiers d'orange. Versez le jus dans une saucière. Portez à table sans attendre.

POUR 4 PERS.

Île-de-France

CANARD MONTMORENCY

Montmorency est le nom d'une variété de petites cerises, des griottes aigres-douces, excellentes cuisinées. Elles ont donné naissance à différentes préparations, salées et sucrées.

1 canard de 1,5 kg
500 g de cerises de Montmorency
1,5 dl de vin blanc sec
3 cuil. à soupe de cherry brandy
1 cuil. à café de sucre
1 cuil. à café d'arrow-root
sel, poivre

Demandez à votre volailler de vider le canard. Salez-le et poivrez-le à l'intérieur et à l'extérieur.

Allumez le four, thermostat 7. Posez le canard dans un plat allant au four. Lorsque le four est chaud, glissez-y le plat et laissez cuire le canard 1 h, en l'arrosant régulièrement du jus qui se forme au fond du plat.

Pendant ce temps, dénoyautez les cerises et réservez le jus qui s'écoule pendant cette opération.

Lorsque le canard est cuit, retirez-le du four en faisant couler dans le plat de cuisson le jus qu'il contient. Posez le canard sur un plat. Réservez-le au chaud.

Dégraissez le jus contenu dans le plat. Posez le plat sur feu vif et versez-y le vin. Déglacez les sucs de cuisson de la viande en remuant avec une spatule et laissez réduire ce jus de moitié. Versez-le dans une petite casserole et ajoutez le jus rendu par les cerises et le sucre.

Portez à ébullition le contenu de la casserole. Délayez l'arrow-root et le cherry dans un bol puis versez ce mélange dans la sauce bouillante. Laissez bouillir 2 mn, en remuant sans cesse, jusqu'à obtention d'une sauce liée. Ajoutez les cerises, mélangez encore et retirez du feu.

Découpez le canard et dressez-le sur un plat de service. Entourez-le de quelques cerises. Versez le reste de la sauce aux cerises dans une saucière. Portez à table sans attendre.

POUR 4 PERS.

CANARD MONTMORENCY

PETER JOHNSON

CONFIT DE CANARD

Languedoc

CONFIT DE CANARD

Dans tout le Languedoc, on prépare des confits, d'oie ou de canard. Chaque famille possède terrines ou bocaux où sont conservés les confits maison, toujours prêts pour une fête improvisée.

1 canard de 1,5 kg
1,2 kg de graisse de canard ou d'oie
2 brins de thym sec
4 cuil. à soupe de gros sel de mer
2 cuil. à soupe de poivre concassé
2 gousses d'ail

❦ Demandez à votre volailler de couper le canard en 6 morceaux. Rincez-les et épongez-les. Pelez les gousses d'ail et coupez-les en deux. Frottez-en les morceaux de canard sur toutes leurs faces.

❦ Émiettez le thym dans une assiette creuse. Ajoutez le gros sel et le poivre et mélangez. Passez les morceaux de canard de tous côtés dans ce mélange puis mettez-les dans un saladier. Couvrez et réservez 12 h au réfrigérateur.

❦ Au bout de ce temps, retirez les morceaux de canard du réfrigérateur et épongez-les.

❦ Mettez la graisse dans une grande cocotte et posez-la sur feu doux. Dès qu'elle est fondue, glissez-y les morceaux de canard. Retournez-les dans la graisse chaude et assurez-vous qu'ils en sont bien couverts ; si ce n'était pas le cas, ajoutez un peu de graisse. Couvrez la cocotte et laissez cuire 2 h à feu très doux : la graisse doit à peine frémir.

❦ Au bout de ce temps, retirez les morceaux de canard de la cocotte et laissez tiédir la graisse. Filtrez-la ensuite au-dessus d'une grande casserole.

❦ Versez 1 cm de graisse fondue dans une terrine et rangez-y les morceaux de canard. Couvrez-les du reste de graisse et laissez refroidir. Fermez la terrine et mettez-la au réfrigérateur : vous conserverez ce confit plusieurs mois.

❦ Le confit se déguste de différentes façons, chaud ou froid. Pour l'utiliser, retirez les morceaux de la graisse et faites-les dorer dans une poêle antiadhésive ou griller dans un four, afin d'éliminer le maximum de graisse. Vous le dégusterez ainsi tout chaud, accompagné de pommes sautées ou de champignons poêlés. Une fois refroidi, le confit sera excellent accompagné de salades diverses ; trévise ou pissenlits à l'huile de noix et aux croûtons aillés.

POUR 6-8 PERS.

Languedoc

CANARD AUX OLIVES

La recette traditionnelle du canard aux olives — qui se prépare dans toute la France — ne comporte que des olives vertes. En Languedoc, on mélange olives noires et vertes qui donnent au plat un goût encore plus riche et plus surprenant.

1 canard de 1,2 kg
300 g d'olives vertes
100 g d'olives noires
1/4 de litre de bouillon de volaille
3 cuil. à soupe de vermouth blanc sec
1 cuil. à soupe d'huile
sel, poivre

❦ Demandez à votre volailler de vider le canard. Salez-le et poivrez-le à l'intérieur et à l'extérieur.

❦ Dénoyautez les olives vertes et rincez-les sous l'eau tiède. Laissez-les tremper 1 h dans un bol rempli d'eau tiède, en changeant l'eau une fois. Dénoyautez les olives noires.

❦ Faites chauffer l'huile dans une cocotte pouvant juste contenir le canard. Faites-le dorer sur toutes ses faces dans la graisse chaude pendant 15 mn puis jetez la graisse. Arrosez le canard de vermouth et retournez-le dans la cocotte, jusqu'à ce que le vermouth s'évapore. Arrosez le canard de bouillon. Dès l'ébullition, couvrez la cocotte et laissez cuire 45 mn, en retournant le canard 2 ou 3 fois.

❦ Au bout de ce temps, retirez le canard de la cocotte et réservez-le au chaud. Dégraissez le jus de cuisson et faites-le bouillir 2 mn, jusqu'à ce qu'il soit sirupeux. Plongez-y les olives noires et les vertes, en les égouttant, et laissez frémir 1 mn.

❦ Découpez le canard et dressez-le sur un plat. Entourez-le d'olives et versez la sauce en saucière. Servez.

POUR 4 PERS. *Photos pages 12-13*

Lorraine

CANARD À TOUTES LES HERBES

1 canard de 2 kg
150 g d'oseille
150 g d'épinards
150 g de blanc et vert tendre de poireau
1 cœur de laitue
1 bouquet de ciboulette
3 côtes tendres de céleri avec leurs feuilles
4 brins de persil plat
3 brins d'estragon
3 brins de cerfeuil
2 brins de menthe
1 cuil. à soupe de farine
100 g de crème fraîche épaisse
2 dl de vin blanc sec
25 g de saindoux
sel, poivre

❦ Demandez à votre volailler de vider le canard et de le couper en 10 morceaux. Rincez-les et épongez-les. Salez-les et poivrez-les.

138

INGRÉDIENTS DU CANARD À TOUTES LES HERBES

❦ Lavez oseille et épinards, épongez-les et ôtez-en les tiges. Lavez le blanc de poireau et la laitue et épongez-les. Lavez les côtes de céleri. Coupez ces légumes en lanières de 1 cm de large. Lavez le persil, l'estragon, le cerfeuil et la menthe et ôtez-en les tiges. Ciselez les feuilles.

❦ Faites fondre le saindoux dans une cocotte de 4 litres et faites-y dorer les morceaux de canard 10 mn, en les retournant. Jetez le gras et poudrez les morceaux de canard de farine.

Remuez 1 mn. Versez le vin et dès l'ébullition, ajoutez légumes et herbes mélangez. Couvrez et laissez cuire 1 h, à feu doux.

❦ Puis, ajoutez la crème ; mélangez et laissez cuire encore 30 mn, en remuant de temps en temps. Lorsque le canard est cuit, il est entouré d'une sauce verte, onctueuse et parfumée. Dressez-le dans un plat creux et servez sans attendre.

POUR 6 PERS.

139

Languedoc

FOIE GRAS FRAIS AU RAISIN

Une grande recette traditionnelle, simplifiée pour préserver le vrai goût du foie gras frais.

4 escalopes de foie gras frais de canard de 80 g chacune, et de 1 cm d'épaisseur, très froides
150 g de raisin blanc muscat
1 cuil. à soupe d'armagnac
sel, poivre

❦ Pelez les grains de raisin et retirez-en les pépins. Réservez le jus qui s'écoule pendant cette opération. Salez et poivrez les escalopes de foie gras.
❦ Faites chauffer une poêle antiadhésive de 26 cm, sur feu modéré. Faites cuire les escalopes 40 secondes de chaque côté, à feu modéré, jusqu'à ce qu'elles soient croustillantes. Dressez-les dans deux assiettes chaudes.
❦ Jetez le gras contenu dans la poêle et versez-y l'armagnac et le jus des raisins. Laissez réduire de moitié. Mettez les raisins dans la poêle et mélangez 30 secondes. Entourez-en les escalopes, nappez de sauce et servez aussitôt.

POUR 2 PERS. *Photos pages 12-13*

Quercy/Périgord

LAPIN AUX PRUNEAUX

La délicieuse prune d'ente séchée, devenue pruneau, entre dans autant de plats salés que sucrés.

1 lapin de 1,6 kg
16 pruneaux d'Agen
2 dl de vin rouge
2 cuil. à soupe d'armagnac
150 g de crème fraîche épaisse
1 oignon de 100 g
2 échalotes
2 gousses d'ail
1 brin de thym frais
1 cuil. à soupe de sucre
2 cuil. à soupe d'huile
sel, poivre

❦ Demandez à votre volailler de couper le lapin en 8 morceaux. Rincez-les et épongez-les. Salez-les et poivrez-les. Pelez ail, échalotes et oignon, et hachez-les finement.
❦ Versez le vin dans une casserole, ajoutez le sucre et portez à ébullition. Mélangez jusqu'à ce que le sucre soit fondu puis ajoutez les pruneaux. Laissez frémir 10 mn en mélangeant puis retirez du feu et couvrez. Laissez macérer 10 mn puis filtrez les pruneaux et réservez-les dans la casserole.
❦ Faites chauffer l'huile dans une sauteuse antiadhésive de 28 cm et faites-y blondir les morceaux de lapin de tous côtés pendant 10 mn. Ajoutez le thym en l'émiettant et le hachis d'ail, d'oignon et d'échalotes. Mélangez encore 5 mn jusqu'à ce que les morceaux de lapin soient bien dorés. Versez l'armagnac, enflammez-le et dès que la flamme s'est éteinte, versez le vin de cuisson des pruneaux. Mélangez et, dès l'ébullition, couvrez et laissez cuire 40 mn.
❦ Au bout de ce temps, égouttez les morceaux de lapin et réservez-les sur un plat chaud. Faites réduire le jus de cuisson sur feu vif jusqu'à ce qu'il soit sirupeux puis ajoutez la crème. Laissez bouillir 3 mn environ, jusqu'à obtention d'une sauce onctueuse. Remettez le lapin dans la sauteuse, ajoutez les pruneaux et mélangez 2 mn, jusqu'à ce que le tout soit bien chaud.

LAPIN AUX PRUNEAUX

❦ Répartissez lapin et pruneaux dans un plat creux. Nappez de sauce et servez aussitôt.

POUR 4 PERS.

Bretagne/Normandie

LAPIN AU CIDRE

1 lapin de 1,6 kg
1/4 de litre de cidre brut
1 tranche de poitrine fumée de 100 g
100 g de petits cèpes
4 échalotes grises
1 cuil. à soupe de moutarde forte
1 jaune d'œuf
100 g de crème fraîche épaisse
2 cuil. à soupe de calvados
25 g de beurre
1 cuil. à soupe d'huile
sel, poivre

❦ Demandez à votre volailler de couper le lapin en 9 morceaux et d'en réserver le foie. Rincez les morceaux de lapin et épongez-les. Salez-les et poivrez-les.
❦ Coupez la poitrine fumée en bâtonnets en éliminant la couenne. Pelez les échalotes et hachez-les menu. Coupez la partie terreuse du pied des cèpes ; lavez-les, épongez-les et coupez-les en quatre.
❦ Faites chauffer l'huile dans une sauteuse antiadhésive de 28 cm. Ajoutez le beurre et faites-y blondir le hachis d'échalotes, la poitrine fumée et les cèpes, en mélangeant sans cesse avec une spatule. Retirez le tout de la sauteuse et mettez-y

140

les morceaux de lapin. Faites-les dorer de tous côtés pendant 10 mn puis arrosez-les de calvados. Laissez-le s'évaporer puis versez le cidre, mélangez et, dès l'ébullition, couvrez et laissez cuire 30 mn à feu doux, en tournant deux ou trois fois.

Au bout de 30 mn de cuisson, remettez les lardons, les cèpes et les échalotes dans la sauteuse, et laissez mijoter encore 15 mn.

Fouettez dans un bol le jaune d'œuf, la moutarde et la crème. Ajoutez le foie du lapin en l'écrasant dans une passoire et mélangez bien.

Lorsque le lapin est cuit, retirez-le de la sauteuse avec une écumoire et dressez-le dans un plat de service, avec les cèpes et les lardons. Faites réduire le jus de cuisson sur feu vif jusqu'à ce qu'il soit sirupeux. Versez le contenu du bol dans la sauteuse, mélangez 10 secondes et retirez du feu. Fouettez jusqu'à obtention d'une sauce liée et onctueuse, et nappez-en le lapin. Servez aussitôt.

POUR 4 PERS. *Photo page 133*

Alsace

CIVET DE LIÈVRE AUX SPÄTZLE

Dans toute la France, le mot « civet » évoque un principe de cuisson : du gibier, à plume ou à poil, longuement mijoté au vin rouge et dont la sauce est habituellement liée au sang de l'animal.

1 lièvre de 2 kg
75 cl de vin rouge
1 oignon de 100 g
1 carotte moyenne
2 gousses d'ail
1 feuille de laurier
1 brin de thym
1 brin de romarin
1 cuil. à café de poivre grossièrement concassé
3 cuil. à soupe de cognac
18 oignons grelots
250 g de petits champignons de Paris
200 g de poitrine fumée
1 cuil. à soupe de farine
3 cuil. à soupe d'huile
sel, poivre
Pour les spätzle :
350 g de farine
3 œufs
50 g de beurre
4 pincées de noix muscade râpée
sel, poivre

Demandez à votre volailler de couper le lièvre en 9 morceaux et d'en réserver le foie. Rincez les morceaux et épongez-les. Salez-les et poivrez-les. Pelez l'oignon et émincez-le. Pelez la carotte, lavez-la et coupez-la en rondelles. Pelez les gousses d'ail et coupez-les en quatre.

Versez le vin et le cognac dans un saladier. Ajoutez l'oignon, la carotte, l'ail, le thym, le laurier et le romarin en les émiettant entre vos doigts, et le poivre concassé. Plongez les morceaux de lièvre dans cette marinade, retournez-les et laissez-les mariner 12 h au réfrigérateur, en les retournant plusieurs fois.

Au bout de 12 h, retirez le saladier du réfrigérateur et égouttez les morceaux de lièvre. Épongez-les. Filtrez la marinade et éliminez aromates et épices. Coupez la poitrine fumée en bâtonnets en éliminant la couenne. Pelez les oignons grelots.

Faites chauffer l'huile dans une cocotte de 4 litres et faites-y blondir les morceaux de lièvre de tous côtés pendant 10 mn.

Ajoutez les bâtonnets de poitrine fumée et les oignons, et mélangez encore 5 mn jusqu'à ce que les morceaux de lièvre soient bien dorés. Poudrez de farine et mélangez encore 1 mn.

Versez la marinade dans la cocotte et dès l'ébullition couvrez et laissez cuire 2 h à feu très doux, en mélangeant de temps en temps.

Pendant ce temps, coupez la partie terreuse du pied des champignons ; lavez-les, épongez-les et coupez-les en quatre. Ajoutez-les dans la cocotte après 2 h de cuisson, mélangez et laissez cuire encore 30 mn.

Pendant ce temps, préparez les spätzle : tamisez la farine au-dessus d'un saladier. Battez les œufs dans un bol avec 5 cl d'eau froide, sel, poivre et noix muscade. Versez ce mélange dans le saladier et mélangez vivement avec une spatule, jusqu'à obtention d'une pâte souple qui se détache des parois du saladier. Étalez la pâte sur une planche, en plusieurs fois. Faites bouillir de l'eau dans une grande casserole et salez-la. Plongez-y la pâte en la découpant en petites lanières à l'aide d'une spatule mouillée. Dès que les lanières de pâte remontent à la surface, égouttez-les avec une écumoire et plongez-les dans de l'eau froide. Continuez jusqu'à épuisement de la pâte. Faites fondre le beurre dans une poêle antiadhésive de 26 cm et mettez-y les spätzle. Faites-les revenir dans le beurre chaud pendant 5 mn en les remuant sans cesse. Gardez au chaud.

Lorsque le lièvre est cuit, égouttez-le avec une écumoire et réservez-le dans un plat creux. Écrasez le foie du lièvre dans une passoire au-dessus d'un bol et ajoutez 4 cuillerées à soupe de jus de cuisson du lièvre. Mélangez bien puis versez le tout dans la cocotte. Mélangez 30 secondes sur feu doux, sans laissez cuire puis nappez les morceaux de lièvre de sauce. Servez aussitôt, avec les spätzle à part.

POUR 6 PERS.

CIVET DE LIÈVRE AUX SPÄTZLE

PETER JOHNSON

LIÈVRE EN CABÉÇAL

Périgord

LIÈVRE EN CABÉÇAL

« Cabéçal » est le nom de la serviette nouée en couronne qu'autrefois les femmes posaient sur leur tête afin de pouvoir porter des poids. Le lièvre attaché en rond évoque ce cabéçal.

1 lièvre de 2 kg
200 g de couenne fraîche
1 oignon de 100 g
75 cl de vin rouge : cahors
3 cuil. à soupe d'armagnac
1 cuil. à soupe d'huile
sel, poivre
Pour la farce :
300 g de veau : quasi ou épaule
100 g de poitrine de porc fraîche
100 g de jambon cru
100 g de mie de pain rassis
1 dl de bouillon de volaille
1 cuil. à soupe de persil ciselé
1 œuf
2 échalotes
2 gousses d'ail
1 brin de thym
6 pincées de noix muscade râpée
sel, poivre

Demandez à votre volailler de laisser le lièvre entier. Rincez-le et épongez-le. Salez-le et poivrez-le.

Préparez la farce : faites chauffer le bouillon dans une petite casserole et émiettez-y le pain. Mélangez, retirez du feu et laissez gonfler le pain. Passez au robot le veau, le porc et le jambon, et hachez-les finement. Pelez ail et échalotes, et hachez-les menu. Mettez dans un saladier les viandes, l'ail et les échalotes hachés, le persil, le pain, le thym en l'émiettant entre vos doigts, sel, poivre et noix muscade. Mélangez bien puis ajoutez l'œuf et mélangez encore, jusqu'à obtention d'une farce homogène.

Garnissez l'intérieur du lièvre de farce et fermez l'ouverture avec un fil de cuisine. Enroulez le lièvre en rapprochant les pattes de devant et celles de derrière, et liez-les aussi avec du fil.

Huilez une cocotte pouvant juste contenir le lièvre. Pelez l'oignon et hachez-le finement. Rincez la couenne et roulez-la. Ficelez le petit rouleau obtenu et ébouillantez-le 1 mn puis rincez-le et égouttez-le. Découpez le rouleau en lanières de 1 cm de large et éparpillez-les au fond de la cocotte, avec l'oignon. Posez le lièvre sur ce lit de couenne.

Posez la cocotte sur feu modéré, laissez cuire 15 mn puis retournez le lièvre et laissez cuire encore 15 mn. Versez alors

le vin et l'armagnac, et dès l'ébullition, couvrez la cocotte et laissez cuire 5 h à feu très doux et à couvert, sans y toucher.

Lorsque le lièvre est cuit, retirez-le délicatement de la cocotte et dressez-le sur un plat de service. Faites réduire le jus de cuisson jusqu'à ce qu'il soit sirupeux et versez-le en saucière. Servez aussitôt : le lièvre est très tendre et ses os se détachent ; il est traditionnellement servi « découpé » à la cuillère.

POUR 6 PERS.

Corse

LAPIN À L'ISTRETTU

1 lapin de 1,6 kg
250 g d'oignons
14 olives noires
2 cuil. à soupe de câpres égouttées
1,5 dl de vin blanc sec
3 cuil. à soupe de purée de tomates
6 gousses d'ail
1 brin de thym sec
1 brin de romarin sec
1 feuille de laurier
2 cuil. à soupe d'huile d'olive
sel, poivre

Demandez à votre volailler de couper le lapin en 9 morceaux et d'en réserver le foie. Rincez les morceaux de lapin et épongez-les. Salez-les et poivrez-les. Pelez les oignons et émincez-les finement. Pelez les gousses d'ail et coupez-les en deux. Rincez les olives, épongez-les et coupez-les en lamelles en éliminant le noyau.

Faites chauffer l'huile dans une sauteuse antiadhésive de 28 cm et faites-y blondir les morceaux de lapin de tous côtés pendant 10 mn. Ajoutez le thym et le romarin en les émiettant, la feuille de laurier, les demi-gousses d'ail et les oignons, et mélangez encore 5 mn jusqu'à ce que les morceaux de lapin soient bien dorés.

Versez le vin et la purée de tomates dans la sauteuse, mélangez et, dès l'ébullition, couvrez et laissez cuire 30 mn à feu doux.

Au bout de 30 mn de cuisson, ajoutez le foie du lapin, les olives et les câpres dans la sauteuse. Laissez mijoter encore 15 mn, en tournant souvent, jusqu'à ce que la sauce enrobe les morceaux de lapin.

Mettez le lapin dans un plat creux et servez aussitôt.

POUR 4 PERS.

Bourgogne

LAPIN À LA MOUTARDE

1 lapin de 1,5 kg
4 cuil. à soupe de moutarde forte
150 g de crème fraîche épaisse
1 dl de vin blanc sec
1 brin de thym frais
1 cuil. à soupe d'huile
25 g de beurre
sel, poivre

Demandez à votre volailler de retirer la tête du lapin et de laisser celui-ci entier. Rincez-le et épongez-le. Salez-le et poivrez-le.

Allumez le four, thermostat 7. Huilez un plat à four ovale pouvant contenir le lapin. Tartinez le lapin sur toutes ses faces

LAPIN À L'ISTRETTU (en haut)
ET LAPIN À LA MOUTARDE (en bas).

de moutarde — moins 1 cuillerée à soupe — et posez-le dans le plat. Effeuillez le thym et parsemez-en le lapin. Parsemez-le de beurre en lamelles.

🎬 Lorsque le four est chaud, glissez-y le plat et laissez cuire le lapin 50 mn, en arrosant régulièrement le lapin de la sauce qui se forme au fond du plat et en ajoutant un peu de vin lorsque celle-ci a tendance à se dessécher.

🎬 Lorsque le lapin est cuit, posez-le sur un plat de service et réservez-le au chaud. Versez la crème et le reste de moutarde dans le plat, et mélangez avec une spatule afin de déglacer les sucs de cuisson du lapin. Versez cette sauce dans une casserole et laissez bouillir 2 à 3 mn.

🎬 Nappez le lapin de sauce et portez-le à table : vous le découperez en 12 morceaux. Servez aussitôt.

POUR 4 PERS.

143

PROVENCE
CORSE, LANGUEDOC-ROUSSILLON

Les plats du soleil

PROVENCE CORSE LANGUEDOC-ROUSSILLON

Les plats du soleil

La route file vers l'intérieur, s'insinue entre les plateaux, dérape entre les rives asséchées de la Durance, oublie le Lubéron à main gauche, pénètre dans une contrée nouvelle. Ce n'est pas encore la montagne, mais un avant-goût de ses hauteurs qui culminent ici aux environs de cinq cents mètres. À Forcalquier, dominant le haut du village, un belvédère indique l'emplacement de Vienne, Saint-Pétersbourg et Constantinople. C'est dire que le pays voit loin, et depuis fort longtemps. À Lurs, nid d'aigle qui rénove patiemment ses abris, un chemin de croix panoramique embrasse l'horizon. D'un côté, la montagne de Lure, un reste de neige sur les sommets. De l'autre côté, le plateau de Valensole, d'où la vue plonge sur les champs d'herbes couleur de lavande : c'est le pays de Giono. « Celui de la non-démesure », affirmait l'écrivain. Tout semble ici bâti à hauteur d'homme. On gagne le haut prieuré panoramique de Ganagobie et on contemple la haute Provence qui reste un Eldorado. Ici, des hommes protègent les cultures, replantent, désherbent, remettent à l'honneur la vigne oubliée par ici, commercialisent le miel de lavande et les nougats que l'on fabrique avec le fruit des amandiers, élèvent les meilleurs agneaux du monde qui portent le label Sisteron, protègent la tradition du chèvre de banon, récoltent champignons et truffes, fabriquent l'huile à partir de belles olives noires. Ils constituent ainsi une chaîne de l'amitié. Leurs liens : les produits du terroir.

Ailleurs, plus loin, au sud, vers l'ouest, ce sont les Alpilles : un massif montagneux qui se rit de la géographie, dérive sur une hauteur, aborde en s'en jouant le massif désertique de la Crau. Le vent souffle à perdre haleine sur le joli village des Baux. Les vignes

LEO MEIER

LES RAYONS DU SOLEIL MATINAL SE FAUFILENT DANS LES RUELLES DU VIEUX NICE À L'HEURE OÙ LES CITADINS SE RENDENT À LEUR TRAVAIL.

PAGES PRÉCÉDENTES : DANS LES COLLINES DE L'ARRIÈRE-PAYS NIÇOIS, TOURETTE-SUR-LOUP S'ACCROCHE À SA FALAISE ESCARPÉE DANS LAQUELLE ON A MÉNAGÉ, AU PRIX DE GRANDS EFFORTS, DES JARDINS EN TERRASSES ET DES SENTIERS.
LEO MEIER

LEO MEIER

AU MARCHÉ DE DIGNE, EN HAUTE-PROVENCE, UN JEUNE GARÇON ATTEND LE PASSANT AU CŒUR TENDRE QUI ADOPTERA SON CHATON DE DEUX MOIS.

se glissent entre les villages de Saint-Étienne-du-Grès ou Eygalières. L'olive est reine. Les agneaux gambadent en liberté, se nourrissent d'herbes, comme les chèvres qui semblent jouir pleinement du ciel bleu.

Pourquoi chanter ainsi les paysages de Provence, son ciel d'un bleu clair, ses vieilles maisons de pierre jaunies et sa sainte trilogie : l'agneau, la chèvre et l'olivier ? Alpilles et haute Provence : ce sont là deux visages d'un même pays. La cuisine y a toujours un goût d'ail et un parfum de soleil, bref, un accent. C'est pour cela, sans doute, qu'il est celui qui incarne le mieux cette douceur française tant convoitée.

Dans chaque village, entre Aix et Apt, Manosque et Carpentras, de Sorgues à Saint-Didier, de haute en basse Provence, les marchés sont des jardins d'odeurs. Les étals sentent les herbes sauvages — thym, lavande et romarin —, regorgent d'asperges sauvages, d'artichauts violets, de riquette au goût de noisette ; de cébettes — les cignons d'ici —, de mesclun, de trévises, de chicorées ou d'endives. Et puis de toutes ces herbes qui sentent bon la garrigue et le maquis : thym, romarin, lavande, déjà nommés et puis, estragon, menthe, cerfeuil, sarriette ou ciboulette. Sans parler des courgettes rondes qui servent à confectionner les petits farcis provençaux (légumes farcis avec leur propre chair mixée) et des fleurs de courgette que l'on prépare en beignets.

Les poissons, qui s'accommodent si bien de l'huile d'olive, ce sera plus loin. À Cannes, par exemple, où se trouve le plus beau marché du genre : sous la halle rouge de Forville, avec tous ces fruits de la Méditerranée qui servent à confectionner la bouillabaisse. Celle, largement popularisée, de Marseille, se trouve aussi

au Cap-d'Antibes et à Golfe-Juan, toujours servie en deux temps : la soupe d'abord, où l'on a infusé les poissons, puis les poissons eux-mêmes. Ce sont rouquins, rascasses, rascassons, grondins, vives, blaviers, lottes, que l'on appelle ici baudroies, galinettes, supions, pageots et sars que l'on cuit au four, tout simplement, avec un filet d'huile ou un jus de cébettes. Et qui réconcilient les parfums de la terre et de la mer. Et embaument le soleil. Ainsi, le loup (qui est le bar de Méditerranée) que l'on accommode au fenouil, et sur lequel les mécréants ajoutent du pastis, le flambant même, histoire d'allécher le touriste. La langouste que l'on dit de Méditerranée vient souvent d'ailleurs. Mais la soupe de favouilles (petits crabes de la côte) est un régal. Et les petits supions — des bébés calmars — une véritable gourmandise.

La Provence est un vivier de bons produits, de bonnes odeurs, de bons mets. La Côte d'Azur est sa vitrine. On vend ici ce qu'on produit là. On cuisine plus chiche, moins riche. Les poissons juste apprêtés et les légumes, épicés, relevés qui servent à confectionner la ratatouille. Ils sont les rois des plats d'été, légers et frais : courgettes, poivrons rouges ou verts, aubergines, concombres.

La salade « niçoise » est-elle vraiment niçoise ? Avec ses tomates, fèves, concombres, petits artichauts, poivrons verts, oignons frais, œufs durs, anchois, thon, olives noires : elle est à l'image du pays. Quoiqu'elle semble réservée à l'« estranger » de passage et qu'on ne la trouve guère dans les bistrots nombreux du vieux Nice.

Là, règne une gastronomie méditerranéenne qui rappelle que le comté de Nice fut longtemps en terre d'Italie. Les raviolis de blettes, les sardines farcies, le stockfish ou stoficado qui est un ragoût de morue séchée, les pizzas et les pissaladières (les premières à la tomate, les secondes à l'oignon mariné dans l'huile d'olive et toutes deux avec pâte à pain), la daube ou estouffade de bœuf, les tripes : tout cela, odorant comme les fleurs du marché sis sur le cours Saleya, possède déjà un petit air transalpin. Ainsi avec la panisse (ou « socca »), cette farine de pois chiche cuite avec de l'eau et du sel, bouillie à 100°, moulée à la louche dans les assiettes, puis démoulée, avant d'être découpée puis rissolée à la pièce. Ce sont les « frites » des gens du Sud !

La vraie Provence ? Celle qui protège ses arrières, ses herbes, ses marchés, son agneau, par exemple, qui est le meilleur du monde, le plus juteux, le plus fin de goût, le moins gras ? Celui de Sisteron. Son origine : les Préalpes. Son alimentation : des herbes aromatiques, thym, romarin, sauge ou sarriette. L'agneau de Sisteron vit au grand air : c'est un « broutard », engraissé au maïs et non un agneau de lait.

« Tout est bon dans l'agneau », affirme volontiers Robert Lombard dit « Bichette », boucher à Château-Arnoux en haute Provence. Le carré, entrelardé, est le plus savoureux. Mais le gigot, l'épaule ou les joues ont aussi leurs qualités. Tradition du pays : les pieds paquets que l'on fabrique avec du ventre d'agneau farci de hachis de fraise d'agneau et de jambon, de tomates et d'aromates.

L'autre richesse du pays, ce sont les olives. Noires, presque sèches, elles perdent leur amertume. Le secret : il suffit de les faire geler pour en adoucir le goût, avant de les mettre à sauter dans une poêle avec un peu d'huile, puis de les refroidir avant de les manger. L'huile d'ici aussi est un miracle. De fraîcheur et de limpidité. « Ce n'est pas du café crème », affirme Julien Masse, un pittoresque producteur qui extrait encore le jus avec une meule comme il y a un siècle. Pas de broyeur qui meurtrit l'amande dans son noyau, la mélange à l'olive et délivre son amertume. Pas de centrifugeuse « criminelle ». La vraie huile d'olive de Provence, comme celle produite à Maussane-les-Alpilles, extraite d'une première pression à froid ? Rien que de la graisse et du parfum.

Troisième enfant de Provence : c'est le chèvre de banon, qui porte le nom d'un village. Mais son appellation recouvre d'abord une méthode : le chèvre est séché, brossé à l'eau, plongé dans du marc puis enveloppé dans une feuille de châtaignier, fermée avec du rafia. Ainsi conservé, il peut vieillir en cave

jusqu'à atteindre des senteurs fortes et se conserver longtemps.

L'ail entre toujours dans la cuisine provençale. Dans l'anchoïade : une vinaigrette épaisse montée à l'ail. Et surtout dans cet apprêt typique qu'est l'aïoli, une mayonnaise à l'ail qui se sert avec du poisson froid et poché, des œufs durs, de la viande froide. Le « grand aïoli » désigne un plat de fête qui mêle, autour de la sauce sacrée, viande bouillie, morue pochée, œufs durs, escargots, légumes cuits à l'eau. Une sorte de « pot-au-feu » sur le mode provençal.

Le pain, en Provence, revêt une méthode et un aspect particuliers : le roi du genre est la fougasse : un pain cuit « à la volée », dans un four ouvert, donc sans buée. Les boulangers l'aromatisent volontiers à l'ail, à la fleur d'oranger ou à l'anchois. On n'aurait garde d'oublier que la Provence est aussi une terre sucrée. Celle qui fabrique le plus de beaux fruits confits. Mais aussi une des reines de l'amande qui constitue la « farce » (pâte d'amande avec fruits confits) des célèbres calissons d'Aix-en-Provence. La friandise privilégiée qui a fait la renommée de Montélimar : le nougat. Il lui suffit de sirop de sucre, miel, amandes et pistaches. Le nougat noir contient miel de lavande, sucre caramélisé et amande de

AU SUD D'AJACCIO, SUR LE SITE ARCHÉOLOGIQUE DE FILITOSA, CES ÉNORMES MONOLITHES À FIGURES HUMAINES DIRIGENT LEUR REGARD VERS LA MER.

149

LA JOLIE VILLE CÔTIÈRE DE MENTON ABRITAIT, JUSQU'EN 1914, UNE NOMBREUSE COMMUNAUTÉ BRITANNIQUE. STATION BALNÉAIRE, ELLE TIRE AUSSI SA GLOIRE DE SES CITRONNIERS TOUJOURS CHARGÉS DE FRUITS ET DE FLEURS

Provence, même si l'amande d'Espagne, réputée moins fine, que l'on grille une fois la peau enlevée, se faufile un peu partout dans les ateliers des artisans confiseurs.

La Corse est solitaire, altière et volontiers frondeuse. Austère ? Sans doute, un peu. Elle a longtemps lutté pour son indépendance, avant de se résoudre à être française. Sa gastronomie pourrait paraître simplette et même assez réduite. Elle a le mérite de rester originale, enracinée, marquant son territoire. Insulaire mais terrienne, la tradition corse est d'abord montagnarde : le cabri que l'on sert rôti à la broche, la brousse ou « bruccio », le fromage de chèvre frais que l'on propose arrosé de grappa et qui sert à accompagner les desserts d'ici : gâteau dit « fiadone », beignets baptisés « fritelle ».

L'Italie reste proche avec les cannellonis, les raviolis ou les lasagnes que préparent les mammas locales. La charcuterie est reine. Qu'elle tienne de la triperie (boudin ou sangue, figatelle ou saucisse de foie de porc), de la cuisine du gibier (pâté de merle) ou de la tradition transalpine (coppa, jambon cru).

Les fruits d'ici viennent des forêts : châtaignes, figues, arbouses mais aussi olives. Les poissons sont d'abord les truites de torrent. Mais aussi ceux issus de la mer, aux abords de Bonifacio, Bastia ou Cargèse. Ce sont les sargues, les rougets, les mulets et les rascasses rouges. Qui s'accommodent des vins locaux au pouvoir de feu (rouge de Toraccia) ou plus souples,

sinon doux (muscat de Saint-Florent et de Patrimonio).

Un amphithéâtre ouvrant toutes grandes ses terrasses cultivées sur la Méditerranée : voilà l'image traditionnelle du Languedoc. Ce grand midi du Sud-Ouest possède un accent indéniable. Qui lui vient de sa situation médiane : entre les oliviers de Provence et les Landes de Gascogne, entre l'ail et le foie gras, épousant certains mets de l'une et de l'autre.

Les côtes sont voisines. Donc les poissons. Mais on trouve l'huître à Bouzigues, mais aussi les moules, les Saints-Jacques, les bulots, que l'on déguste avec un hachis d'ail, d'échalote et de persil. La bourride sétoise se prépare avec de la lotte. Avec son bouillon passé en fin de cuisson, sa liaison avec de l'aïoli, elle est la sœur de la bouillabaisse provençale. La brandade nîmoise, mêlant morue et purée, émulsionnée à l'huile et au lait, est la petite sœur voisine de celles de Marseille et de Toulon, où l'on incorpore de l'ail pilé.

Mais la cuisine languedocienne, passé le Gard et remontant vers Montpellier, penche vite vers le Sud-Ouest. Les pâtés de Pézenas et de Béziers, incluant graisse et viande de mouton, raisins secs, cassonade et zestes de citron : voilà qui vous a déjà un air gascon. Qui s'affirme avec le cassoulet. On en connaît de trois sortes.

Le plus simple et le plus pur d'abord : celui de Castelnaudary, avec haricots blancs, bien sûr, mais aussi du porc en variétés nombreuses (jarret, jambon, longe, lard, couenne, saucisson) et un brin de confit d'oie. Plus subtil, peut-être : celui de Carcassonne, où l'on ajoute du gigot de mouton, et même, en période de chasse, de la perdrix ; enfin, le plus urbain, dans la grande cité de Toulouse : avec du confit d'oie ou de canard, du mouton, de la saucisse de Toulouse, puis les ingrédients déjà inclus dans celui de Castelnaudary, en quantité plus réduite.

Le Languedoc a le souci des traditions. Ce n'est pas ici que l'on chipote sur le gras. L'huile d'olive et de noix ou la graisse de foie et de porc sont le plus souvent préférées au beurre. Jugées plus authentiques ? Pourquoi pas ? Ce pays-là est rocailleux. Les pâtés de foie gras, de gibier, de lapin sauvage ou de grive, les petits oiseaux que l'on cuit avec un doigt de porto, les ortolans que l'on grignote avec tête et os, le chef recouvert d'une serviette pour mieux faire fête au festival d'odeurs : voilà qui rapproche ce pays du Sud-Ouest gascon et périgourdin.

Mais l'Espagne n'est pas loin. On avait cru

l'entrevoir, derrière les vignes rocailleuses des Corbières, du Minervois, voire de Maury. Et c'est déjà un avant-goût de Catalogne avec les terrasses de Banyuls. Les ceps s'accrochent aux ravins montagneux, solides, donnant un vin presque noir, aux arômes de cacao et de café grillé. On jurerait presque un porto français.

Ce banyuls riche, généreux, produit aux abords du joli port de Collioure et de la porte de Cerbère vers l'Espagne, indique que les frontières ici furent mouvantes. Les gens ont le teint mat, le poil noir. Le civet de langouste, la lotte à la catalane, les pâtés aux anchois, la morue cuisinée aux aubergines, aux poivrons et à la tomate, dans un mélange épicé : voilà le Roussillon qui n'est français que depuis le siècle de Richelieu. L'épaule de mouton en pistache ou le pigeon au rancio : voilà encore des plats relevés que l'on trouverait sans surprise de l'autre côté de la frontière. Eh puis, tenez, ce vin rouge sombre aux reflets violacés produit à Collioure ne s'accorderait-il pas avec une paella ? Mais c'est d'un autre pays qu'il s'agit...

TEINTES ROSES COUCHER-DE-SOLEIL, FENÊTRES ORNÉES DE CASCADES DE FLEURS : TELLE EST LA BEAUTÉ DE GRASSE, VILLE QUI INSPIRA BIEN DES ARTISTES, NOTAMMENT JEAN-HONORÉ FRAGONARD, « LE PETIT FRAGO ».

VIANDES

La bande des quatre

SAUCISSONS ET JAMBON DU PAYS : AUTANT DE TENTATIONS POUR LES CLIENTS DU MARCHÉ DE DIGNE,
DANS LES ALPES-DE-HAUTE-FROVENCE.

VIANDES

La bande des quatre

Les Français adorent la viande. Ils ont beau clamer un amour immodéré du poisson réputé plus diététique et plus léger, plus apte aussi à subir les fantaisies d'un chef en cuisine, ils ne peuvent s'empêcher, dès qu'ils s'en vont à l'étranger, de rêver sur le bon vieux steak-frites qui a fait le tour du monde. Mais il y a steak et steak.

Parlons « bœuf » d'abord. Celui-ci est un animal de race bovine, castré, élevé et engraissé pour la production de viande. Le troupeau de la France compte vingt-cinq mille têtes qui se répartissent en races diverses : le Limousin, le Salers, l'Aubrac, le Maine-Anjou, la blonde d'Aquitaine et surtout le Charolais qui jouit de la réputation la plus affirmée.

La viande est dite « persillée » lorsque le degré d'engraissement se traduit par la présence de filaments blancs entre les fibres de muscle. C'est la viande, grasse et goûteuse, la plus prisée des amateurs. La règle est de ne pas la servir trop fraîche, mais de la laisser rassir en chambre froide de quinze jours à trois semaines au moins. La viande de bœuf acquiert ainsi son goût, sa fermeté : elle mûrit à point.

Il y a, disais-je, steak et steak. Les meilleurs morceaux du bifteck proprement dit se taillent dans l'araignée, l'aiguillette, la bavette, le faux-filet ou encore le filet, qui est le plus tendre quoique moins fort en goût et qui se prête à la confection des châteaubriants. Le faux-filet convient fort bien au tournedos.

Braisé, bouilli, poêlé, le bœuf est bel et bon. L'entrecôte, tendre et grasse, est un morceau de roi, qui s'apprécie, poêlée, avec une sauce au vin rouge et des échalotes (dite Bercy ou marchand de vin). Le bœuf est bourguignon ou en daube, cuit dans une sauce civet (au vin rouge). Il peut cuire à l'étouffée (estouffade), dans un consommé qui lui garde fermeté, puis plongé et retiré au moyen d'une ficelle (c'est le bœuf à la ficelle).

Rien de plus changeant et de plus divers, au demeurant, que le merveilleux bœuf qui vaut bien plus qu'un simple « steak ».

La viande de veau est fournie par un jeune animal, non sevré, c'est-à-dire ne consommant que du lait naturel ou reconstitué, puis abattu entre un et quatre mois. Sous ce vocable, se retrouvent le pire et le meilleur. Veau de lait, élevé sous la mère, à la chair goûteuse, tendre, savoureuse. Ou veau aux hormones, nourri chimiquement, élevé en vase clos, pour donner une viande dure, qui rétrécit à la cuisson et dégorge de l'eau. On louange le premier, tandis que l'on écrit volontiers des horreurs sur le second.

Les choses auraient, paraît-il, changé. Les contrôles

PAGES PRÉCÉDENTES : POTHINE DE BŒUF (en bas à droite, recette page 165), CUL DE VEAU À L'ANGEVINE (en haut, recette page 173) ET VEAU MARENGO (en bas à gauche, recette page 176), PHOTOGRAPHIÉS EN PAYS DE LOIRE.
PIERRE HUSSENOT/AGENCE TOP

LA BRETAGNE EST RÉPUTÉE POUR SES SAVOUREUX AGNEAUX DE PRÉ-SALÉ, ÉLEVÉS SUR LES TERRAINS MARÉCAGEUX ENVIRONNANT LE MONT-SAINT-MICHEL.

LES ROMAINS ONT DÉVELOPPÉ L'ART DE LA SALAISON ET LE TRANSMIRENT AUX GAULOIS ; LA TRADITION FUT PRÉSERVÉE AU MOYEN ÂGE. EN 1476, LES CHARCUTERIES (chair-cuiteries) OBTINRENT LE MONOPOLE DE VENTE DE LA VIANDE DE PORC CUITE.

de vétérinaires sont passés par là. Ces carrés de veau coupés entre la neuvième et la treizième côte — les plus fines et les plus savoureuses —, ces côtelettes tendres et juteuses que l'on accommode, comme leur sœur l'escalope (souvent remplacée par la dinde moins coûteuse dans la cuisine des ménages français) poêlées, mijotées dans leur jus, à la crème et aux champignons (de Paris) ou encore panées. La blanquette de veau, qui se prépare avec le tendre flanchet, l'épaule, le collet, le tendron et la poitrine, est un plat familial qui s'accompagne de riz. C'est le mets bourgeois par excellence. Mais les morceaux les plus recherchés sont, outre les abats royaux (splendide foie de veau que l'on tranche épais et cuit rosé, rognons qui se servent de préférence entiers et cuits à la goutte de sang), les grenadins ou le filet, les plus fins peut-être, mais qui ne sont pas forcément les plus goûteux. La viande de veau reste un luxe, pas toujours nécessaire. Il est pourtant de bons morceaux pas chers et fort savoureux. L'archétype en est le jarret qui peut se mijoter de mille façons et qui se marie aussi bien avec des pommes sautées qu'avec des endives. Cela embaume, croustille et se savoure avec délice. De quoi vous réconcilier avec le beau veau d'antan.

Et si l'agneau était la reine des viandes ? Tout a du

155

CE VACHER MÈNE SANS HÂTE SON TROUPEAU À LA PÂTURE LE LONG D'UNE ROUTE BOISÉE DES ALPES.

L'ABONDANCE ET LA VARIÉTÉ DES PRODUITS DE QUALITÉ EN PROVENCE ONT DONNÉ NAISSANCE À DE NOMBREUSES SPÉCIALITÉS : PAR EXEMPLE LES GAYETTES, PETITS PÂTÉS DE FOIE DE PORC, ET LE *SOUFRASSAM*, CHOU FARCI BOUILLI AVEC DES LÉGUMES.

goût chez lui. Ce jeune animal de l'espèce ovine, âgé de un à six mois, pesant de quinze à vingt-cinq kilos, est en fait un petit mouton. À l'inverse de ce dernier, sa viande est tendre, sa chair fine. Le haut de gamme du genre, le préféré des gourmets, est l'agneau de haute Provence, dit de Sisteron, dont le goût emprunte à la nourriture qu'il a broutée en plein air et qui est constituée essentiellement par les herbes du pays : thym, romarin, sarriette et sauge. Ainsi un « simple » agneau provençal, que l'on peut piquer d'ail, embaume-t-il l'air du pays où il a vécu.

L'agneau de lait, âgé de six semaines, vaut plus par la tendreté de sa viande que par son goût. Il fait le plus plaisant des gigots qui est le plat préféré des Français et que l'on sert le dimanche accompagné de flageolets. L'agneau de pré-salé, qui a brouté l'herbe salée et iodée au large de la presqu'île du Mont-Saint-Michel, est lui aussi de haut niveau. Quoiqu'il existe d'exquis agneaux ailleurs : en Ardennes et en Ile-de-France, de race Texel, dans le Cher, de race berrichonne, en Vendée ou encore des Pyrénées.

À dire vrai, tout est bon dans l'agneau et tout a du goût : les côtes, le carré, le collier, la selle, l'épaule souvent négligée et moins chère que le gigot, la poitrine que l'on peut servir simplement grillée. En daube, en navarin ou tout bonnement rôti à la broche, l'agneau demeure un mets de roi qui semble faire, de tout temps, l'union sacrée des Français.

Le porc a mauvaise réputation. Réputé vulgaire, rendu responsable de la maladie du ver solitaire, le porc, que l'on nomme communément le cochon, est cependant une viande de grand goût. Prisée par les gens de l'Est, elle se marie fort bien avec la bière, le chou, sert à confectionner les charcuteries (jambon, terrine, pâté), fait l'accompagnement naturel (en saucisse, en palette ou en jarret) de la choucroute traditionnelle. L'échine tendre, le cochon de lait abattu dans sa jeunesse, le travers servi salé, la poitrine fumée ou encore le tendre filet mignon, sans parler du royal porcelet rôti à la broche : voilà mille occasions de se réconcilier avec le cochon.

En Alsace, dans le Nord, en Lorraine, les noces du gourmet et du porc ont toujours été célébrées dans les mets les plus traditionnels. En Val de Loire, comme dans le Sud-Ouest ou en Picardie, on accommode volontiers les noisettes de porc aux pruneaux. Les pieds de porc, la langue, les oreilles de cochon grillées, le lard fumé : voilà des mets de brasserie, que l'on dit « canailles », car ils sont de bons prétextes pour permettre au bourgeois parisien de « s'encanailler » en changeant de style de nourriture le soir après le spectacle. Avec un bon verre ou une chope, le cochon retrouve ainsi ses lettres de noblesse dans l'assiette et le palais du gourmet le mieux policé.

LEO MEIER

CES ÉPICES, SUR LE MARCHÉ DE TROYES, EN CHAMPAGNE, SONT UNE VÉRITABLE PALETTE POUR CUISINIER. EN CHAMPAGNE, ON APPRÉCIE FORT LES VIANDES, SURTOUT L'AGNEAU ; ET UN PENCHANT SÉCULAIRE POUR LES ÉPICES AFFLEURE DANS DE NOMBREUSES SPÉCIALITÉS RÉGIONALES, DES GAUFRES AU GINGEMBRE DES FLANDRES AU PAIN D'ÉPICE.

LES TERRAINS MAIGRES ET ROCHEUX DE HAUTE PROVENCE SERVENT DE PÂTURAGES AUX CHÈVRES ET AUX MOUTONS. LE LAIT DE CHÈVRE FORME LA BASE DE NOMBREUSES SPÉCIALITÉS FROMAGÈRES ET LA VIANDE DE MOUTON SE PRÊTE À DES PLATS RÉGIONAUX TELS QUE LE GIGOT FARCI.

LEO MEIER

Ile-de-France

POT-AU-FEU ET MIROTON

Le principe du pot-au-feu est toujours le même mais les ingrédients varient d'une région à l'autre. En Auvergne par exemple, on ajoute des feuilles de chou farcies, en Bourgogne de la queue de bœuf, en Champagne de la poule et du lapin, en Provence du jarret de veau... Le miroton ou mironton est l'un des nombreux apprêts des restes de viande cuits en pot-au-feu.

2,5 kg de bœuf : paleron, macreuse, gîte, milieu de poitrine,
    plat de côtes, mélangés
1 grosse carotte
3 gousses d'ail
1 bouquet garni : 1 feuille de laurier, 1 brin de thym,
    6 brins de persil, 2 côtes de céleri avec leurs feuilles
1 oignon de 50 g
3 clous de girofle
1 cuil. à café de poivres mélangés
2 cuil. à café de gros sel de mer
Pour les légumes :
18 petites carottes
12 petits navets
12 blancs de poireaux
12 petites pommes de terre
3 cœurs de céleri
Pour le miroton :
500 g de bœuf bouilli, reste de pot-au-feu
250 g d'oignons
1 dl de bouillon de pot-au-feu
1 cuil. à soupe de vinaigre de vin vieux
2 cuil. à soupe de chapelure blonde
25 g de beurre
sel, poivre

❦ Préparez le pot-au-feu : pelez la carotte et lavez-la, avec la côte de céleri. Coupez la carotte en 4 tronçons. Liez les éléments du bouquet garni. Pelez l'oignon et piquez-le des clous de girofle.

❦ Mettez les viandes dans une grande marmite. Ajoutez la carotte, l'oignon, le bouquet garni, le sel, le poivre, et les gousses d'ail entières. Couvrez largement d'eau froide. Amenez lentement le liquide à ébullition puis laissez cuire à tout petits frémissements pendant 4 à 5 h, jusqu'à ce que la viande soit très tendre, en écumant pendant la première demi-heure.

❦ Lorsque la viande est cuite, éteignez le feu. Retirez du bouillon les légumes et les aromates. Laissez reposer le bouillon 30 mn environ et retirez le gras qui surnage, à l'aide d'une cuillère. Si vous en avez le temps, laissez reposer le bouillon plusieurs heures : il ne restera plus du tout de gras en suspension dans le bouillon et toutes les impuretés se déposeront au fond de la marmite. Le bouillon sera parfaitement clair.

❦ Préparez les légumes : pelez les carottes, les navets, les pommes de terre et les poireaux. Lavez-les, avec les cœurs de céleri, et laissez-les entiers.

❦ Faites bouillir de l'eau dans une grande casserole, ajoutez les légumes, faites-les cuire 10 mn puis égouttez-les. Mettez-les dans une sauteuse antiadhésive de 28 cm et couvrez-les à demi de bouillon dégraissé. Couvrez et laissez cuire les légumes à feu doux, jusqu'à ce qu'ils soient tendres, pendant 15 à 20 mn environ, et qu'il n'y ait plus de liquide dans la sauteuse.

❦ Faites réchauffer le bouillon et la viande. Servez le bouillon en tasses, la viande sur un plat, coupée en tranches et entourée de légumes.

❦ Préparez le miroton : allumez le four, thermostat 8. Pelez les oignons et hachez-les menu. Émiettez finement la viande du pot-au-feu.

❦ Faites fondre le beurre dans une sauteuse antiadhésive de 26 cm et faites-y blondir les oignons sur feu doux, en les

PETER JOHNSON

POT-AU-FEU

remuant sans cesse pendant 10 mn environ. Salez, poivrez et ajoutez la viande. Mélangez 5 mn, jusqu'à ce qu'elle dore légèrement puis arrosez de vinaigre. Laissez-le s'évaporer à feu vif puis versez le bouillon. Laissez mijoter 10 mn à découvert, en remuant de temps en temps, jusqu'à ce que le bouillon s'évapore.

❦ Répartissez le hachis dans un plat à four, sur 2 cm d'épaisseur. Parsemez de chapelure et glissez dans le four chaud. Laissez cuire 5 mn environ, jusqu'à ce que le miroton soit gratiné. Servez aussitôt.

POUR 6 PERS.

Ile-de-France

BŒUF À LA FICELLE

Le bœuf à la ficelle vient sans doute du « pélican à la ficelle ». Le pélican, muscle jumeau de l'onglet, mais côté cœur, donc atrophié, était réservé aux tueurs de bœufs qui, à la fin de l'abattage, allaient faire cuire ce morceau de viande, dans un restaurant du quartier de la Villette, dans une grande marmite d'eau salée bouillante. Pour le reconnaître, chaque boucher l'attachait avec une ficelle portant son numéro. Aussitôt cuits, les pélicans étaient dégustés avec du gros sel.

4 pavés de bœuf de 150 g chacun, de 3 cm d'épaisseur :
    cœur de rumsteck, filet ou queue de filet
3 litres de bouillon de pot-au-feu
sel, poivre
Pour servir :
gros sel
moutardes diverses
cornichons

❦ Ficelez les pavés de bœuf en croix, en formant au centre une boucle de 6 cm de long. Salez-les et poivrez-les.

❦ Versez le bouillon dans une cocotte de 4 litres et portez-le à ébullition.

❦ Faites glisser les boucles des ficelles des pavés de viande sur le manche d'une cuillère en bois. Placez la cuillère sur la cocotte : les pavés en suspension dans l'eau en ébullition cuiront parfaitement. Comptez 4 mn pour une cuisson rosée. Retirez les pavés de la cocotte et répartissez-les dans quatre assiettes chaudes. Servez aussitôt, accompagné de gros sel, moutardes, cornichons...

POUR 4 PERS.

BŒUF À LA FICELLE (en haut), NAVARIN PRINTANIER (en bas à droite, recette page 172) ET BLANQUETTE DE VEAU (en bas à gauche, recette page 174), PHOTOGRAPHIÉS EN ILE-DE-FRANCE.
PIERRE HUSSENOT/AGENCE TOP

PETER JOHNSON

BŒUF À LA GORDIENNE

Provence

BŒUF À LA GORDIENNE

1,8 kg de bœuf à braiser : gîte, macreuse ou paleron
150 g de couenne fraîche dégraissée
200 g de poitrine fumée
250 g de carottes moyennes
75 cl de vin rouge des côtes du Rhône
5 cl de vinaigre de vin vieux
4 gousses d'ail
1 oignon de 100 g
1 bouquet garni : 1 brin de thym, 1 brin de sauge, 1 feuille
   de laurier, 2 côtes de céleri, 2 lanières de zeste d'orange
   séché
2 clous de girofle
4 pincées de noix muscade râpée
3 cuil. à soupe d'huile d'olive
sel, poivre

🐝 Coupez la viande en cubes de 5 cm de côté. Pelez les
gousses d'ail et coupez-les en quatre. Pelez l'oignon et piquez-le
des clous de girofle. Liez les éléments du bouquet garni.
🐝 Mettez les cubes de viande dans un grand saladier et
couvrez-les de vin et de vinaigre. Ajoutez le bouquet garni,
l'ail et l'oignon, couvrez et laissez mariner 12 h au réfrigérateur.
🐝 Au bout de ce temps, allumez le four, thermostat 4. Coupez
la couenne en carrés de 2 cm. Plongez-les 2 mn dans de l'eau
bouillante puis égouttez-les. Tapissez des deux tiers de la
couenne une cocotte en fonte d'une contenance de 4 litres.
🐝 Pelez les carottes, lavez-les, coupez-les en rondelles de
1/2 cm d'épaisseur. Faites chauffer l'huile dans une sauteuse
antiadhésive de 28 cm. Ajoutez les rondelles de carotte et
faites-les dorer à feu vif, 7 à 8 mn environ, jusqu'à ce qu'elles
caramélisent. Poudrez-les de sel et de noix muscade. Retirez-les
avec une écumoire et réservez-les dans une assiette.
🐝 Égouttez les cubes de viande et épongez-les. Coupez la
poitrine fumée en fins bâtonnets. Dans l'huile de cuisson des
carottes, faites blondir la viande et les bâtonnets de poitrine
fumée pendant 5 mn.
🐝 Mettez la viande et les lardons dans la cocotte et entourez-la
de carottes. Couvrez la viande du reste de couenne et arrosez
de marinade. Ajoutez le bouquet garni, l'ail et l'oignon. Salez
et poivrez.
🐝 Couvrez la cocotte d'un papier sulfurisé huilé et posez le
couvercle par-dessus. Mettez la cocotte au four et laissez cuire
5 h.

🐝 Au bout de ce temps, retirez l'oignon, l'ail et le bouquet
garni de la cocotte. Servez la viande avec carottes, lardons et
couenne, nappés de jus court et sirupeux (vous pouvez le faire
réduire quelques minutes à feu vif). Servez aussitôt.

POUR 6 PERS.

Île-de-France

BŒUF MODE

1 pièce de bœuf de 2 kg, lardée et ficelée par le boucher :
   culotte, macreuse, tranche, paleron...
2 pieds de veau coupés en deux
100 g de couenne fraîche dégraissée
75 cl de vin blanc sec
1 dl de cognac
30 oignons grelots
10 petites carottes
1 gros oignon
1 grosse carotte
1 bouquet garni : 1 feuille de laurier, 1 brin de thym,
   6 tiges de persil
3 gousses d'ail
3 clous de girofle
1/2 cuil. à café de quatre-épices
3 cuil. à soupe d'huile
25 g de beurre
sel, poivre

🐝 Épongez la pièce de viande. Mélangez sel, poivre et
quatre-épices et roulez la viande dans ce mélange. Mettez-la
dans un récipient à peine plus grand qu'elle et arrosez-la de
cognac et de vin : elle doit en être entièrement recouverte.
Couvrez et laissez mariner 12 h au réfrigérateur en retournant
la viande de temps en temps.
🐝 Au bout de 12 h, retirez la viande de la marinade et
épongez-la. Réservez la marinade.
🐝 Faites bouillir de l'eau dans une grande casserole et
plongez-y les pieds de veau et la couenne. Laissez bouillir
5 mn puis égouttez les pieds de veau et la couenne et
rafraîchissez-les sous l'eau courante ; coupez la couenne en
gros carrés. Pelez le gros oignon et piquez-le des clous de
girofle. Pelez la grosse carotte, lavez-la et coupez-la en
rondelles. Liez les éléments du bouquet garni.
🐝 Faites chauffer 2 cuillerées à soupe d'huile dans une cocotte
ovale pouvant largement contenir la viande. Faites dorer la
viande de tous côtés pendant 10 mn puis ajoutez la carotte et
mélangez 2 mn. Ajoutez les pieds de veau, la couenne, le
bouquet garni, l'oignon piqué des clous de girofle, et les gousses
d'ail entières. Versez le vin : la viande doit en être couverte ;
si ce n'est pas le cas, complétez avec du vin, de l'eau ou du
bouillon de pot-au-feu. Salez, poivrez et portez à ébullition.
Laissez cuire à tous petits frémissements pendant 5 h.
🐝 Pendant ce temps, pelez les oignons grelots et les petites
carottes. Lavez les carottes et coupez-les en rondelles de 1 cm.
Faites chauffer le reste d'huile dans une sauteuse antiadhésive
de 28 cm et ajoutez le beurre. Dès qu'il est fondu, faites-y
dorer les oignons et les carottes en les remuant sans cesse avec
une spatule, pendant 5 mn environ. Ajoutez sel, poivre et
sucre et mélangez encore 2 mn, jusqu'à ce qu'ils caramélisent.
Arrosez-les ensuite de 2 dl de bouillon de cuisson de la viande
et laissez cuire 20 mn à feu doux, jusqu'à ce qu'ils soient
tendres.
🐝 Au bout de 5 h de cuisson, retirez la cocotte du feu.
Désossez les pieds de veau et coupez la chair en carrés de
1 cm. Coupez la couenne de la même façon. Égouttez la viande
et mettez-la sur un plat de service. Entourez-la de viande de
veau et de couenne, ainsi que de carottes et oignons glacés.
Gardez au chaud.

BŒUF MODE

en les retournant avec deux spatules. Retirez-les de la cocotte et réservez-les dans un plat creux.

❧ Ajoutez le beurre dans la cocotte et, dès qu'il est fondu, les légumes hachés. Mélangez. Couvrez et laissez cuire à feu très doux, 10 mn, jusqu'à ce que les légumes soient très tendres mais non dorés. Remettez les paupiettes dans la cocotte et arrosez de vin. Laissez-le bouillir 15 mn, afin qu'il réduise et devienne sirupeux. Versez alors la purée de tomates. Si les paupiettes n'en sont pas recouvertes complétez avec de l'eau. Salez. Sucrez. Poivrez. Mélangez. Couvrez la cocotte et laissez cuire 3 h, à feu très doux, en mélangeant plusieurs fois.

❧ Au bout de ce temps, retirez les paupiettes de la cocotte et réservez-les dans un plat creux tenu au chaud. Laissez réduire la sauce à feu modéré, jusqu'à ce qu'elle soit onctueuse, pendant environ 10 mn.

❧ Pendant que la sauce réduit, retirez les ficelles des paupiettes. Faites-les réchauffer 5 mn dans la sauce puis versez le tout dans le plat. Servez aussitôt.

POUR 8 PERS.

❧ Filtrez le bouillon de cuisson — il est très court, parfumé et sirupeux — et versez-le en saucière. Servez aussitôt : chaque convive dégustera une tranche de viande de bœuf, quelques dés de viande de veau et couenne, les petits légumes glacés, le tout arrosé de bouillon.

POUR 8-10 PERS.

Provence

ALOUETTES SANS TÊTE

La forme de ces paupiettes rappelle celle de petits oiseaux auxquels ont aurait retiré la tête. D'où le nom de la recette.

1,8 kg de rumsteck coupé en tranches de 1 cm d'épaisseur
2 kg de purée de tomates
2 dl de vin rouge
18 tranches de jambon cru de 20 g chacune
30 g de persil plat ciselé
60 g de mie de pain de mie
2 gousses d'ail
100 g de carottes
150 g d'oignons
2 côtes tendres de céleri
6 pincées de noix muscade râpée
1/2 cuil. à café de sucre semoule
3 cuil. à soupe d'huile d'olive
25 g de beurre
sel, poivre

❧ Coupez chaque tranche de viande en rectangles de 100 g chacun. Coupez les tranches de jambon en deux, dans la largeur. Réduisez le pain en fine semoule au robot. Pelez les gousses d'ail et coupez-les en deux. Hachez-les finement et mettez-les dans un bol avec la mie de pain, la noix muscade, le persil et poivrez abondamment. Mélangez.

❧ Posez un rectangle de viande sur une planche et couvrez-le de deux demi-tranches de jambon, tête-bêche. Étalez par-dessus, jusqu'à 1 cm des bords, 1/18ᵉ de hachis. Roulez la viande sur elle-même, par le plus petit côté. Ficelez le petit paquet obtenu, avec du fil de cuisine. Faites de même avec le reste des ingrédients : vous obtenez 18 paupiettes. Pelez les carottes et les oignons. Lavez les carottes et les côtes de céleri. Hachez finement ces trois légumes.

❧ Faites chauffer l'huile dans une cocotte de 6 litres. Faites revenir les paupiettes, en deux ou trois fois, sans les faire dorer,

161

Flandres

CARBONADES FLAMANDES

En Flandres, la plupart des viandes sont servies avec des pommes de terre frites, et les carbonades n'échappent pas à la règle. Mais vous pouvez les accompagner de pommes vapeur ou de purée.

1,8 kg de bœuf à braiser : aiguillette, basse côte, macreuse
   ou paleron
1/2 litre de bière brune
400 g d'oignons
1 tranche de pain de campagne de 100 g
2 cuil. à soupe de moutarde forte
2 cuil. à soupe de vinaigre de vin vieux
1 cuil. à soupe rase de cassonade
1 bouquet garni : 1 brin de thym, 1 feuille de laurier,
   6 tiges de persil
1 cuil. à soupe d'huile
25 g de beurre
sel, poivre

☘ Demandez à votre boucher de couper la viande en tranches de 1 cm puis en rectangles de 5 × 6 cm. Salez-les et poivrez-les. Pelez les oignons et émincez-les finement. Liez les éléments du bouquet garni. Parez la tranche de pain et tartinez-la de moutarde.
☘ Allumez le four, thermostat 4. Faites chauffer l'huile dans une sauteuse antiadhésive de 26 cm et faites-y juste saisir les tranches de viande sur feu vif, 2 mn de chaque côté. Réservez-les sur un plat. Faites fondre le beurre dans la sauteuse et ajoutez les oignons. Mélangez 5 mn, jusqu'à ce qu'ils soient blonds. Ajoutez la cassonade et laissez-les légèrement caraméliser. Arrosez-les de vinaigre et laissez-le s'évaporer à feu vif.
☘ Disposez viandes et oignons en les alternant dans une cocotte de 4 litres allant au four et glissez au centre le bouquet garni et la tranche de pain.
☘ Versez la bière dans la sauteuse et faites-la chauffer sur feu vif. Versez-la dans la cocotte : elle doit juste recouvrir la viande ; si ce n'est pas le cas, rajoutez-en un peu. Couvrez la cocotte et glissez-la au four. Laissez cuire 4 h sans y toucher.
☘ Au bout de ce temps, retirez la cocotte du four et retirez les tranches de viande. Mettez-les dans un plat creux tenu au chaud. Passez le jus, le pain et les oignons au moulin à légumes grille fine pour obtenir une sauce onctueuse. Faites-la réchauffer sur feu vif puis nappez-en la viande. Servez aussitôt.

POUR 6 PERS.

Corse

STUFATU

« Stufatu » signifie à l'étouffé en Corse. Ce terme s'applique à de nombreux plats mijotés.

1,250 kg de bœuf à braiser : macreuse, paleron...
250 g de jambon cru
1/4 de litre de vin blanc sec
500 g de tomates mûres
250 g d'oignons
6 gousses d'ail
30 g de cèpes secs
1 bouquet garni : 1 feuille de laurier, 1 brin de thym, 1 brin
   de romarin, 6 tiges de persil
4 pincées de noix muscade râpée
4 cuil. à soupe d'huile d'olive
sel, poivre
Pour servir :
350 g de grosses pâtes, fraîches ou sèches

50 g de beurre
100 g de fromage râpé : brebis corse ou parmesan
sel, poivre

☘ Coupez la viande et le jambon en dés de 2 cm. Pelez les oignons et émincez-les finement. Pelez les gousses d'ail et hachez-les menu. Liez les éléments du bouquet garni. Ébouillantez les tomates 10 secondes, puis rafraîchissez-les sous l'eau courante, pelez-les, coupez-les en deux et éliminez-en les graines ; hachez grossièrement la pulpe.
☘ Faites chauffer l'huile dans une cocotte de 4 litres et faites-y revenir viande, jambon, oignons et ail, en les tournant sans cesse avec une spatule, pendant 5 mn environ. Ajoutez les tomates, le vin blanc et le bouquet garni. Mélangez. Salez légèrement, poivrez, ajoutez la noix muscade et, dès l'ébullition, couvrez et laissez cuire 1 h.
☘ Pendant ce temps, mettez les champignons dans un bol et couvrez-les de 1/2 litre d'eau tiède. Laissez-les gonfler.
☘ Au bout de 1 h de cuisson de la viande, ajoutez les cèpes dans la cocotte avec leur eau de trempage, en la filtrant. Laissez cuire encore 2 h.
☘ Lorsque la viande est cuite, ôtez le bouquet garni. Préparez les pâtes : faites bouillir de l'eau dans une grande casserole, salez-la et plongez-y les pâtes. Laissez-les cuire *al dente* puis égouttez-les et mettez-les dans un plat creux. Ajoutez le beurre et mélangez. Nappez de la moitié de la sauce de la viande et mélangez bien. Poivrez et servez aussitôt la viande nappée de sauce et accompagnée de pâtes que vous saupoudrerez de fromage râpé au moment de déguster.

POUR 6 PERS.

Languedoc

BROUFADO

1,8 kg de bœuf : paleron, macreuse, culotte mélangés
1/2 litre de vin blanc sec
5 cl de cognac
4 cuil. à soupe de vinaigre de vin vieux
1 cuil. à café d'arrow-root
2 oignons de 100 g chacun
3 cuil. à soupe de câpres égouttées
3 anchois au sel
4 petits cornichons
1 bouquet garni : 1 brin de thym, 1 feuille de laurier,
   6 tiges de persil
4 cuil. à soupe d'huile d'olive
sel, poivre

☘ Coupez les viandes en cubes de 5 cm de côté. Pelez les oignons et émincez-les finement.
☘ Versez 2 cuillerées à soupe d'huile, le vinaigre, le vin et le cognac dans un saladier. Ajoutez les oignons et les viandes, et mélangez bien. Couvrez le saladier et mettez-le au réfrigérateur. Laissez mariner 12 h.
☘ Au bout de ce temps, allumez le four, thermostat 4. Versez le contenu de la terrine dans une cocotte de 4 litres. Pelez les gousses d'ail, coupez-les en deux et ajoutez-les dans la cocotte avec la marinade, le bouquet garni, sel et poivre. Portez à ébullition puis retirez du feu. Couvrez la cocotte et glissez-la dans le four chaud. Laissez cuire 4 h.
☘ Pendant la cuisson de la viande, coupez les cornichons en fines rondelles. Rincez les câpres et égouttez-les. Frottez les anchois sous l'eau courante afin d'éliminer tout le sel puis levez-en les filets et coupez ceux-ci en 4 morceaux.
☘ Au bout de 4 h de cuisson, ajoutez les câpres et les anchois dans la cocotte et laissez cuire encore 1 h.
☘ Au bout de ce temps, retirez la cocotte du four et égouttez

STUFATU (en bas), BROUFADO (au centre) ET CARBONADES FLAMANDES (en haut).

les morceaux de viande avec une écumoire. Réservez-les sur un plat. Éliminez le bouquet garni.

Délayez la fécule dans 2 cuillerées à soupe d'eau froide et versez ce mélange dans la sauce bouillante. Laissez bouillir 2 mn, en remuant jusqu'à ce que la sauce épaississe. Ajoutez les anchois, mélangez et remettez la viande dans la cocotte. Laissez frémir 5 mn et servez chaud dans la cocotte.

POUR 6 PERS.

Bourgogne

BŒUF BOURGUIGNON

1,8 kg de bœuf à braiser : culotte, gîte, paleron
75 cl de vin rouge de Bourgogne
3 cuil. à soupe de marc de Bourgogne
250 g de poitrine demi-sel
36 oignons grelots
36 petits champignons de Paris
2 cuil. à café d'arrow-root
1 cuil. à soupe de jus de citron
1 cuil. à soupe d'huile
50 g de beurre
sel, poivre

Rincez la poitrine demi-sel sous l'eau courante puis coupez-la en fins bâtonnets. Ébouillantez-les 5 mn puis égouttez-les et rincez-les. Pelez les oignons.

Faites chauffer l'huile dans une cocotte de 6 litres et faites-y blondir les bâtonnets de poitrine demi-sel à feu doux, pendant 5 mn environ, en tournant sans cesse. Retirez les lardons de la cocotte avec une écumoire et réservez-les dans un bol.

Ajoutez 20 g de beurre dans la cocotte et faites-y blondir les petits oignons, à feu très doux, en les tournant pendant 10 mn environ. Retirez-les avec l'écumoire et ajoutez-les aux lardons.

Coupez la viande en cubes de 5 cm de côté et faites-les dorer pendant 5 mn environ, en les tournant sans cesse. Faites-les cuire en plusieurs fois afin qu'ils ne se chevauchent pas dans la cocotte. Retirez-les au fur et à mesure et réservez-les dans un saladier.

Jetez le gras de cuisson contenu dans la cocotte et versez-y le marc et 1 mn plus tard le vin en remuant avec la spatule afin de déglacer les sucs de cuisson de la viande. Enflammez le vin et dès que la flamme s'est éteinte, remettez la viande dans la cocotte. Dès la reprise de l'ébullition, couvrez et laissez cuire 3 h à feu très doux.

Pendant ce temps, coupez le pied terreux des champignons, rincez-les et épongez-les. Faites fondre le reste de beurre dans une sauteuse antiadhésive de 26 cm et ajoutez les champignons et le jus de citron. Salez, poivrez et faites cuire les champignons jusqu'à ce qu'ils soient dorés et ne rendent plus d'eau.

Au bout de 3 h de cuisson, ajoutez lardons, oignons et champignons dans la cocotte. Laissez cuire encore 1 h, toujours à feu doux et à couvert.

Au bout de 4 h de cuisson, retirez la viande, les lardons, les oignons et les champignons avec une écumoire et réservez-les dans une casserole. Délayez la fécule dans 2 cuillerées à soupe d'eau froide et versez ce mélange dans la sauce en ébullition. Laissez bouillir 1 mn 30 à feu vif, jusqu'à ce que la sauce soit onctueuse et veloutée. Remettez la viande et sa garniture dans la cocotte, laissez chauffer 2 mn puis versez le bœuf bourguignon dans un plat creux. Servez aussitôt.

POUR 8 PERS.

BŒUF BOURGUIGNON

PETER JOHNSON

Maine

POTHINE DE BŒUF

Les viandes en « pothine » sont une préparation typique du Maine. La pothine ou pothin est la lourde cocotte en fonte où mijotaient les viandes, dans la cheminée ou sur le bord du fourneau.

1 pièce de bœuf de 1,8 kg : culotte, macreuse, tranche,
   paleron...
100 g de jambon cru
100 g de poitrine de porc fraîche
1 pied de veau coupé en deux
100 g de couenne fraîche dégraissée
1 dl de calvados
1/4 de litre de vin blanc sec
1/4 de litre de bouillon de pot-au-feu
1 bouquet garni : 1 brin de thym, 1 feuille de laurier,
   6 tiges de persil
1 oignon de 100 g
2 gousses d'ail
2 clous de girofle
2 cuil. à soupe d'huile
sel, poivre

Demandez à votre boucher de larder la pièce de viande avec le jambon et la poitrine de porc, et de la ficeler. Épongez la pièce de viande. Liez les éléments du bouquet garni. Pelez l'oignon et piquez-le des clous de girofle. Pelez les gousses d'ail et coupez-les en deux.

Faites bouillir de l'eau dans une casserole et plongez-y le pied de veau et la couenne. Laissez bouillir 5 mn puis égouttez pied et couenne, et rafraîchissez-les sous l'eau courante ; coupez la couenne en gros carrés.

Allumez le four, thermostat 4. Faites chauffer l'huile dans une cocotte ovale pouvant largement contenir la viande. Faites-la dorer de tous côtés pendant 10 mn. Ajoutez le pied de veau, la couenne, le bouquet garni, l'oignon piqué des clous de girofle, et les gousses d'ail. Versez le bouillon, le calvados et le vin : la viande doit être couverte ; si ce n'est pas le cas, complétez avec du vin ou du bouillon. Salez, poivrez et portez à ébullition. Glissez la cocotte au four et laissez cuire 5 h.

Au bout de ce temps, retirez la cocotte du four. Désossez les pieds de veau et coupez la chair en carrés de 1 cm. Coupez la couenne de la même façon. Égouttez la viande et mettez-la sur un plat de service. Entourez-la de viande de veau et de couenne. Gardez au chaud.

Filtrez le jus de cuisson — il est très court, parfumé et sirupeux ; si ce n'est pas le cas, laissez-le réduire quelques minutes à feu vif — et versez-le en saucière. Servez aussitôt : chaque convive dégustera une tranche de viande de bœuf, quelques dés de veau et de couenne, le tout arrosé de jus.

POUR 8 PERS.   *Photos pages 152-153*

Lyonnais

GRILLADE DES MARINIERS

Cette recette porte le nom de grillade car la viande est coupée fine, comme pour des grillades. Quant aux mariniers, il s'agit de ceux qui remontaient le Rhône : ils emportaient ce plat tout prêt dans leur bateau où ils n'avaient plus qu'à le réchauffer avant de le déguster.

1,8 kg de rumsteck
1 kg d'oignons
4 anchois au sel
4 gousses d'ail
1 feuille de laurier

PETER JOHNSON

GRILLADE DES MARINIERS

1 lanière de zeste d'orange séché de 5 cm
2 clous de girofle
4 pincées de noix muscade râpée
2 cuil. à soupe de vinaigre de vin vieux
5 cuil. à soupe d'huile d'olive
sel, poivre

Demandez à votre boucher de couper la viande en tranches de 100 g environ d'1/2 cm d'épaisseur. Épongez-les.

Versez dans un saladier 3 cuillerées à soupe d'huile, le vinaigre, le laurier émietté, le zeste d'orange, les clous de girofle, sel, poivre et noix muscade. Émulsionnez à la fourchette, ajoutez la viande et mélangez bien afin que chaque tranche soit enrobée d'émulsion parfumée. Couvrez le saladier et mettez-le au réfrigérateur. Laissez mariner 12 h.

Au bout de ce temps, allumez le four, thermostat 4. Retirez le saladier du réfrigérateur. Pelez 3 gousses d'ail et passez-les au presse-ail au-dessus d'un second saladier. Pelez les oignons, émincez-les très finement et ajoutez-les dans le second saladier. Salez, poivrez et mélangez.

Huilez une cocotte de 4 litres avec 1 cuillerée à soupe d'huile et étalez-y une couche d'oignons.

Couvrez d'une couche de viande et continuez ainsi en terminant par des oignons. Versez la marinade contenue dans le premier saladier, en éliminant le zeste d'orange. Couvrez la cocotte et glissez-la au four. Laissez cuire 4 h.

Au bout de ce temps, préparez les anchois : frottez-les sous l'eau courante afin d'éliminer le sel puis levez-en les filets et mettez-les dans le bol d'un robot. Pelez la dernière gousse d'ail et ajoutez-la dans le bol. Versez la dernière cuillerée d'huile et 4 cuillerées de jus prélevé dans la cocotte. Mixez jusqu'à obtention d'une pâte. Versez-la dans la cocotte, mélangez et laissez mijoter 3 mn. Servez aussitôt dans la cocotte.

POUR 6 PERS.

Bretagne

KIG-HA-FARZ

Ce plat traditionnel breton était autrefois servi lors des fêtes familiales. Chaque maîtresse de maison conservait précieusement les sacs de toile blanche où était enfermé le farz et qui, après chaque utilisation, étaient bouillis à l'eau et séchés au soleil. Ils étaient ensuite rangés dans l'armoire à linge jusqu'à l'utilisation suivante.

1,5 kg de bœuf à braiser : gîte, macreuse, paleron
500 g de poitrine de porc fraîche
1 chou vert
6 carottes
6 navets
3 poireaux
1 cœur de céleri
1 oignon
1 bouquet garni : 1 feuille de laurier, 1 brin de thym,
   6 tiges de persil, 3 côtes de céleri
3 clous de girofle
1 cuil. à café de grains de poivres mélangés
1/2 cuil. à café de graines de coriandre
1 cuil. à soupe de gros sel de mer
20 g de beurre demi-sel
Pour le farz :
250 g de farine de sarrasin
60 g de beurre demi-sel
1 dl de lait
100 g de crème fraîche épaisse
100 g de raisins de Smyrne
1 cuil. à café de sucre semoule
1 œuf

❦ Versez 4 litres d'eau dans une grande marmite et portez à ébullition. Plongez-y la viande de bœuf et laissez cuire 15 mn à petits frémissements, en écumant régulièrement.
❦ Liez les éléments du bouquet garni. Pelez l'oignon et piquez-le des clous de girofle.
❦ Au bout de 15 mn de cuisson, ajoutez dans la marmite la poitrine de porc, le bouquet garni, l'oignon, sel, poivre et coriandre. Couvrez et laissez cuire 2 h à petits frémissements.
❦ Pendant ce temps, préparez les légumes : pelez carottes et navets, lavez-les et épongez-les. Retirez la partie trop verte des poireaux ; lavez-les, épongez-les, coupez-les en deux — une partie blanche et l'autre vert tendre — et liez-les en deux bottes. Lavez le cœur de céleri. Coupez le chou en quatre, lavez-le et ôtez le centre dur.
❦ Préparez le farz : prélevez 2 dl de bouillon de cuisson de la viande, mettez-le dans une petite casserole et faites-y fondre le beurre. Tamisez la farine dans un saladier. Ajoutez-y le contenu de la casserole, le lait, la crème, l'œuf et le sucre et mélangez avec une spatule, jusqu'à obtention d'une pâte homogène. Ajoutez les raisins et mélangez encore. Enfermez la pâte obtenue dans un carré de tissu de coton blanc et fermez les deux extrémités, sans trop serrer le farz, avec du fil de cuisine.
❦ Au bout de 2 h 30 de cuisson de la viande ajoutez dans la marmite poireaux, carottes et navets. Laissez reprendre l'ébullition puis ajoutez le farz. Laissez cuire encore 1 h 30 à petits frémissements.
❦ Pendant ce temps, faites cuire le chou : ébouillantez-le 5 mn puis égouttez-le et mettez-le dans une sauteuse antiadhésive de 26 cm avec le beurre, sel et poivre. Couvrez et laissez cuire 1 h à feu très doux, jusqu'à ce qu'il soit très tendre. Réservez au chaud.
❦ Lorsque viandes, légumes et farz sont cuits, retirez-les de la marmite et filtrez le bouillon que vous versez dans une soupière. Coupez les viandes en tranches et mettez-les sur un plat en les entourant de légumes et du farz débarrassé de son emballage et grossièrement émietté. Servez aux convives viandes, légumes et farz qu'ils arroseront de bouillon avant de déguster.

POUR 6 PERS.

Ile-de-France

STEAK AU POIVRE

Créé vers 1920 dans les cuisines du Trianon Palace à Versailles, le steak au poivre est devenu un grand classique. Pour relever une viande venue d'Argentine, très tendre mais peu goûteuse, le chef Émile Lerch eut l'idée de l'enrober dans du poivre concassé avant de la faire cuire. Aujourd'hui le poivre concassé, « mignonnette », est aussi appelé poivre à steak.

1 tranche de rumsteck ou faux filet de 400 g et de 3 cm
   d'épaisseur
1 cuil. à soupe de poivre mignonnette
50 g de crème fraîche épaisse
2 cuil. à soupe de fine champagne
50 g de beurre
sel

❦ Demandez à votre boucher de parer la viande et de la couper en deux steaks égaux. Épongez-les et salez-les. Mettez le poivre dans une assiette et passez-y les steaks des deux côtés.
❦ Faites fondre la moitié du beurre dans une poêle de 24 cm. Faites-y cuire les steaks 2 ou 3 mn de chaque côté selon que vous les aimez saignants ou à point. Versez alors la fine champagne et flambez les steaks. Dès que la flamme s'est éteinte, retirez les steaks de la poêle et réservez-les sur un plat tenu au chaud.
❦ Jetez le beurre de cuisson contenu dans la poêle et mettez-y la crème. Laissez-la bouillir 1 mn à feu vif puis incorporez le reste de beurre en fouettant vivement.
❦ Nappez les steaks de sauce et servez aussitôt.

POUR 2 PERS.

STEAK AU POIVRE

CI-CONTRE : KIG-HA-FARZ (en haut à gauche)
ET GIGOT À LA BRETONNE (en bas à droite, recette page 170),
PHOTOGRAPHIÉS EN BRETAGNE.
PIERRE HUSSENOT/AGENCE TOP

Flandres

HOCHEPOT

Dans hochepot, on retrouve le mot « pot », qui indique la cuisson dans un même ustensile — le pot — de viandes et de légumes divers. Ce pot-au-feu des Flandres est parfois enrichi de queue de porc et de lard salé.

1 kg de queue de bœuf
750 g de plat de côtes de bœuf
750 g d'épaule d'agneau
250 g de poitrine de porc demi-sel
1 oreille de porc
1 saucisson à cuire, non fumé
1 chou vert
1 céleri-rave
8 petites carottes
8 petits navets
8 poireaux
8 pommes de terre moyennes
1 céleri en branches
1 bouquet garni : 2 feuilles de laurier, 1 brin de thym,
    10 tiges de persil
1 oignon de 100 g
3 clous de girofle
2 gousses d'ail
10 baies de genièvre
10 grains de poivres mélangés
sel, poivre
Pour servir :
pain grillé
emmental râpé

❧ Demandez à votre boucher de couper la queue de bœuf en tronçons de 4 cm. Rincez les viandes et épongez-les.

❧ Mettez la queue de bœuf, le plat de côtes, l'épaule, la poitrine et l'oreille de porc dans une grande marmite. Couvrez largement d'eau froide et portez à ébullition. Laissez cuire 5 mn puis égouttez les viandes et jetez l'eau.

❧ Remettez les viandes dans la marmite et couvrez-les largement d'eau froide. Portez à ébullition sur feu doux.

❧ Pelez carottes, navets et céleri-rave et lavez-les. Lavez le céleri en branches. Nettoyez les poireaux et ficelez-les en deux bottes. Pelez l'oignon et piquez-le des clous de girofle. Pelez les gousses d'ail et écrasez-les de la main. Liez les éléments du bouquet garni.

❧ Ajoutez les légumes, l'ail, le bouquet garni, les baies de genièvre et les grains de poivre dans la marmite et laissez cuire 2 h à petits frémissements.

❧ Pendant ce temps, pelez les pommes de terre, lavez-les et épongez-les. Coupez le chou en quatre et ôtez le centre dur. Ébouillantez-le 5 mn puis mettez-le dans une sauteuse antiadhésive de 26 cm, avec les pommes de terre. Salez. Ajoutez 1 dl de bouillon de cuisson des viandes et laissez cuire 20 mn environ, en ajoutant éventuellement un peu de bouillon, à feu doux et à couvert, jusqu'à ce que le chou et les pommes de terre soient tendres.

❧ 45 mn avant la fin de la cuisson des viandes, piquez le saucisson avec une fourchette et ajoutez-le dans la marmite.

❧ Lorsque viandes et légumes sont cuits, retirez-les du feu. Égouttez les viandes et coupez-les en tranches de 2 cm. Dressez-les sur un plat creux et entourez-les de légumes bouillis et de pommes de terre et chou. Arrosez le tout d'un peu de bouillon. Filtrez le reste du bouillon et versez-le dans une soupière. Servez le bouillon chaud, tel quel ou avec du pain grillé et du fromage, avant les viandes et les légumes.

POUR 8 PERS.   *Photos pages 6-7*

Île-de-France

ENTRECÔTES BERCY, POMMES FRITES

Le quartier de Bercy à Paris, qui abrita pendant longtemps le plus important marché aux vins d'Europe, donna son nom à la préparation Bercy, à base de vin et d'échalotes, à la mode dans tous les restaurants parisiens vers 1820. C'est à la même époque que des « marchands de frites » ambulants, des « friteurs », vendaient autour du Pont-Neuf des pommes de terre plongées dans la friture et qui s'appelaient alors « pommes Pont-Neuf ». Peu à peu, les marchands se répandirent dans Paris et l'appellation « pommes Pont-Neuf » se perdit au profit de « frites » ou « pommes frites ».

2 entrecôtes de 600 g chacune
100 g de moelle de bœuf
100 g de beurre
1 dl de vin blanc sec
4 échalotes grises
1 cuil. à soupe de persil plat ciselé
1 cuil. à soupe d'huile
sel, poivre
Pour les pommes frites :
1 kg de pommes de terre bintje
2 litres environ d'huile d'arachide
sel

❧ Préparez les pommes frites : pelez les pommes de terre, lavez-les et coupez-les en bâtonnets de 5 à 6 cm de long et 1 cm de section. Rincez-les sous l'eau froide et épongez-les dans un torchon.

❧ Faites chauffer l'huile dans une bassine à friture. Dès qu'elle frémit, mettez les pommes de terre dans le panier à friture et plongez-le dans l'huile. Laissez cuire quelques minutes, le temps que les pommes de terre deviennent jaune paille. Retirez alors le panier et laissez-les en attente jusqu'au moment de servir. Maintenez l'huile à 180 °C, la température idéale de cuisson, lorsque l'huile frémit. Selon la taille de votre bassine à friture, les frites seront mises à cuire en une ou plusieurs fois.

❧ Préparez les entrecôtes : vous aurez demandé à votre boucher de les parer. Épongez-les. Salez-les et poivrez-les. Pelez les échalotes et hachez-les menu.

❧ Coupez la moelle en cubes de 1/2 cm et plongez-la dans une casserole d'eau frémissante. Laissez pocher la moelle 3 mn puis égouttez-la dans une passoire.

❧ Faites chauffer l'huile dans une poêle antiadhésive de 26 cm, ajoutez 25 g de beurre et, dès qu'il est fondu, faites-y cuire les entrecôtes 1 mn 30 à 2 mn 30 de chaque côté, selon la cuisson désirée. Retirez-les de la poêle et gardez-les au chaud. Jetez le gras de cuisson contenu dans la poêle et mettez-y les échalotes et le vin blanc. Laissez cuire sur feu vif, en remuant avec une spatule afin de déglacer les sucs de cuisson de la viande, jusqu'à ce qu'il vous reste 1 cuillerée à soupe de liquide. Retirez la poêle du feu et ajoutez le reste du beurre en noisettes, en fouettant pour qu'il devienne léger et mousseux. Ajoutez le persil et nappez les entrecôtes de ce beurre parfumé. Faites réchauffer les dés de moelle 30 secondes dans la poêle et parsemez-en la viande.

❧ Plongez à nouveau les frites dans l'huile chaude. Laissez-les cuire jusqu'à ce qu'elles soient dorées et croustillantes. Égouttez-les sur un papier absorbant, poudrez-les de sel et dressez-les sur un plat. Servez la viande sans attendre, accompagnée de pommes frites.

POUR 4 PERS.

Bretagne

GIGOT D'AGNEAU À LA BRETONNE

Les haricots blancs, l'un des légumes les plus renommés de Bretagne, entiers ou en purée, sont l'ingrédient principal de la préparation « à la bretonne ».

1 gigot paré de 1,7 kg
1,5 kg de haricots frais à écosser
1 oignon de 100 g
150 g de carottes
6 gousses d'ail
1 bouquet garni : 1 feuille de laurier, 1 brin de thym,
   6 tiges de persil
2 clous de girofle
2 cuil. à soupe d'huile d'arachide
25 g de beurre
sel, poivre

❧ Écossez les haricots. Pelez les carottes, lavez-les et hachez-les grossièrement. Pelez l'oignon et piquez-le des clous de girofle. Pelez 4 gousses d'ail et coupez-les en deux. Liez les éléments du bouquet garni.

❧ Mettez les haricots dans une marmite. Ajoutez l'oignon, les carottes, le bouquet garni et les demi-gousses d'ail. Couvrez largement d'eau. Posez la casserole sur feu doux et portez à ébullition. Laissez cuire 1 h 30 à petits frémissements, en salant 30 mn avant la fin.

❧ 1 h avant la fin de la cuisson des haricots, allumez le four, thermostat 9. Pelez les gousses d'ail et coupez chacune d'elles en 6 lamelles. Piquez le gigot avec la pointe d'un couteau et glissez une lamelle d'ail dans chaque fente. Huilez légèrement le gigot, salez-le et poivrez-le. Huilez un grand plat à four muni d'une grille et posez-y le gigot sur la grille, côté bombé vers le bas.

❧ Glissez le plat au four. Laissez cuire 20 mn puis retournez le gigot, baissez le thermostat à 8 et laissez cuire encore 25 mn, en vérifiant que le jus écoulé dans le plat ne brûle pas ; il doit seulement caraméliser. S'il brunit trop, ajoutez de temps en temps quelques cuillerées d'eau chaude dans le fond du plat.

❧ Après 45 mn de cuisson, un gigot de ce poids est cuit rosé. Retournez-le et laissez-le reposer 10 mn dans le four éteint.

❧ Lorsque les haricots sont cuits, égouttez-les et éliminez le bouquet garni, l'oignon et l'ail. Jetez la graisse contenue dans le plat de cuisson du gigot et ajoutez le beurre. Mettez les haricots dans le plat et mélangez afin que le beurre fonde et que le jus enrobe les haricots. Versez-les dans un plat creux. Posez le gigot sur un plat de service et servez à chaque convive une tranche de viande et des haricots.

POUR 6 PERS.   *Photo page 167*

Savoie

ÉPAULE D'AGNEAU À LA BOULANGÈRE

La cuisson de grosses pièces de viande se faisait autrefois dans le four du boulanger ; il est donc resté l'expression « à la boulangère ». On prépare ainsi épaule ou gigot d'agneau mais aussi des « rôtis » de poisson : cabillaud, lieu...

1 épaule d'agneau de 1,5 kg
1 kg de pommes de terre à chair ferme : roseval, BF15,
   charlottes
250 g d'oignons
3 gousses d'ail
50 g de beurre
sel, poivre

❧ Demandez à votre boucher de dégraisser et de désosser l'épaule. Salez-la et poivrez-la sur les deux faces et roulez-la. Ficelez-la.

❧ Allumez le four, thermostat 7. Beurrez avec la moitié du beurre toute la surface de la viande puis posez-la dans un plat pouvant largement la contenir.

❧ Lorsque le four est chaud, glissez-y le plat et laissez cuire 20 mn, en retournant souvent la viande afin qu'elle soit dorée de tous côtés.

❧ Pelez les oignons et émincez-les finement. Pelez les pommes de terre, lavez-les et épongez-les. Coupez-les en quatre dans la longueur. Faites fondre le reste de beurre dans une sauteuse antiadhésive de 26 cm et faites-y dorer oignons et pommes de terre pendant 10 mn, en les tournant avec une spatule. Salez et poivrez pendant la cuisson.

❧ Au bout de 20 mn de cuisson de la viande, ajoutez le mélange oignons-pommes de terre autour de la viande et mouillez de 5 cl d'eau. Laissez cuire 45 mn, jusqu'à ce que viande et légumes soient cuits.

❧ Coupez la viande en tranches en retirant la ficelle et mettez-la dans un plat de service. Entourez-la de légumes et servez chaud.

POUR 6 PERS.

ÉPAULE D'AGNEAU À LA BOULANGÈRE (en bas) ET DAUBE D'AVIGNON (en haut)

Provence

DAUBE D'AVIGNON

Le mot daube désigne un principe de cuisson : une viande ou une volaille longuement mijotée dans du vin, blanc ou rouge, avec des aromates. Une fois ce principe établi, on trouve une variété impressionnante de déclinaisons selon les villes et les villages. Nous avons ici la daube parfumée et moelleuse, que l'on déguste dans la jolie ville d'Avignon. Elle est le plus souvent accompagnée de pâtes légèrement beurrées qui sont nappées de jus de daube et saupoudrées de fromage râpé (emmental ou parmesan ou un mélange des deux).

1,5 kg de gigot d'agneau désossé et dégraissé
1 tranche de poitrine de porc demi-sel de 200 g
150 g de couenne de porc fraîche
1/4 de litre de vin rouge des côtes du Rhône
2 cuil. à soupe de cognac
1 lanière de zeste d'orange séché
1 feuille de laurier
1 brin de thym
2 clous de girofle
2 oignons
4 gousses d'ail
2 cuil. à soupe de persil plat ciselé
1 dl d'huile d'olive
sel, poivre

Pelez l'ail et les oignons, et hachez-les menu. Coupez la viande en cubes de 4 cm de côté.

Mettez ail et oignons hachés dans une terrine. Ajoutez la viande, le thym et le laurier en les émiettant entre vos doigts, le persil, les clous de girofle, l'huile, le vin et le cognac. Salez. Poivrez. Mélangez et laissez mariner 2 h à température ambiante.

20 mn avant la fin de la marinade, faites bouillir de l'eau dans une grande casserole. Plongez-y la poitrine demi-sel et la couenne, laissez-les bouillir 5 mn puis égouttez-les, rincez-les et égouttez-les à nouveau. Laissez-les tiédir puis coupez la poitrine en fins bâtonnets et la couenne en carrés de 1 cm de côté. Ajoutez les bâtonnets de poitrine dans la terrine et mélangez.

Allumez le four, thermostat 4. Étalez la couenne dans le fond d'une cocotte en terre ou en fonte de 4 litres. Versez dessus le contenu de la terrine et ajoutez le zeste d'orange. Couvrez hermétiquement la cocotte et glissez-la dans le four chaud. Laissez cuire 5 h sans y toucher.

Au bout de ce temps, retirez la cocotte du four. Servez très chaud, dans la cocotte de cuisson.

POUR 6 PERS.

Provence

GIGOT FARCI

Cette manière de préparer un gigot se retrouve un peu partout en France mais les farces varient considérablement selon les régions.

1 gigot de 1,8 kg, paré
1 cuil. à café d'huile d'arachide
sel, poivre
Pour la farce :
250 g de champignons sauvages
50 g de poitrine fumée, maigre
1 cœur de fenouil : 100 g
30 g de persil et cerfeuil ciselés, mélangés
30 g de mie de pain de mie
1 gousse d'ail

GIGOT FARCI

2 pincées de thym sec
3 pincées de noix muscade râpée
20 g de beurre
Pour les pommes de terre :
1,7 kg de pommes de terre à chair ferme : BF15
1 gousse d'ail
1/2 cuil. à café de thym sec
80 g de beurre
sel

Demandez à votre boucher de retirer l'os du gigot. Préparez la farce : hachez finement le maigre du lard. Otez le pied des champignons, lavez-les rapidement sous l'eau froide et épongez-les. Hachez-les. Hachez le fenouil. Faites fondre le beurre dans une sauteuse antiadhésive de 22 cm et faites-y blondir la poitrine fumée, 2 mn, en remuant avec une spatule. Ajoutez le fenouil, couvrez et laissez cuire encore 2 mn. Ajoutez alors les champignons, le mélange de persil et de cerfeuil, le thym, sel et poivre. Couvrez à demi et laissez cuire jusqu'à ce que le fenouil soit très tendre et qu'il n'y ait plus de liquide dans la sauteuse.

Passez le pain dans un robot afin de le réduire en chapelure grossière. Pelez la gousse d'ail. Lorsque le contenu de la sauteuse est cuit, retirez du feu, ajoutez le pain et l'ail, en le passant au presse-ail. Mélangez.

Garnissez le gigot de cette préparation et cousez-le avec un fil de coton blanc, en emprisonnant la farce. Huilez-le, salez-le et poivrez-le. Pratiquez des petites entailles en croisillons sur toute la surface du gigot.

Allumez le four, thermostat 8 1/2. Préparez les pommes de terre. Pelez-les puis rincez-les et épongez-les. Coupez-les en très fines rondelles ou passez-les dans un robot muni de sa râpe à chips. Faites fondre le beurre dans un plat à four de 32 × 22 cm. Ajoutez le thym et la gousse d'ail pelée, passée au presse-ail. Tournez les pommes de terre dans ce beurre parfumé afin qu'elles en soient bien enrobées. Égalisez la surface.

Posez le gigot sur le lit de pommes de terre, côté bombé vers le bas. Glissez au four et laissez cuire 30 mn puis retournez le gigot et les pommes de terres, et laissez-les cuire encore 25 mn. Éteignez ensuite le four et laissez reposer le gigot 10 mn dans le four, avant de le servir coupé en tranches, avec ses pommes de terre.

POUR 8 PERS.

AGNEAU RÔTI DE PAUILLAC

Île-de-France

NAVARIN PRINTANIER

Le 20 octobre 1827, les trois armées française, anglaise et russe battent la flotte turco-égyptienne à Navarin, en Grèce, au cours de la guerre d'indépendance menée par ce pays. On a ainsi baptisé un plat d'agneau mijoté avec des petits légumes. Mais peut-être navarin vient-il de navet, qui était autrefois le légume principal de ce plat ? Le mystère demeure.

1,6 kg d'agneau : épaule, collier et poitrine mélangés
500 g de toutes petites carottes nouvelles
500 g de petits navets nouveaux
18 petits oignons nouveaux, ronds
500 g de petits pois frais
200 g de haricots verts fins
200 g de tomates mûres
1/2 litre de bouillon de volaille (p. 253)
2 gousses d'ail
1 cuil. à soupe de cerfeuil ciselé
1 bouquet garni : 1 feuille de laurier, 1 brin de thym,
   6 tiges de persil
1 cuil. à café de sucre semoule
1 cuil. à soupe de farine
1 cuil. à soupe d'huile
50 g de beurre
sel, poivre

❧ Coupez la viande en cubes de 5 cm de côté. Salez-les et poivrez-les. Ébouillantez les tomates 10 secondes, puis rafraîchissez-les sous l'eau courante, pelez-les, coupez-les en deux et éliminez-en les graines ; hachez finement la pulpe. Pelez les gousses d'ail et coupez-les en deux. Liez les éléments du bouquet garni.

❧ Faites chauffer l'huile dans une cocotte de 4 litres. Ajoutez la moitié du beurre et faites-y dorer les cubes de viande de

tous côtés. Poudrez-les de farine et mélangez encore 1 mn. Ajoutez les tomates, le bouillon, le bouquet garni et les gousses d'ail. Mélangez, couvrez et laissez cuire 1 h 30 à feu doux.

❧ Pendant ce temps, préparez les légumes : écossez les petits pois. Pelez les carottes et les navets, lavez-les et égouttez-les. Pelez les oignons nouveaux et ôtez-en la tige verte ; lavez-les et épongez-les. Effilez les haricots verts, lavez-les et égouttez-les ; ébouillantez-les 5 mn puis égouttez-les.

❧ Faites fondre le reste de beurre dans une sauteuse antiadhésive de 28 cm. Ajoutez carottes, navets et oignons et faites-les blondir 5 mn sur feu doux, en les tournant sans cesse. Ajoutez les haricots verts et les petits pois, et saupoudrez de sucre, sel et poivre.

❧ Mélangez encore 2 mn, jusqu'à ce que les légumes soient dorés. Arrosez ces légumes de 2 dl de bouillon de cuisson de la viande et laissez-les cuire 15 mn à feu doux.

❧ Au bout de 1 h 30 de cuisson de la viande, ajoutez les légumes dans la cocotte. Mélangez 5 mn sur feu doux puis retirez viande et légumes avec une écumoire, et gardez-les au chaud dans un plat creux. Faites réduire le jus de cuisson jusqu'à ce qu'il soit onctueux puis retirez ail et bouquet garni. Ajoutez le cerfeuil et mélangez. Nappez viande et légumes de jus et servez aussitôt.

POUR 6 PERS. *Photo page 159*

Languedoc

AGNEAU RÔTI DE PAUILLAC

1 gigot paré de 1,7 kg
75 g de persil plat ciselé
75 g de mie de pain rassis
8 gousses d'ail
2 cuil. à soupe d'huile d'arachide
50 g de beurre
sel, poivre

❧ Allumez le four, thermostat 8. Passez la mie de pain dans un robot afin de la réduire en chapelure grossière. Pelez les gousses d'ail, hachez-en très finement six et coupez les deux dernières en fines lamelles. Mettez le beurre dans un bol et ajoutez sel, poivre, chapelure, persil, ail. Mélangez bien le tout avec une fourchette jusqu'à obtention d'une pâte souple.

❧ Piquez le gigot avec la pointe d'un couteau et glissez une lamelle d'ail dans chaque fente. Salez et poivrez le gigot, et tartinez-en toute la surface avec la pâte parfumée. Huilez légèrement le gigot, salez-le et poivrez-le. Huilez un grand plat à four muni d'une grille et posez-y le gigot, côté bombé vers le bas.

❧ Glissez le plat au four. Laissez cuire 20 mn puis retournez le gigot, baissez le thermostat à 7 et laissez-le cuire encore 25 mn, en vérifiant que le jus écoulé dans le plat ne brûle pas ; il doit seulement caraméliser. S'il brunit trop, ajoutez de temps en temps quelques cuillerées d'eau chaude dans le fond du plat.

❧ Après 45 mn de cuisson, retournez le gigot et laissez-le reposer 10 mn dans le four éteint. Servez le gigot en tranches.

POUR 6 PERS.

Anjou

CUL DE VEAU À L'ANGEVINE

On désigne sous le nom de cul de veau le morceau situé au-dessus de la cuisse : le quasi. Cette préparation à l'angevine s'accompagne de champignons sauvages sautés, de carottes glacées ou de purée de céleri-rave.

1,750 kg de quasi de veau
100 g de couenne de porc fraîche, dégraissée
2 dl de vin blanc sec
2 dl de bouillon de volaille
2 oignons de 100 g chacun
2 carottes moyennes
1 bouquet garni : 1 feuille de laurier, 1 brin de thym,
    6 tiges de persil
50 g de beurre
sel, poivre

Ébouillantez la couenne de porc 2 mn puis égouttez-la et coupez-la en lanières de 2 × 1/2 cm. Pelez les oignons et émincez-les finement. Pelez les carottes, lavez-les et coupez-les en fines rondelles. Liez les éléments du bouquet garni.

Allumez le four, thermostat 4. Versez le vin et le bouillon dans une casserole et faites-les réduire de moitié sur feu vif. Faites fondre le beurre dans une cocotte assez grande pour contenir le morceau de viande et faites-le dorer de tous côtés. Retirez-le et mettez dans la cocotte les carottes et les oignons. Mélangez 5 mn puis remettez la viande dans la cocotte. Versez le mélange vin-bouillon réduit et retournez la viande dans ce mélange. Salez, poivrez et ajoutez la couenne et le bouquet garni. Couvrez la cocotte et glissez-la au four. Laissez cuire 3 h.

Au bout de ce temps, retirez la viande de la cocotte et dressez-la sur un plat de service. Entourez-la de couenne, d'oignons et de carottes. Faites réduire le jus de cuisson jusqu'à ce qu'il soit sirupeux et nappez-en la viande. Servez aussitôt.

POUR 6 PERS.   *Photos pages 152-153*

Normandie

CÔTES DE VEAU À LA NORMANDE

4 côtes de veau de 200 g chacune
4 pommes golden de 200 g chacune
200 g de crème fraîche épaisse
2 cuil. à soupe de calvados
75 g de beurre
sel, poivre

Coupez les pommes en quartiers, pelez-les et retirez le cœur. Coupez chaque quartier en trois lamelles.

Faites fondre la moitié du beurre dans une poêle antiadhésive de 28 cm et faites-y cuire les lamelles de pommes 10 mn à feu modéré, en les retournant à mi-cuisson.

Pendant ce temps, faites fondre le reste du beurre dans une autre poêle antiadhésive de 26 cm et faites-y cuire les côtes de veau 5 mn de chaque côté, à feu modéré. Salez et poivrez pendant la cuisson.

Dressez les côtes et les pommes dans un plat de service tenu au chaud. Versez le calvados dans la poêle où ont cuit les côtes et laissez-le s'évaporer en tournant avec une spatule afin de déglacer les sucs de cuisson de la viande. Ajoutez la crème et faites-la réduire de moitié, sans cesser de mélanger. Versez cette sauce parfumée sur les côtes et servez aussitôt.

POUR 4 PERS.

Lyonnais

FOIE DE VEAU À LA LYONNAISE

On appelle « à la lyonnaise » toute préparation qui comporte des oignons émincés, blondis au beurre, et additionnés de vinaigre et de persil ciselé. On trouve ainsi des cardons, de la tête de veau...

4 tranches de foie de veau de 150 g chacune et de 1,5 cm
    d'épaisseur
250 g d'oignons
1 cuil. à soupe de vinaigre de vin vieux
2 cuil. à soupe de persil plat ciselé
50 g de beurre
sel, poivre

Pelez les oignons et émincez-les finement. Épongez les tranches de foie, salez-les et poivrez-les.

Faites fondre le tiers du beurre dans une poêle antiadhésive de 26 cm et faites-y cuire les tranches de foie 2 mn de chaque côté, à feu modéré. Retirez-les et réservez-les dans un plat chaud.

Faites fondre le reste du beurre dans la poêle et ajoutez les oignons. Mélangez 15 mn sur feu doux, en remuant sans cesse, jusqu'à ce qu'ils soient très tendres. Ajoutez alors le vinaigre et le jus rendu par le foie. Salez, poivrez et mélangez 1 mn. Répartissez ce hachis d'oignons dans quatre assiettes chaudes.

Repassez les tranches de foie dans la poêle 30 secondes de chaque côté, afin de les réchauffer puis ajoutez-les dans les assiettes. Parsemez de persil ciselé et servez aussitôt.

POUR 4 PERS.

CÔTES DE VEAU À LA NORMANDE (en haut)
ET FOIE DE VEAU À LA LYONNAISE (en bas).

PETER JOHNSON

PETER JOHNSON

BEUCHELLE

Touraine

BEUCHELLE

On ne connaît pas l'origine de cet ancien plat tourangeau ; on sait seulement qu'il a été remis à la mode par le chef Edouard Nignon, au début du XXᵉ siècle, au restaurant Larue à Paris.

2 rognons de veau
2 noix de ris de veau
500 g de cèpes frais
250 g de crème fraîche épaisse
50 g de parmesan finement et fraîchement râpé
100 g de beurre
sel, poivre
Pour le plat :
20 g de beurre

Demandez à votre boucher de dégraisser les rognons et de les couper en tranches de 1/2 cm d'épaisseur. Salez-les et poivrez-les.

Ébouillantez les ris de veau 2 mn puis faites-les tremper 15 mn dans de l'eau glacée. Ensuite égouttez-les, épongez-les et coupez-les en tranches de 1/2 cm d'épaisseur. Salez-les et poivrez-les.

Otez le pied terreux des cèpes. Lavez rapidement les cèpes sous l'eau courante, épongez-les et coupez-les en lamelles de 1/2 cm.

Faites fondre la moitié du beurre dans une poêle antiadhésive de 26 cm et faites-y dorer les tranches de rognon 2 mn, en les tournant avec une spatule. Réservez au chaud. Faites cuire les tranches de ris de veau de la même façon et réservez-les avec les rognons.

Essuyez la poêle et faites-y fondre le reste de beurre. Ajoutez les cèpes et faites-les cuire sur feu vif, jusqu'à ce qu'ils soient dorés et ne rendent plus d'eau. Ajoutez alors la crème et mélangez 3 mn, jusqu'à ce qu'elle épaississe et enrobe les champignons. Salez et poivrez.

Allumez le gril du four. Beurrez un plat à four pouvant contenir le mélange de viandes et de champignons en une couche de 3 cm.

Lorsque les champignons sont cuits, mettez ris et rognons dans la poêle et mélangez 30 secondes. Versez la préparation dans le plat et parsemez de parmesan. Glissez au four, près de la flamme et laissez gratiner 2 mn. Servez aussitôt dans le plat de cuisson.

POUR 6 PERS.

Ile-de-France

BLANQUETTE DE VEAU

1,5 kg de veau avec os : 1/3 tendron, 1/3 épaule,
    1/3 haut de côtes
2 dl de vin blanc sec
150 g de crème fraîche épaisse
2 jaunes d'œufs
1 oignon de 100 g
1 carotte moyenne
1 bouquet garni : 1 feuille de laurier, 1 brin de thym,
    6 tiges de persil, 2 côtes de céleri, 1 blanc de poireau
1 cuil. à soupe de jus de citron
4 pincées de noix muscade râpée
2 clous de girofle
sel, poivre
Pour la garniture :
250 g de petits champignons de Paris
24 oignons grelots
1 cuil. à soupe de jus de citron
50 g de beurre
sel, poivre

Coupez la viande en cubes de 5 cm. Pelez l'oignon et piquez-le des clous de girofle. Pelez la carotte, lavez-la et coupez-la en 4 tronçons. Liez les éléments du bouquet garni.

Mettez la viande dans une cocotte et ajoutez la carotte, l'oignon et le bouquet garni. Versez le vin. Couvrez juste d'eau et portez à ébullition. Écumez pendant 10 mn puis couvrez et laissez cuire 2 h 30 à tout petits frémissements.

45 mn avant la fin de la cuisson, préparez la garniture : pelez les oignons grelots. Otez la partie terreuse du pied des champignons, lavez-les et épongez-les. Faites fondre la moitié du beurre dans une poêle antiadhésive de 26 cm et faites-y dorer les oignons 5 mn, en les tournant sans cesse. Ajoutez 1 dl d'eau, salez, poivrez et laissez cuire 20 mn à couvert, jusqu'à ce qu'ils soient tendres. Faites fondre le reste de beurre dans une seconde poêle. Mettez les champignons dans la poêle et ajoutez le jus de citron. Salez, poivrez et laissez cuire jusqu'à ce qu'ils soient dorés et ne rendent plus d'eau. Réservez-les au chaud, avec les oignons.

Au bout de 2 h 30 de cuisson de la viande, égouttez-la avec une écumoire et réservez-la dans un plat tenu au chaud. Entourez-la d'oignons et de champignons.

Filtrez le bouillon de cuisson au-dessus d'une casserole et laissez-le réduire sur feu vif, jusqu'à ce qu'il vous en reste environ 1/4 de litre. Fouettez la crème et les jaunes d'œufs dans un bol, et ajoutez-y 3 cuillerées à soupe de bouillon. Mélangez et versez le tout dans la casserole. Laissez cuire sans faire bouillir en tournant sans cesse. Retirez du feu et fouettez jusqu'à obtention d'une sauce veloutée. Ajoutez la noix muscade et le jus de citron, et fouettez encore 30 secondes.

Nappez la viande et sa garniture de sauce et servez aussitôt.

POUR 6 PERS. *Photo page 159*

Aquitaine

AILLADE GASCONNE

C'est l'importante quantité d'ail utilisée pour la recette qui a valu son nom à ce plat très prisé dans le Sud-Ouest.

1 kg d'épaule de veau désossée et dégraissée
500 g de tomates mûres
10 gousses d'ail
50 g de chapelure blanche
1/2 cuil. à café de sucre semoule
25 g de graisse d'oie
sel, poivre

Coupez la viande en cubes de 4 cm de côté. Pelez les gousses d'ail. Lavez les tomates et coupez-les en quatre.

Faites fondre la graisse d'oie dans une sauteuse antiadhésive de 26 cm. Faites-y blondir les cubes de veau à feu modéré, en remuant sans cesse pendant 5 mn. Retirez-les avec une écumoire et mettez dans la sauteuse l'ail et la chapelure. Mélangez jusqu'à ce que le tout soit blond puis ajoutez les tomates, sel, sucre et poivre. Remettez la viande dans la sauteuse, mélangez et, dès l'ébullition, couvrez et laissez cuire 2 h à feu doux, en tournant deux ou trois fois.

Au bout de ce temps, retirez la viande de la sauteuse avec une écumoire et réservez-la dans un plat creux tenu au chaud. Passez le contenu de la sauteuse au moulin à légumes grille moyenne et nappez-en la viande. Servez aussitôt.

POUR 4 PERS.

Auvergne

FALETTE

Délicieuse chaude avec du chou braisé ou des pommes sautées, ou froide avec une salade de pissenlits aux noix, la falette, spécialité auvergnate, peut aussi se préparer avec de la poitrine de porc. Dans ce cas, elle porte le nom de fraude.

1,750 kg de poitrine de veau, désossée et dégraissée
2 dl de bouillon de volaille
1 dl de vin blanc sec
100 g de couenne de porc fraîche, dégraissée
1 oignon de 100 g
1 carotte moyenne
1 bouquet garni : 1 feuille de laurier, 1 brin de thym,
    10 tiges de persil
2 cuil. à soupe d'huile
25 g de beurre
sel, poivre
Pour la farce :
750 g de vert de blette
150 g de poitrine de porc fraîche, désossée
50 g de mie de pain rassis
2 œufs
1 cuil. à soupe de persil plat ciselé
1 cuil. à soupe de cerfeuil ciselé
1 gousse d'ail
1 dl de lait
2 cuil. à soupe de cognac
6 pincées de noix muscade râpée
sel, poivre

Une fois désossée et dégraissée, la viande ressemblera à un grand rectangle plat. Salez-la et poivrez-la.

Préparez la farce : lavez le vert de blette et mettez-le dans une marmite, sans l'égoutter complètement. Couvrez et posez la marmite sur feu vif. Laissez cuire 4 mn puis égouttez le vert de blette. Hachez-le finement. Faites bouillir le lait dans une

AILLADE GASCONNE (en haut à gauche),
FALETTE (en bas) ET PAUPIETTES (en haut à droite, recette page 176).

petite casserole puis ajoutez le pain en l'émiettant. Retirez du feu et mélangez jusqu'à obtention d'une pâte collante.

Pelez la gousse d'ail et hachez-la menu. Hachez finement la poitrine de porc et mettez-la dans un saladier, avec l'ail, le persil, le cerfeuil, le vert de blette, le cognac et le pain trempé. Mélangez. Ajoutez sel, poivre et noix muscade. Incorporez les œufs sans cesser de remuer.

Posez la poitrine de veau sur le plan de travail et étalez la farce au milieu, dans le sens de la largeur. Roulez la poitrine et maintenez-la avec un fil de cuisine.

Ébouillantez la couenne de porc 2 mn puis égouttez-la et coupez-la en carrés de 2 cm. Pelez l'oignon et émincez-le finement. Pelez la carotte, lavez-la et coupez-la en fines rondelles. Liez les éléments du bouquet garni.

Faites chauffer l'huile dans une cocotte pouvant juste contenir la falette et ajoutez le beurre. Dès qu'il est fondu, faites-y dorer la viande de tous côtés puis réservez-la sur un plat. Jetez le gras. Mettez l'oignon et la carotte dans une cocotte. Mélangez 5 mn puis remettez la viande dans la cocotte. Ajoutez le vin, le bouillon, sel, poivre, couenne et bouquet garni. Couvrez la cocotte et laissez cuire 2 h, à feu très doux.

Au bout de ce temps, retirez la viande et dressez-la sur un plat de service. Entourez-la de couenne, d'oignon et de carotte. Faites réduire le jus de cuisson jusqu'à ce qu'il soit sirupeux et nappez-en la viande. Servez aussitôt.

POUR 6-7 PERS.

Provence

PAUPIETTES

À l'origine, le mot paupiette désignait une fine tranche de veau garnie d'une farce puis roulée ou pliée et ficelée. On appela ensuite paupiette des tranches de bœuf, des feuilles de chou ou des filets de poisson, farcis avant cuisson.

12 escalopes de veau de 80 g chacune
2 dl de vin blanc sec
200 g d'olives noires
200 g de jambon cuit
2 cuil. à soupe de persil plat ciselé
2 gousses d'ail
4 pincées de noix muscade râpée
2 cuil. à soupe d'huile d'olive
25 g de beurre
sel, poivre

Demandez à votre boucher d'aplatir finement les escalopes. Salez-les et poivrez-les.

Dénoyautez les olives et ébouillantez-les 2 mn. Rafraîchissez-les sous l'eau courante et égouttez-les. Hachez-en la moitié et coupez le reste en deux. Pelez les gousses d'ail et hachez-les finement. Hachez finement le jambon.

Mettez dans un saladier le jambon, les olives hachées, l'ail, le persil et du poivre. Mélangez. Posez une escalope sur une planche et couvrez-la, jusqu'à 1 cm des bords, de 1/12e de hachis. Roulez la viande sur elle-même, par le plus petit côté. Ficelez le petit paquet obtenu, avec du fil de cuisine. Faites de même avec le reste des ingrédients : vous obtenez 12 paupiettes.

Faites chauffer l'huile dans une cocotte de 4 litres. Ajoutez le beurre et, dès qu'il est fondu, faites dorer les paupiettes, en deux ou trois fois.

Mettez toutes les paupiettes dans la cocotte et arrosez-les de vin. Laissez bouillir 1 mn, afin que l'alcool s'évapore. Mélangez. Couvrez la cocotte et laissez cuire 1 h 30, à feu très doux, en mélangeant plusieurs fois.

Au bout de ce temps, retirez les paupiettes de la cocotte et réservez-les dans un plat creux tenu au chaud. Ajoutez le reste d'olives dans la cocotte et laissez cuire 2 mn.

Pendant ce temps, retirez les ficelles des paupiettes. Faites-les réchauffer 5 mn dans la sauce puis dressez-les sur un plat de service. Nappez de sauce aux olives et servez aussitôt.

POUR 6 PERS. *Photo page 175*

Ile-de-France

VEAU MARENGO

Au soir du 14 juin 1800, Napoléon bat les Autrichiens à Marengo. Dunand, cuisinier de l'Empereur, à court de ravitaillement, improvise un poulet qu'il accommode avec vin blanc, ail, tomates et cognac : il invente le « poulet Marengo ». Depuis, cette recette a été adaptée à l'épaule de veau.

1,2 kg d'épaule de veau désossée et dégraissée
2 dl de vin blanc sec
2 dl de bouillon de volaille
2 dl de purée de tomates
2 oignons de 100 g chacun
1 carotte moyenne
2 gousses d'ail
1 bouquet garni : 1 feuille de laurier, 1 brin de thym,
   6 tiges de persil
1 citron non traité
1 cuil. à soupe de farine

1 cuil. à soupe de persil ciselé
1 cuil. à soupe d'estragon ciselé
1 cuil. à soupe d'huile
25 g de beurre
sel, poivre
Pour la garniture :
250 g de petits champignons de Paris
24 oignons grelots
25 g de beurre
sel, poivre

Coupez la viande en cubes de 5 cm. Pelez les oignons et hachez-les menu. Pelez la carotte, lavez-la et hachez-la menu. Liez les éléments du bouquet garni. Pelez les gousses d'ail et coupez-les en deux.

Faites chauffer l'huile dans une sauteuse antiadhésive de 28 cm. Ajoutez le beurre et, dès qu'il est fondu, ajoutez les cubes de viande et le hachis de carotte et d'oignon. Mélangez 5 mn à feu vif, jusqu'à ce que le tout soit blond puis saupoudrez de farine et mélangez encore 1 mn. Ajoutez les gousses d'ail et le bouquet garni puis versez le vin blanc. Laissez-le réduire de moitié à feu vif avant de verser le bouillon et la purée de tomates : la viande doit être couverte de liquide ; si ce n'est pas le cas, ajoutez un peu de bouillon ou d'eau. Salez, poivrez et, dès l'ébullition, couvrez et laissez cuire 1 h à feu doux.

Pendant ce temps, préparez la garniture : pelez les oignons grelots. Otez la partie terreuse du pied des champignons, lavez-les et épongez-les. Faites fondre le beurre dans une poêle antiadhésive de 26 cm et faites-y dorer les oignons 5 mn, en les tournant sans cesse. Retirez-les avec une écumoire et réservez-les dans un bol. Mettez les champignons dans la poêle et faites-les cuire jusqu'à ce qu'ils soient dorés et ne rendent plus d'eau. Réservez-les avec les oignons.

Lavez le citron, épongez-le et râpez finement la moitié de son zeste au-dessus d'une coupelle. Coupez le citron en deux et pressez-le : réservez 1 cuillerée à soupe de son jus.

Au bout de 1 h de cuisson de la viande, ajoutez dans la sauteuse le mélange oignons-champignons et le zeste de citron. Mélangez, couvrez et laissez cuire encore 45 mn.

Lorsque la viande est cuite, versez le jus de citron dans la sauteuse. Ajoutez le persil et l'estragon ciselés, et mélangez. Éliminez le bouquet garni. Mélangez, retirez du feu et versez le veau dans un plat creux. Servez aussitôt.

POUR 6 PERS. *Photos pages 152-153*

Bourgogne

ROGNONS À LA MOUTARDE

Ce sont les graines d'une plante méditerranéenne qui servent à la fabrication de la moutarde. La corporation des vinaigriers-moutardiers, qui naquit à Orléans à la fin du XVIe siècle et à Dijon en 1630, en établit alors les règles de fabrication. Aujourd'hui, la moutarde de Dijon est préparée à base de verjus et de vin blanc. Mais on en prépare aussi à Orléans, à base de vinaigre ; à Bordeaux à base de moût de raisin (moutarde vient d'ailleurs de « moût ardent », qui signifie piquant) ; et à Meaux, où les graines sont grossièrement broyées, à base de vinaigre.

2 rognons de veau
100 g de crème fraîche épaisse
2 cuil. à soupe de moutarde forte
1,5 dl de vin blanc sec
2 échalotes
1 cuil. à soupe d'huile
25 g de beurre
sel, poivre

ROGNONS À LA MOUTARDE

🐟 Demandez à votre boucher de dégraisser les rognons. Salez-les et poivrez-les. Pelez les échalotes et hachez-les menu. Mélangez la crème et la moutarde dans un bol.

🐟 Faites chauffer l'huile dans une sauteuse antiadhésive de 26 cm et ajoutez le beurre. Dès qu'il est fondu, ajoutez les échalotes et les rognons. Retournez les rognons de tous côtés, pendant 5 mn, jusqu'à ce qu'ils soient blonds. Versez le vin, couvrez et laissez cuire 10 mn, en retournant les rognons à mi-cuisson.

🐟 Au bout de ce temps, retirez les rognons de la sauteuse et gardez-les au chaud, sur un plat. Filtrez le jus de cuisson au-dessus d'une casserole et faites-le réduire jusqu'à ce qu'il vous en reste environ 3 cuillerées à soupe.

🐟 Pendant ce temps, coupez les rognons en lamelles et répartissez-les dans quatre assiettes chaudes. Versez le jus qui s'écoule dans la casserole. Ajoutez le mélange crème-moutarde et laissez bouillir 1 mn à feu vif, jusqu'à obtention d'une sauce veloutée. Nappez-en les rognons et servez aussitôt.

POUR 4 PERS.

Picardie

PORC AUX DEUX POMMES

1 kg de porc, désossé et dégraissé : filet ou échine
500 g de très petites pommes de terre nouvelles
500 g de pommes : golden, reine des reinettes
1 cuil. à soupe d'huile
50 g de beurre
sel, poivre

🐟 Demandez à votre boucher de ficeler la viande. Salez-la et poivrez-la. Pelez les pommes de terre et laissez-les entières.

🐟 Faites chauffer l'huile dans une cocotte ovale pouvant largement contenir la viande. Ajoutez la moitié du beurre et, dès qu'il est fondu, faites-y dorer la viande de tous côtés. Retirez-la et mettez les pommes de terre dans la cocotte. Laissez-les blondir en les remuant pendant 3 à 4 mn. Remettez la viande dans la cocotte et ajoutez 2 dl d'eau. Dès l'ébullition, couvrez et laissez cuire 1 h 30, en tournant viande et pommes de terre plusieurs fois.

🐟 20 mn avant la fin de la cuisson de la viande, coupez les pommes en quartiers, pelez-les et retirez le cœur. Coupez chaque quartier en 3 lamelles.

🐟 Faites fondre le reste de beurre dans une poêle antiadhésive de 28 cm et faites-y dorer les lamelles de pommes 8 mn, en les retournant à mi-cuisson. Réservez au chaud.

🐟 Lorsque la viande est cuite, retirez-la de la cocotte et dressez-la sur un plat de service. Entourez-la de pommes de terre et de pommes-fruits. Servez ausitôt.

POUR 4 PERS.

Bretagne

PORC AU LAIT

1 filet de porc de 1,5 kg, désossé et dégraissé
1 litre de lait entier
4 gousses d'ail
4 tiges de persil
2 brins de thym
1 feuille de laurier
25 g de beurre
6 pincées de noix muscade râpée
sel, poivre

🐟 Demandez à votre boucher de ficeler la viande. Salez-la et poivrez-la. Pelez 2 gousses d'ail et coupez-les en fines lamelles. Faites des entailles sur toute la surface de la viande et glissez-y les lamelles d'ail.

🐟 Faites fondre le beurre dans une cocotte ovale pouvant juste contenir la viande. Faites-la dorer de tous côtés. Retirez-la. Jetez le gras de cuisson et essuyez la cocotte.

🐟 Remettez la viande dans la cocotte et couvrez-la de lait. Entourez-la des brins de thym, de la feuille de laurier coupée en quatre, de tiges de persil brisées entre vos doigts et des gousses d'ail écrasées à la main. Salez, poivrez et ajoutez la noix muscade. Portez à ébullition sur feu doux et laissez cuire 2 h à tout petits frémissements et à couvert, en tournant la viande plusieurs fois.

🐟 Au bout de 2 h, la viande est très tendre, enrobée d'une sauce ambrée, courte et légèrement granuleuse. Retirez-la et réservez-la sur un plat chaud. Retirez thym, laurier, persil et ail, et mixez la sauce jusqu'à ce qu'elle soit lisse. Versez-la dans une saucière et servez aussitôt.

POUR 6 PERS.

PORC AUX DEUX POMMES (en haut) ET PORC AU LAIT (en bas).

Lorraine

ÉCHINE À LA BIÈRE

Le Nord et l'Est sont les deux plus grandes régions productrices de bière ; elle est donc utilisée en cuisine, comme le vin dans les régions vinicoles, et donne d'excellents résultats et de savoureux mets.

1 kg d'échine de porc désossée et dégraissée
1/2 litre de bière blonde
750 g d'oignons
50 g de chapelure blanche
1 bouquet garni : 1 feuille de laurier, 1 brin de thym,
    6 tiges de persil
1/2 cuil. à café de sucre
25 g de beurre
sel, poivre

🐖 Demandez à votre boucher de ficeler l'échine. Salez-la et poivrez-la. Pelez les oignons et émincez-les finement. Liez les éléments du bouquet garni.

🐖 Faites fondre le beurre dans une cocotte ovale pouvant largement contenir la viande. Faites-la dorer de tous côtés. Retirez-la et mettez les oignons dans la cocotte. Laissez-les blondir en les remuant pendant 3 à 4 mn puis ajoutez le sucre et la chapelure, et mélangez encore 2 mn, jusqu'à ce que le tout soit doré. Posez la viande sur ce lit d'oignons. Versez la bière dans la cocotte et, dès l'ébullition, couvrez et laissez cuire 1 h 45, en retournant la viande plusieurs fois.

🐖 Lorsque la viande est cuite, dressez-la sur un plat de service et entourez-la d'oignons. Faites réduire le jus de cuisson sur feu vif jusqu'à ce qu'il soit sirupeux puis nappez-en les oignons. Servez aussitôt.

POUR 4 PERS.   *Photos pages 6-7*

Languedoc

CASSOULET

Cassoulet vient de « cassole », nom du plat de cuisson en terre vernissée, dans lequel le cassoulet mijote et gratine. L'ingrédient de base est le haricot — venu en France au XVIe siècle via l'Espagne — qui doit être de la région — de Cazères ou de Pamiers — et de l'année. Il est additionné de viandes, différentes selon les lieux. Le plus simple — et, dit-on, le plus ancien — est celui que nous vous proposons ; il est originaire de Castelnaudary. À Carcassonne, on y ajoute du gigot et, en saison, de la perdrix ; à Toulouse de la saucisse de Toulouse, du gigot et du confit ; à Limoux des queues de porc ; au Mas-d'Azil de l'andouille et, dans le Périgord, des cous d'oie farcis et du confit.

750 g de filet de porc frais, désossé, l'os réservé
500 g de poitrine de porc demi-sel
500 g de saucisse de Toulouse
250 g de couenne de porc fraîche, dégraissée
1 saucisson à cuire, non fumé
750 g de haricots blancs secs
400 g de tomates mûres
250 g d'oignons
2 blancs de poireau
2 clous de girofle
1 bouquet garni : 1 feuille de laurier, 1 brin de thym,
    6 tiges de persil
8 gousses d'ail
1 cuil. à café rase de brindilles de thym
3 cuil. à soupe de chapelure blanche

200 g de graisse d'oie
sel, poivre

🐖 Mettez les haricots dans une marmite et couvrez-les largement d'eau froide. Laissez-les tremper 4 h.

🐖 Ébouillantez 5 mn la poitrine demi-sel puis rincez-la et égouttez-la. Ébouillantez la couenne 5 mn puis rincez-la, égouttez-la, coupez-la en lanières de 3 cm de large que vous roulez et ficelez.

🐖 Piquez la saucisse de Toulouse et le saucisson à cuire avec une fourchette pour éviter qu'ils n'éclatent à la cuisson.

🐖 Pelez 2 gousses d'ail et coupez-les en 6 lamelles. Mettez les brindilles de thym dans un bol, ajoutez sel, poivre et les lamelles d'ail. Faites 12 entailles à la surface du filet de porc et glissez-y les lamelles d'ail.

🐖 Ébouillantez les tomates 10 secondes, puis rafraîchissez-les sous l'eau courante, pelez-les, coupez-les en deux et éliminez-en les graines ; hachez grossièrement la pulpe. Pelez 4 gousses d'ail et hachez-les finement. Nettoyez les poireaux et coupez-les en fines rondelles, partie vert tendre comprise. Pelez les oignons ; piquez-en un des clous de girofle et hachez finement les autres.

🐖 Au bout de 4 h de trempage, égouttez les haricots et éliminez leur eau. Remettez-les dans la marmite et couvrez-les de 3 litres d'eau froide. Ajoutez la poitrine demi-sel, les poireaux, l'oignon piqué des clous de girofle, le bouquet garni, la couenne et l'os du filet. Portez à ébullition sur feu très doux et laissez cuire 1 h 30.

🐖 Pendant ce temps, faites fondre 100 g de graisse dans une cocotte assez grande pour contenir le filet de porc. Faites-le dorer de tous côtés pendant 10 mn puis retirez-le et mettez les oignons hachés dans la cocotte. Faites-les blondir 5 mn sur feu doux, en les remuant avec une spatule puis ajoutez l'ail haché. Mélangez 2 mn puis ajoutez les tomates et mélangez encore 3 mn. Salez, poivrez et remettez la viande dans la cocotte. Couvrez et laissez cuire 1 h à feu doux.

🐖 Lorsque la viande a cuit 1 h et les haricots 1 h 30, retirez la viande de la cocotte et ajoutez-la, avec son fond de cuisson, dans la marmite contenant les haricots. Ajoutez aussi la saucisse de Toulouse et le saucisson. Laissez la cuisson se poursuivre encore 30 mn.

🐖 Au bout de ce temps, allumez le four, thermostat 5. Retirez les viandes de la marmite. Découpez-les en tranches de 1/2 cm. Éliminez la peau du saucisson et de la saucisse et coupez-les en tranches de 2 cm. Retirez la ficelle entourant la couenne et découpez-la en lanières de $1/2 \times 3$ cm. Éliminez oignon et bouquet garni.

🐖 Pelez les deux dernières gousses d'ail. Frottez-en un grand plat en terre allant au four. Étalez-y une couche de haricots puis une couche de viandes mélangées. Continuez ainsi jusqu'à épuisement des ingrédients, en terminant par une couche de haricots. Faites fondre le reste de graisse d'oie et versez-la sur le dessus du plat. Saupoudrez de chapelure. Glissez le plat au four et laissez cuire 1 h 30.

🐖 Au bout de ce temps, le cassoulet est cuit et doré. Servez aussitôt dans le plat de cuisson.

POUR 8-10 PERS.

CASSOULET, PHOTOGRAPHIÉ EN LANGUEDOC.
PIERRE HUSSENOT/AGENCE TOP

Alsace

BAECKEOFFE

Baeckeoffe *signifie en alsacien « four du boulanger ». C'est en effet dans ce four que l'on faisait autrefois longuement mijoter ce savoureux mélange de viande et de légumes. Une fois par semaine, les jours de grande lessive, les Alsaciennes portaient leurs cocottes chez le boulanger qui, une fois sa fournée terminée, laissait mijoter ce plat merveilleux dans son four où il cuisait pendant de longues heures.*

750 g d'échine de porc fraîche, désossée
750 g d'épaule d'agneau désossée
750 g de poitrine de bœuf désossée
350 g d'oignons
250 g de carottes
1,5 kg de pommes de terre à chair farineuse
2 gousses d'ail
1 brin de thym
1 feuille de laurier
10 brins de persil
1/2 litre de vin blanc d'Alsace : riesling ou sylvaner
75 g de farine
2 clous de girofle
10 grains de poivre
sel

❦ Coupez les viandes en cubes de 4 cm de côté et mettez-les dans un grand saladier.

❦ Pelez les carottes et lavez-les. Pelez les oignons. Coupez oignons et carottes en fines rondelles et ajoutez-les dans le saladier. Pelez les gousses d'ail et écrasez-les à la main. Ajoutez-les dans le saladier avec le thym en l'effeuillant, le laurier en le brisant en deux, les tiges de persil en les cassant entre vos doigts, les clous de girofle, les grains de poivre et du sel. Versez le vin, mélangez, couvrez et laissez mariner 12 h au réfrigérateur, en remuant souvent.

❦ Au bout de ce temps, allumez le four, thermostat 5. Pelez les pommes de terre, lavez-les et coupez-les en tranches de 1/2 cm. Égouttez la viande de sa marinade.

❦ Disposez une couche de pommes de terre dans une terrine de 2 litres de contenance, munie d'un couvercle. Parsemez de quelques légumes de la marinade puis ajoutez des cubes de viande. Continuez ainsi, jusqu'à épuisement des ingrédients en terminant par une couche de pommes de terre. Arrosez le tout de la marinade.

❦ Mettez la farine dans un petit saladier et ajoutez de l'eau en travaillant jusqu'à obtention d'une pâte souple et homogène. Faites-en un rouleau que vous posez sur toute la bordure de la terrine. Posez le couvercle en appuyant bien et en vous assurant qu'il ne reste pas de vide : cette opération, le « lutage », a pour but de souder le couvercle, ce qui ne permet plus aucune évaporation.

❦ Glissez la terrine au four et laissez cuire 3 h.

❦ Au bout de ce temps, retirez la terrine du four et cassez le cordon de pâte. Retirez le couvercle et portez à table aussitôt. Servez chaud.

POUR 8 PERS. *Photos pages 6-7*

Alsace

CHOUCROUTE

De l'alsacien sûrkrût, *lui-même dérivé de l'allemand* sauerkraut, *qui signifie « herbe aigre », la choucroute est le nom du chou blanc émincé, salé et fermenté, préparé dans des tonneaux de bois ou des gros pots en grès. On la sert en Alsace,*

en Lorraine et dans certaines régions d'Allemagne. On l'utilise pour préparer des plats mijotés comprenant toujours des pommes de terre, de la viande de porc salée et fumée et des charcuteries régionales.

1 kg de choucroute crue
750 g de palette de porc demi-sel, désossée
500 g de poitrine fumée
500 g de poitrine de porc fraîche
1 saucisson à cuire de 500 g, fumé
6 saucisses de Strasbourg
1/2 litre de vin d'Alsace : riesling ou sylvaner
1/4 de litre de bouillon de volaille
750 g de pommes de terre à chair ferme : BF 15
1 oignon de 100 g
3 gousses d'ail
1 feuille de laurier
3 clous de girofle
1 cuil. à soupe de baies de genièvre
1 cuil. à café de grains de poivres mélangés
100 g de saindoux

❦ Ébouillantez la palette 5 mn puis rafraîchissez-la sous l'eau courante et égouttez-la.

❦ Lavez longuement la choucroute sous l'eau courante et égouttez-la. Pelez l'oignon et hachez-le finement. Écrasez les gousses d'ail de la main et enfermez-les dans une mousseline avec le laurier, les clous de girofle, le genièvre et le poivre.

❦ Faites fondre le saindoux dans une cocotte de 6 litres et faites-y blondir l'oignon 3 mn, en le retournant avec une spatule. Ajoutez la choucroute et mélangez 5 mn en la soulevant avec deux fourchettes. Versez le vin et le bouillon, et mélangez. Enfouissez l'échine au milieu de la choucroute avec le petit sac de mousseline. Couvrez et laissez cuire 1 h 30 à feu très doux.

❦ Au bout de ce temps, enfouissez la poitrine fumée et la poitrine fraîche au milieu de la choucroute et laissez cuire encore 1 h.

❦ Pendant ce temps, piquez le saucisson à cuire avec une fourchette pour éviter qu'il n'éclate à la cuisson. Ébouillantez les saucisses de Strasbourg 1 mn puis laissez-les dans l'eau chaude.

❦ Pendant ce temps, pelez les pommes de terre, lavez-les et épongez-les.

❦ Au bout de 2 h 30 de cuisson, enfouissez le saucisson à cuire dans la choucroute. Posez les pommes de terre sur la choucroute. Couvrez et laissez cuire encore 1 h 10 avant la fin de la cuisson, posez les saucisses de Strasbourg sur les pommes de terre afin de les réchauffer.

❦ Dressez la choucroute en dôme sur un plat de service et entourez-la des diverses viandes et saucisses, et des pommes de terre. Servez très chaud.

POUR 6 PERS. *Photos pages 6-7*

Périgord

PORC AUX CHÂTAIGNES

1 filet de porc de 1 kg, désossé et dégraissé
750 g de châtaignes
4 gousses d'ail
3 cuil. à soupe de vermouth blanc sec
1/2 cuil. à café de sucre semoule
1 cuil. à soupe d'huile
25 g de beurre
sel, poivre

❦ Demandez à votre boucher de ficeler le filet. Salez-le et poivrez-le. Pelez les gousses d'ail.

Faites chauffer l'huile dans une cocotte ovale pouvant largement contenir la viande. Ajoutez la moitié du beurre et les gousses d'ail, et faites dorer la viande de tous côtés. Retirez-la et jetez le gras de cuisson. Versez le vermouth et le sucre, et laissez réduire à feu vif, en remuant pour détacher les sucs de cuisson de la viande. Remettez la viande dans la cocotte et retournez-la dans le jus. Ajoutez les gousses d'ail et 1 dl d'eau. Dès l'ébullition, couvrez et laissez cuire 45 mn à feu doux en tournant la viande deux fois.

Pendant ce temps, faites une entaille horizontale dans la partie plate des châtaignes. Ébouillantez-les 5 mn puis retirez-en l'écorce ainsi que la petite peau brune qui recouvre le fruit.

Au bout de 45 mn de cuisson de la viande, ajoutez les châtaignes dans la cocotte. Laissez cuire encore 45 mn, en tournant viande et châtaignes plusieurs fois.

Lorsque la viande est cuite, dressez-la sur un plat de service et entourez-la de châtaignes. Ajoutez le reste de beurre dans le jus contenu au fond du plat et mélangez jusqu'à ce qu'il fonde. Nappez-en les châtaignes et servez aussitôt.

POUR 4 PERS.

Périgord/Picardie

PORC AUX PRUNEAUX

1 filet de porc de 1 kg, désossé et dégraissé
30 pruneaux
4 cuil. à soupe de vin blanc sec
100 g de poitrine fumée, maigre
8 cerneaux de noix
4 feuilles de sauge sèche
1 feuille de laurier
2 échalotes
1 cuil. à soupe d'huile
sel, poivre

Demandez à votre boucher de ficeler le filet de porc. Préparez la farce : dénoyautez 10 pruneaux et hachez-les. Râpez les noix dans une râpe cylindrique munie de la grille à gros trous. Pelez les échalotes et hachez-les menu. Retirez la couenne de la poitrine fumée. Hachez la poitrine fumée et faites-la dorer avec les échalotes, dans une poêle antiadhésive de 22 cm, en mélangeant souvent pendant 5 mn. Hors du feu, ajoutez la sauge en l'émiettant entre vos doigts, du poivre, les noix râpées, 1 cuillerée à soupe de vin et les pruneaux hachés.

Dénoyautez les 20 pruneaux restants en pratiquant une seule fente. Garnissez chacun d'une noisette de farce et refermez-le.

Pour pouvoir farcir le rôti, transpercez-le en son centre de deux coups de couteau en X et pratiquez de petites entailles en croisillons sur toute la surface du rôti.

Fourrez la viande du reste de farce, en la tassant bien et en l'enfonçant bien afin que la farce ne se voie pas à l'extérieur.

Huilez légèrement un plat ovale pouvant juste contenir rôti et pruneaux. Huilez le rôti et posez-le dans le plat. Glissez le plat au four. Allumez celui-ci thermostat 7 et laissez cuire 30 mn.

Entourez ensuite la viande de pruneaux et arrosez-les du reste de vin. Laissez cuire encore 1 h, en baissant le thermostat à 5. Dressez le rôti sur un plat, entourez-le de pruneaux et servez.

POUR 4 PERS.

PORC AUX CHÂTAIGNES (en bas) ET PORC AUX PRUNEAUX (en haut).

181

DES CHARENTES AU PAYS BASQUE

Un joyeux accent

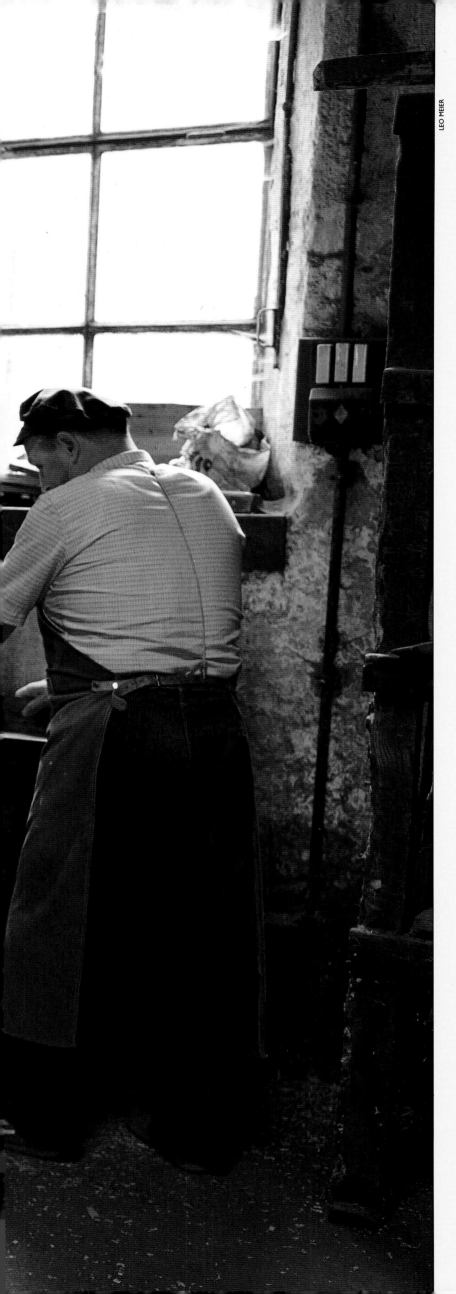

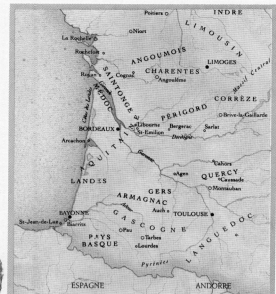

GASCOGNE CHARENTES PÉRIGORD QUERCY AQUITAINE ET PAYS BASQUE

Un joyeux accent

Ce pays chante, s'émeut, gambade. Il est volontiers joyeux, vert, vallonné, muré derrière ses hautes forêts ou discret à l'ombre de ses châteaux. Il se souvient de son riche passé : séparé de la France et de son royaume, gouverné trois siècles durant par les Plantagenêt au lendemain du mariage d'Aliénor d'Aquitaine avec le futur roi de Grande-Bretagne, Henri II. Les provinces de Guyenne, Gascogne, Périgord ou Saintonge furent ses vassales. D'où les liens durables tissés avec l'Angleterre. À Bordeaux, sur les quais des Chartrons, où les tonneaux de chêne remplis de bon vin partent pour le port de Londres sous l'appellation de « claret ». En Charente, où les noms des maisons de cognac ont des connotations anglaises. En Périgord, où les bastides, ces villages transformés en places fortes, étaient devenues, au XIIIᵉ siècle, les points d'appui de la couronne anglaise au royaume capétien.

ARTISANS AU TRAVAIL À LA TONNELLERIE DEMPTOS, À SAINT-ÉMILION.

PAGES PRÉCÉDENTES : DU CHÂTEAU DE BEYNAC-ET-CAZENAC (XIIᵉ siècle), SURPLOMBANT LA DORDOGNE, ON JOUIT D'UNE VUE SPECTACULAIRE SUR LE BOURG DE LA ROQUE-GAGEAC.
LEO MEIER

LA ROCHELLE EST LE PRINCIPAL PORT DE LA CHARENTE-MARITIME, ET L'UN DES PLUS PITTORESQUES DE LA CÔTE ATLANTIQUE

Et la cuisine dans tout cela ? Un patrimoine solide, retors, fort de ses richesses s'est comme cantonné derrière ses frontières : un peu partout, mais surtout dans les landes de haute Gascogne, en Périgord et dans le Quercy limitrophe, c'est le royaume du foie gras, du magret et du confit. Celui de l'oie et du canard que l'on gave de maïs et qui gambabe en liberté sur une terre fertile.

Partout aussi, c'est le domaine des alcools nobles. Non seulement celui des grands vins de Gironde, du Médoc, de Graves, de Pomerol et de Saint-Émilion. Mais de la distillation du raisin en eau-de-vie, dans les alambics en cuivre, selon le système en deux temps dit de la double repasse charentaise : le saint-émilion des Charentes et le colombard à Cognac ; la folle blanche ou l'ugni blanc en Armagnac. Alcools doux et soyeux aux arômes de vieille prune mûrie au bois de chêne dans des tonneaux cerclés au feu.

De tous les pays du Sud-Ouest, le Périgord est sans doute celui qui a le mieux conservé sinon ses traditions, du moins l'image de la vraie douceur française. La pierre dorée des villages du Périgord noir, le blanc calcaire de Nontron à Bourdeilles, la douceur champêtre du Périgord vert, des eaux de la Dronne qui baigne Bourdeilles, le bourg témoin de Saint-Jean-de-Côle, les marchés de Bergerac ou de Thiviers, les nobles demeures de Trémolat, de Saint-Léon-sur-Vézère, les nombreuses grottes des Eyzies-de-Tayac, capitale mondiale de la préhistoire, les châteaux de Beynac, de Castelnaud, de Puyguilhem, les abbayes de Saint-Cyprien, de Cadouin ou de Brantôme.

Les gens d'ici portent la canne et le béret, épluchent châtaignes et noix sur leurs chaises, adossés à la cheminée. Et les produits de tradition abondent pour donner des mets qui vous mettent l'odeur du pays à la bouche : cous d'oie farcis, confits, foie gras et truffes. La tradition de « confire » les produits en les faisant cuire longuement dans leur graisse puis en les mettant en pots de grès s'applique autant à l'oie, au canard, qu'au porc. Elle est d'abord un mode de conservation qui date, selon la tradition, du temps des invasions maures. Elle a également pour effet d'adoucir la viande et de lui apporter un goût plus tendre. Les pommes sarladaises (sautées à l'ail) en sont l'accompagnement par excellence.

Les foies gras ne sont qu'une des multiples formes — privilégiée, il est vrai — des pâtés d'ici que l'on trouve aussi bien aux perdreaux ou aux foies de volaille. Les vieux Périgourdins aiment les foies gras anciens, estimant qu'ils vieillissent fort bien dans leur boîte en fer-blanc. Mais il est de nombreuses formes de terrines employées ici où entre généralement la truffe. Ce « diamant noir » dit *tuber melanosporum* est une variété rare de tubercules, cachés à l'ombre de chênes et produisant, à fleur de terre, des filaments blanchâtres qui peuvent permettre sa reconnaissance : c'est le mycélium. On attribue à la truffe des vertus aphrodisiaques. Il faut dire que son parfum est l'un des plus enivrants qui soient. Et accommode fort bien de nombreux plats : en jus, en lamelles, comme condiment. Dans les œufs brouillés ou tout simplement dans une salade, la truffe dite « du Périgord » (mais celles produites en Provence et vendues sur les marchés du Tricastin prennent également cette appellation) fait merveille.

Difficile de séparer les richesses du Périgord de celles du Quercy, la province voisine. Les riches demeures périgourdines paraissent s'opposer aux maisons quercinoises plus frustes. Mais c'est confondre le Périgord noir, qui navigue au long du cours de la Vézère, longe la Dordogne qui fait des nœuds de serpents (les « cingles ») et emprisonne des belvédères (comme celui de Domme) avec le Quercy des causses (dont celui de Gramat, le plus fameux).

Ici comme là, les villages haut perchés, la pierre brune dorant au couchant, les toits olivâtres et puis les troupeaux d'oies ou de canards s'ébattant dans les champs. Les villages d'Autoire et de Loubressac, de Carennac et de Fénelon, en Quercy, sont les petits cousins de ceux, plus magnificents, de Beynac-et-Cazenac, La Roque-Gageac et surtout Sarlat, la grande cité fière et altière de l'allié périgourdin.

Périgord comme Quercy sont le royaume de la noix qui donne, pressée dans de vieux moulins, une huile onctueuse, pure et parfumée. Ici comme là, la pâtisserie reine est le « pastis », une pâte tirée, très

SAINT-ÉMILION, À L'EST DE BORDEAUX, POSSÈDE DE BEAUX CLOÎTRES ET UN POINT DE VUE SPECTACULAIRE SUR LES FAMEUSES VIGNES DE LA RÉGION.

fine, que l'on parfume aux pommes et à l'armagnac et qui s'apparente fort à la pastilla maghrébine, indiquant, après le confit, l'influence du passage des Maures. La méthode en est simple : une pâte à nouilles, contenant farine, sucre vanillé, sel, œufs, eau, pétrie le soir, étalée, puis tirée lentement sur de longues tables pour obtenir la pâte la plus fine possible.

Du Quercy, surtout, les petits fromages de chèvre que l'on nomme cabécous et qui se présentent comme de petits disques de 60 mm de diamètre sur 16 d'épaisseur. Fabriqués traditionnellement sur le causse de Rocamadour, ils possèdent un goût prononcé, sauvage, laiteux et herbeux, une consistance bien ferme, surtout en vieillissant lorsque le cabécou s'effrite, comme le calcaire du causse.

Ici encore, les eaux-de-vie de prune que l'on fait vieillir dans le bois, les escargots, les champignons, comme les cèpes des sous-bois. De là et d'ici aussi, le vin. Il s'appelle bergerac blanc et rouge et, plus noblement, pécharmant en Périgord, ou encore monbazillac doux et moelleux, idéal pour accompagner le foie gras. En Quercy, c'est le cahors issu du cépage côt, qui donne un rouge aromatique et râpeux qui s'assouplit, s'arrondit, se bonifie en vieillissant. Il se produit au long de la vallée du Lot, à deux pas des anciennes truffières.

Les landes de Chalosse, grasses, vallonnées et rebondies, sont, elles aussi, pays de bonne chair. Les petits vins de Tursan, l'armagnac, le foie gras, les confits : tout ce que l'on retrouvera plus loin, dans le Gers, dont Auch est la capitale. Aux grandes forêts des Landes, dont les pins s'étendent jusqu'à la mer, s'oppose un paysage verdoyant, doux et moutonnant de collines paisibles.

La province de Gascogne, gagnée sur l'Angleterre, rattachée au royaume de France au milieu du XVe siècle, rassemble plusieurs départements aux contours divers : Gers, Hautes-Pyrénées, une partie des Landes, un bout d'Ariège et de Haute-Garonne, du Tarn-et-Garonne et du Lot-et-Garonne. On pourrait lui annexer Bordeaux, la Gironde, l'ancien comté de Guyenne.

En points communs : des traditions et des produits. Le foie gras encore qui est massivement produit autour d'Auch, comme le magret ou maigret, ce filet de canard gras que l'on fait poêler comme un steak et que l'on assortit de pommes à l'ail ou de pêches jaunes rôties au beurre. Les confits encore, qui abondent en landes de Chalosse. Et puis les poissons de Gironde. Le saumon se fait rare. Mais l'esturgeon, paraît-il, remonte encore l'estuaire, produisant un caviar fort renommé autrefois.

Pour l'heure, le roi des poissons d'Aquitaine —

LES HÔTES DU RESTAURANT DOMINIQUE À SAINT-ÉMILION NE SAVOURENT PAS SEULEMENT LES SPÉCIALITÉS LOCALES, MAIS AUSSI LES VINS. LA RÉGION NE COMPTE PAS MOINS DE VINGT-NEUF CHÂTEAUX PRODUISANT DES GRANDS CRUS.

l'ancienne province d'Aliénor dont Bordeaux est la capitale — est la lamproie, une grosse anguille, à la chair à la fois fine et grasse, que l'on accommode au vin rouge, comme en matelote. Les spécialités de Bordeaux et de sa région pourraient s'égrener comme un vaste collier gourmand tant elles sont nombreuses : les huîtres de Marennes que l'on sert avec de petites saucisses grillées (les « crépinettes » truffées), les piballes qui sont de petites anguilles servies poêlées ou grillées, l'entrecôte à la bordelaise avec une sauce au vin rouge échalotée. Sont dites « à la bordelaise » toutes les sauces où entre du vin rouge, avec cèpes, moelle, hachis d'oignons, de persil ou d'échalotes, voire d'ail. C'est dire que l'expression est vaste, soumise à des interprétations multiples...

Au nord, les Charentes : ce nom populaire qui désigne les anciennes provinces d'Aunis et de Saintonge. La richesse première : le cognac. Mais aussi le pineau, préparé en mélangeant cognac et moût de raisin. La gastronomie indique la proximité de la mer et l'étendue de la terre plate où le citoyen est aussi lent d'allure que son frère animal, l'escargot dit cagouille. D'où le surnom des gens du pays : les « cagouillards ».

Les spécialités d'ici : les huîtres de Marennes,

d'Oléron ou de La Rochelle, la mouclade qui est une préparation de moules à base de crème, vin blanc et échalote ; l'éclade, propre à la Saintonge, qui consiste à disposer les moules sur une planche, recouvertes d'un tapis d'aiguilles de pin que l'on enflamme, et que l'on déguste brûlantes ; la chaudrée d'Aunis qui est une soupe de poissons — raie, sole, petites seiches, tronçons d'anguille, cuits dans le vin blanc et additionnés de thym, beurre, laurier et ail — ; le « gigourit » charentais, une daube d'abats de porc cuite au sang, les lumas ou cagouilles à la vigneronne, variété d'escargots cuits au vin rouge ; les palourdes dégustées nature, la daube, les tripes d'Angoulême et puis les fèves de marais que l'on dit « mojettes » et qui se consomment en ragoût.

Le beurre des Charentes est l'un des plus réputés de France. Il entre dans la composition de tous les mets, mais aussi des pâtisseries renommées comme la tarte à la frangipane, les biscottes de Pons, les brioches de Taillebourg et tous les gâteaux charentais parfumés au pineau ou au cognac.

Il faudrait faire une place à part au Pays basque, le plus attachant des pays du Sud-Ouest, le plus original, puisque sa langue, ses traditions et sa ferveur se prolongent de l'autre côté de la frontière espagnole, que ses origines demeurent mystérieuses et son identité intacte.

Le Pays basque, ce n'est pas seulement le port du béret, la pratique de la pelote sur les trinquets et les frontons, l'utilisation de la makila, cette canne pointue

DANS LES VILLES PORTUAIRES COMME LA ROCHELLE, LES CONVIVES ALLÉCHÉS QUI COMMANDENT DES PLATEAUX DE FRUITS DE MER SONT ASSURÉS DE LEUR FRAÎCHEUR. IL N'EST PAS RARE D'Y VOIR DES PÊCHEURS, À L'HEURE DU DÉJEUNER, PROPOSER EN VENTE AMBULANTE LEURS FRUITS DE MER FRAÎCHEMENT RÉCOLTÉS.

LEO MEIER

LE JEU DE BOULES OU DE PÉTANQUE EST APPRÉCIÉ PARTOUT ET À TOUS LES ÂGES,
COMME ICI À BERGERAC.

dont faisaient bon usage les bergers. C'est d'abord un air pur, inviolé, qui court du sommet de la Rhune à la montagne de Soule, en pleines Pyrénées, des vertes collines du Labourdine, des maisons blanches aux pans de bois verts et rouges, aux toits à double pente, jusqu'à la Rhune, cette montagne sainte des Basques.

L'air du pays : celui qui se retrouve sur le vieux port de Saint-Jean-de-Luz où les bateaux déchargent leur cargaison de thons, pibales, aloses, colins ou merlus, louvines (le bar local), qui court au long des cascades, près du frais cours de la Nive, dans les venelles de Saint-Jean-Pied-de-Port, la capitale de l'intérieur.

Le plus attachant des pays d'ici : avec le jambon de Bayonne, cru, séché, frotté de piments, les tourons, qui sont des pâtes d'amande décorées et colorées, les macarons, les caramels au chocolat dits « kanougas », le chocolat lui-même qui fut importé par les juifs d'Espagne, le gâteau basque à base de farine, d'œufs, de rhum, de sucre, enrichi de fruits, comme les cerises noires ou l'abricot séché.

Le goût du pays ? C'est le piment qui le lui donne : ce piment doux ou poivron rouge cultivé au joli village d'Espelette se retrouve dans tous les plats : le boudin dit « tripoxa », le poivron farci à la morue, la piperade qui n'est rien d'autre qu'une brouillade d'œufs avec poivrons et tomates. Dans les sauces aussi, qui accompagnent les langoustines ou les poissons du golfe de Saint-Jean-de-Luz, dans les jus corsés, dans la soupe de poissons, cuite lentement par les pêcheurs et qui a nom « torro ».

Et puis encore, la viande bien rouge et bien dure de taureau que l'on mange, les soirs de corrida à Bayonne, les palombes que l'on chasse à l'automne dans le vallon des Aldudes, dans un paysage intact, vert et montagneux, ponctué de cabanes brunâtres nommées les palombières, l'agneau des Pyrénées, parfumé, sauvage, de chair juteuse, le saumon qui remonte le fleuve de l'Adour et que l'on sert juste grillé avec béarnaise, les pibales, ces alevins d'anguilles ramassés par mauvais temps que l'on accommode avec ail et piment, « à la basquaise » ; le rude vin d'Irouléguy, l'alcool de prune et de poire des vergers, aux abords de Saint-Étienne-de-Baïgorry, l'Izarra verte, corsée, ou jaune, plus douce, issue d'une macération des plantes de la montagne, le fromage de brebis au goût d'herbe et de noisette.

Comment, vous n'en pouvez plus ? Mais on vous le disait bien qu'il est enivrant le Pays basque, le plus sudiste des petits pays du grand « Sud-Ouest ».

LÉGUMES

Un jardin d'Éden

AUCUN LÉGUME N'EST AUSSI UTILISÉ EN FRANCE QUE LA POMME DE TERRE,
PLUS PARTICULIÈREMENT DANS LA CUISINE DU NORD ET DU CENTRE.

LÉGUMES

Un jardin d'Éden

La France est un grand jardin richement planté du nord au sud. Les champs de grandes cultures, l'élevage sous serre, les jardins potagers : voilà qui donne partout de biens beaux fruits.

Il n'est rien de plus plaisant que s'en aller cueillir ses légumes au Marché d'intérêt national situé à Rungis. Celui-ci a remplacé, au grand dam du flâneur parisien, les vieilles Halles d'antan si pittoresques sous les frondaisons dessinées par Baltard. C'est dans un univers de tôle et de béton que le professionnel — restaurateur ou grossiste en primeurs — vient quérir le meilleur du meilleur. Artichauts violets de Provence, choux d'Alsace ou d'Auvergne, endives des Flandres, haricots du Poitou, fèves d'Aquitaine, petits pois de Vendée, pommes de terre d'Ile-de-France : tout s'y trouve selon la saison et l'on n'en finirait pas d'égrener la grande richesse du potager français.

Chaque légume parle pour une région. La courgette, le poivron et l'olive évoquent les marchés de Provence et de Côte d'Azur. Les Halles de Forville, à Cannes, témoignent de la grande richesse légumière du pays du soleil. Du pays de Léon en Cornouaille, la Bretagne a élu roi et reine l'artichaut et la pomme de terre. Le piment doux a donné sa gloire au village basque d'Espelette. Et si les betteraves sont nordistes, les cardons, fins, fibreux, cousins de l'artichaut, que

l'on consomme en gratin et à la moelle, appartiennent au terroir lyonnais.

On trouve la noble asperge aussi bien en Sologne à Vineuil, qu'en Lubéron au Perthuis, qu'en Alsace à Village-Neuf ou à Hœrdt, qu'en Val de Loire du côté de Chinon. Qui veut la troquer pour le « vulgaire » poireau sera ravi de constater que ce dernier est en fait aussi riche de possibilités multiples que son grand voisin. Diététique, diurétique, le poireau devient, coupé en fines lamelles, un condiment qui ressemble étonnamment à l'oignon.

Chaque légume peut en cacher un autre. Chou, chou frisé, chou blanc, chou rouge, chou vert, chou de Bruxelles, chou à choucroute : légume aux mille usages. Artichauts que l'on sert en ragoût à la barigoule, en vinaigrette, en utilisant les feuilles, puis le cœur, en fonds pour la garniture d'un pâté de foie gras. Ou encore légumes mêlés pour constituer la plus printanière des jardinières (avec petits pois, carottes, oignons, navets, haricots verts), la plus provençale des ratatouilles, les plus exquis des petits farcis. Qui se consomment en beignets, poêlés, frottés d'oignon, d'ail, d'herbe, de beurre, d'huile, que l'on frit, rôtit, fait mijoter, à l'étuvée, au bain-marie, dans une cocotte en fonte, au four.

Ah, les bons et beaux légumes que voilà ! Et qui

PAGES PRÉCÉDENTES : ARTICHAUTS À LA BARIGOULE (à gauche, recette page 204), RATATOUILLE (au centre, recette page 195) ET TOMATES À LA PROVENÇALE (à droite, recette page 195), PHOTOGRAPHIÉES EN PROVENCE.
PIERRE HUSSENOT/AGENCE TOP

LEO MEIER

EN FRANCE, L'ACHAT DE FRUITS ET DE LÉGUMES N'EST PAS UN PIÉTINEMENT SOLITAIRE
DANS UNE ALLÉE DE SUPERMARCHÉ ; C'EST UN RITUEL DE LA VIE QUOTIDIENNE.

LA FAÇON IDÉALE DE PRÉPARER LES LACTAIRES DÉLICIEUX, TRÈS COMMUNS EN PROVENCE, EST JUSTEMENT « À LA PROVENÇALE » : SAUTÉS À L'HUILE D'OLIVE AVEC DE L'AIL HACHÉ, DU PERSIL ET UN FILET DE CITRON.

UN JARDIN AUSSI MINUTIEUSEMENT ENTRETENU QUE CELUI-CI, DANS LA VALLÉE DE LA LOIRE, NE PEUT OFFRIR QUE LES PLUS BELLES FLEURS ET LES PLUS DÉLICIEUX LÉGUMES.

pourraient former à eux seuls tout un repas : aligot de l'Aubrac, qui offre une purée de pommes de terre onctueuse, parfumée d'ail et mélangée à de la tomme fraîche, que l'on tourne, retourne, effile, et qui se suffit à elle-même ; truffade d'Auvergne, lentilles enrichies de lard, chou que l'on farcit bellement. Dans maints plats de tradition française (le cassoulet, la choucroute), les légumes constituent l'élément central. Ils donnent au mets son goût, son unité, sa raison d'être.

Le Moyen Âge les avait un tantinet oubliés. Le XIXe siècle les avait quelque peu étouffés sous un amas de sauces alambiquées. La « nouvelle cuisine » leur a redonné la place d'honneur, recommandant aux cuisiniers d'utiliser toute leur saine variété.

Certains ont abusé des « petits légumes », des mousses juste dignes des purées de bébé. D'autres, au contraire, ont su tirer des accents nouveaux de la betterave, des pois gourmands, du céleri, des navets exquis lorsqu'ils sont servis confits, de l'endive à la savoureuse saveur sucrée, de la toute simple pomme de terre si bonne en purée et qui donne un tour inusité aux viandes et poissons les plus classiques. Si bien que s'il fallait se passer aujourd'hui des bons et frais légumes, on se demande tout bonnement ce que deviendrait la grande cuisine française !

194

Provence

TOMATES À LA PROVENÇALE

6 grosses tomates mûres mais fermes, de 200 g chacune
2 gousses d'ail
2 cuil. à soupe de persil plat ciselé
1 cuil. à soupe rase de sucre
5 cuil. à soupe d'huile d'olive
sel, poivre

Allumez le four, thermostat 7. Lavez les tomates et coupez-les en deux horizontalement. Retirez les graines avec une petite cuillère. Pelez les gousses d'ail et hachez-les menu. Mélangez ail et persil.

Huilez légèrement un grand plat à four pouvant contenir les tomates en une seule couche. Rangez-y les tomates, côté coupé vers le haut. Arrosez-les du reste d'huile. Parsemez d'ail et de persil, de sel et de sucre.

Glissez le plat au four et laissez cuire 1 h, jusqu'à ce que les tomates soient ratatinées. Servez chaud.

POUR 4 PERS.   *Photos pages 190-191*

Provence

RATATOUILLE

Cette préparation estivale se déguste sur toute la côte méditerranéenne, mais on l'appelle souvent ratatouille niçoise.

1 kg de petites courgettes
1 kg de tomates mûres
300 g de petites aubergines
2 poivrons rouges de 200 g
500 g d'oignons
4 gousses d'ail
1 feuille de laurier
2 brins de thym frais
6 brins de basilic
1 cuil. à café de sucre
1 dl d'huile d'arachide
4 cuil. à soupe d'huile d'olive
sel, poivre

Faites griller les poivrons au gril du four, en les tournant souvent, pendant environ 25 mn, jusqu'à ce que leur peau soit noire. Mettez-les ensuite dans un plat, couvrez et laissez-les tiédir.

Préparez les autres légumes : lavez les aubergines et les courgettes, et coupez-les en cubes de 2 cm. Pelez les oignons et émincez-les finement. Ébouillantez les tomates 10 secondes, puis rafraîchissez-les sous l'eau courante, pelez-les, coupez-les en deux et éliminez-en les graines. Hachez grossièrement la pulpe. Pelez les gousses d'ail.

Lorsque les poivrons sont cuits, pelez-les, coupez-les en deux et éliminez les graines et les filaments blancs. Coupez la pulpe en rectangles de 2×4 cm.

Faites chauffer 2 cuillerées à soupe d'huile d'arachide dans une poêle antiadhésive de 24 cm. Ajoutez les poivrons et faites-les dorer 2 mn.

Réservez-les dans une passoire et éliminez l'huile de cuisson.

Mettez 4 cuillerées à soupe d'huile d'arachide dans la poêle et faites-y blondir les oignons. Égouttez-les et ajoutez-les aux poivrons.

Ajoutez 3 cuillerées à soupe d'huile d'arachide dans la poêle et faites-y blondir les courgettes. Égouttez-les et ajoutez-les dans la passoire.

Versez les 3 dernières cuillerées à soupe d'huile d'arachide dans la poêle et faites-y dorer les aubergines. Égouttez-les et ajoutez-les dans la passoire.

Versez les tomates dans une sauteuse antiadhésive de 28 cm. Ajoutez-y l'huile d'olive, le laurier, le thym et l'ail au presse-ail. Portez à ébullition et ajoutez sel, poivre et sucre. Mettez tous les légumes dans la sauteuse. Lorsque l'ébullition reprend, couvrez et laissez cuire 30 mn environ, à feu modéré, en tournant de temps en temps.

Pendant ce temps, lavez le basilic, éliminez les tiges et ciselez grossièrement les feuilles.

À la fin de la cuisson, les légumes sont très tendres. Retirez thym et laurier. Ajoutez le basilic ciselé, mélangez et servez aussitôt, tiède ou complètement froid.

POUR 4 PERS.   *Photos pages 190-191*

Bourgogne

PETS-DE-NONNE

100 g de farine
100 g de comté finement et fraîchement râpé
80 g de beurre
5 œufs
2 dl d'eau
1/2 cuil. à café de sel
Pour la cuisson :
1 litre d'huile d'arachide

Préparez la pâte à choux selon la recette de la page 253 et incorporez-y le fromage juste avant les œufs.

Faites chauffer l'huile dans une petite bassine à friture. Lorsqu'elle est chaude, prenez la pâte par petites cuillerées et faites-la glisser dans l'huile en la poussant avec une deuxième petite cuillère légèrement huilée : cela va lui permettre de tomber dans l'huile en boule. Dès qu'elles plongent dans l'huile, les petites boules gonflent et se retournent d'elles-mêmes de tous côtés. Au fur et à mesure de leur cuisson qui dure 5 mn environ, retirez les pets de nonne avec une écumoire et posez-les sur un papier absorbant. Servez aussitôt.

POUR 6 PERS.

PETS-DE-NONNE

GNOCCHIS

Provence

GNOCCHIS

1 kg de pommes de terre à chair farineuse
250 g de farine de blé blanche
1 œuf
2 cuil. à soupe d'huile d'olive
sel, poivre
Pour servir :
sauce tomate ou crème fraîche et beurre mélangés ou sauce
   de daube
parmesan finement et fraîchement râpé

Lavez les pommes de terre sous l'eau courante en les brossant puis mettez-les dans une casserole. Couvrez-les largement d'eau froide. Portez à ébullition, salez et laissez cuire environ 25 mn, jusqu'à ce que les pommes de terre soient très tendres : la pointe d'un couteau doit facilement les transpercer.

Lorsque les pommes de terre sont cuites, égouttez-les et rafraîchissez-les sous l'eau courante. Pelez-les et passez-les au moulin à légumes grille fine, au-dessus d'un saladier. Ajoutez l'œuf, l'huile, la farine en la tamisant, sel et poivre. Mélangez avec une spatule jusqu'à ce que tous les ingrédients soient amalgamés puis avec les mains jusqu'à obtention d'une pâte lisse et homogène qui se détache des doigts. Selon le type de farine utilisée, il vous en faudra plus ou moins de 250 g.

Façonnez la pâte en boudins de 1 cm de diamètre puis coupez-les en tronçons de 1,5 cm. Prenez une fourchette et farinez-la. Posez le côté arrondi sur le plan de travail et roulez chaque tronçon de pâte sur la fourchette de la pointe vers le manche avec votre index fariné. Posez chaque gnocchi sur un torchon.

Faites bouillir de l'eau dans une marmite. Salez-la et plongez-y les gnocchis. Dès qu'ils remontent à la surface, au bout de 2 ou 3 mn, égouttez-les et mettez-les dans un plat de service. Assaisonnez-les selon votre goût, mélangez et servez, avec du parmesan râpé.

POUR 8 PERS.

Corse

POLENTA DE CHÂTAIGNES

250 g de farine de châtaigne
sel
Pour servir :
broccio frais
huile d'olive
poivre

Versez 1 litre d'eau dans une casserole et portez à ébullition. Salez. Versez la farine en pluie. Mélangez pendant 15 mn avec une spatule, jusqu'à ce que la préparation épaississe et forme une masse qui se détache des parois de l'ustensile.

Versez la préparation sur un torchon de lin humidifié : la polenta s'étale naturellement. Découpez-la avec un couteau trempé dans de l'eau froide et servez aussitôt. Chaque tranche sera garnie de broccio et arrosée d'un filet d'huile d'olive. Poivrez et dégustez sans attendre.

S'il vous reste de la polenta froide, faites-la dorer dans de l'huile d'olive et dégustez-la avec une salade de saison.

POUR 6 PERS.

Corse

COURGETTES AU BROCCIO

1,2 kg de petites courgettes rondes : 10 courgettes
250 g de broccio frais
20 g de mie de pain de mie
15 g de parmesan finement et fraîchement râpé
1 cuil. à soupe de pignons
36 raisins de Corinthe
1 cuil. à soupe de basilic ciselé
1 gousse d'ail
2 cuil. à soupe d'huile d'olive
sel, poivre

Retirez le pédoncule des courgettes et lavez-les sous l'eau courante, en les brossant. Coupez-les en deux horizontalement et faites-les précuire à la vapeur, pendant 15 mn. Ensuite creusez-les jusqu'à 1 cm des bords, à l'aide d'une cuillère parisienne et hachez grossièrement la pulpe retirée. Pelez la gousse d'ail et hachez-la menu.

Faites chauffer 1 cuillerée à soupe d'huile dans une poêle antiadhésive de 24 cm et faites-y dorer la pulpe de courgettes, en remuant sans cesse avec une spatule, pendant 3 mn. Ajoutez l'ail et le basilic et mélangez encore 2 mn. Retirez du feu, salez et poivrez.

Réduisez la mie de pain en fine chapelure, au robot. Écrasez le fromage à la fourchette dans une assiette et ajoutez-y la mie de pain, le parmesan, les raisins et les pignons. Mélangez bien puis ajoutez le contenu de la poêle. Mélangez encore.

Allumez le four, thermostat 7. Lorsque les demi-courgettes sont froides, épongez-en bien l'intérieur avec un papier absorbant. Garnissez-les de farce, en formant un petit dôme. Huilez avec 1 cuillerée à soupe d'huile un plat à four pouvant contenir les demi-courgettes en une seule couche. Rangez-les dans le plat et glissez-le au four. Laissez cuire 45 mn, jusqu'à ce que la farce soit gonflée et dorée. Servez chaud ou tiède.

POUR 5 PERS.

PETER JOHNSON

FÈVES EN RAGOÛT

Aquitaine

FÈVES EN RAGOÛT

2 kg de fèves fraîches
6 petites carottes nouvelles
8 petits oignons nouveaux, ronds
100 g de poitrine fumée
1,5 dl de bouillon de volaille
1 brin de thym frais
50 g de graisse d'oie
sel, poivre

Écossez les fèves et retirez la petite peau verte qui les recouvre. Pelez les carottes, lavez-les et coupez-les en fines rondelles. Pelez les oignons, retirez-en la tige verte et lavez-les. Hachez finement la poitrine fumée au couteau, en éliminant la couenne.

Faites fondre la graisse d'oie dans une sauteuse antiadhésive de 26 cm. Ajoutez les carottes, les oignons, la poitrine fumée et le thym, en l'effeuillant. Laissez cuire 5 mn sur feu doux, en tournant souvent, jusqu'à ce que les légumes blondissent. Ajoutez les fèves et le bouillon. Salez peu, poivrez, couvrez et laissez cuire 10 mn jusqu'à ce que les fèves soient tendres.

Versez les fèves en ragoût dans un plat creux et servez aussitôt.

POUR 4 PERS.

Île-de-France

POMMES ANNA

Elles furent imaginées par Adolphe Dugléré en hommage à Anna Deslions, une « lionne » du second Empire. Dans les restaurants, elles sont cuites dans un ustensile spécial : une petite cocotte en cuivre munie d'un couvercle bien emboîtant assurant ainsi une cuisson parfaite.

750 g de pommes de terre à chair ferme : BF 15, roseval
150 g de beurre
sel

Allumez le four, thermostat 6. Faites fondre le beurre dans une casserole et laissez-le tiédir. Retirez l'écume qui se forme à la surface puis versez délicatement le beurre dans un bol afin d'éliminer le dépôt blanc au fond de la casserole : vous obtenez un beurre limpide appelé beurre clarifié.

Pelez les pommes de terre et épongez-les. Coupez-les en rondelles de 3 mm d'épaisseur.

Beurrez un moule à manqué de 22 cm et rangez les pommes de terre en couches en salant légèrement et en ajoutant du beurre clarifié entre chaque couche.

Glissez le moule au four et laissez cuire 1 h puis retirez du four. Laissez reposer 5 mn puis démoulez les pommes Anna sur un plat. Servez aussitôt.

POUR 4 PERS.

Dauphiné

GRATIN DAUPHINOIS

500 g de pommes de terre à chair ferme : BF 15, roseval
2 dl de lait
1 dl de crème liquide
1 gousse d'ail
4 pincées de noix muscade râpée
2 pincées de cannelle en poudre
10 g de beurre
sel, poivre

Allumez le four, thermostat 5. Pelez les gousses d'ail et passez-les au presse-ail au-dessus d'une grande casserole. Ajoutez le lait et la crème, et portez à ébullition sur feu doux.

Pendant ce temps, pelez les pommes de terre, lavez-les et épongez-les. Coupez-les en très fines rondelles dans un robot. Ajoutez-les dans la casserole avec sel, poivre, cannelle et noix muscade. Laissez cuire 5 mn, en tournant délicatement les pommes de terre.

Beurrez un plat à four de 26 × 18 cm. Versez-y les pommes de terre et égalisez la surface à la spatule. Glissez le plat au four et laissez cuire 50 mn environ, jusqu'à ce que la surface du gratin soit blonde. Servez chaud dans le plat de cuisson.

POUR 4 PERS.

Bretagne

POMMES DE TERRE À LA BRETONNE

1 kg de pommes de terre à chair ferme : BF 15, roseval, rattes
400 g de tomates mûres
200 g d'oignons
1/2 litre de bouillon de volaille (p. 253)
3 gousses d'ail
1 brin de thym
1 feuille de laurier
50 g de beurre
sel, poivre

Allumez le four, thermostat 5. Pelez les pommes de terre, lavez-les et épongez-les. Coupez-les en cubes de 1,5 cm de côté. Pelez les oignons et émincez-les finement. Pelez les gousses d'ail et hachez-les menu. Ébouillantez les tomates

PETER JOHNSON

POMMES ANNA (à gauche), GRATIN DAUPHINOIS (en bas à droite)
ET POMMES DE TERRE À LA BRETONNE (en bas à droite).

10 secondes, puis rafraîchissez-les sous l'eau courante, pelez-les, coupez-les en deux et éliminez-en les graines ; hachez grossièrement la pulpe.

Beurrez avec la moitié du beurre un plat à four de 20×30 cm. Mettez-y pommes de terre, oignons, ail, tomates, sel et poivre. Mélangez. Versez le bouillon dans le plat et parsemez du reste de beurre en noisettes.

Glissez le plat au four et laissez cuire 1 h environ, jusqu'à ce que les pommes de terre soient tendres et blondes, et le bouillon évaporé. Servez chaud dans le plat de cuisson.

POUR 4 PERS.

Provence

FLEURS DE COURGETTE FARCIES

18 grosses fleurs de courgette
250 g de brousse de brebis fraîche
40 g de chapelure
2 blancs d'œufs
2 cuil. à soupe de persil plat ciselé

50 g de parmesan finement et fraîchement râpé
1 citron non traité
40 g de beurre
sel, poivre
Pour le moule :
10 g de beurre

Allumez le four, thermostat 7. Beurrez un plat à four de 32×22 cm. Retirez le pistil des fleurs sans séparer les pétales. Essuyez-les avec un linge humide et réservez-les. Écrasez le fromage frais dans une terrine, à la fourchette. Lavez le citron et râpez son zeste au-dessus de la terrine. Ajoutez la chapelure, la moitié du parmesan et le persil. Salez peu et poivrez abondamment. Mélangez.

Battez les blancs en neige ferme et incorporez-les au contenu de la terrine. Garnissez chaque fleur de $1/18^e$ de la préparation, en les tenant par la pointe que vous roulez en papillote.

Rangez les fleurs au fur et à mesure dans le plat beurré. Faites fondre le beurre dans une petite casserole et arrosez-en les fleurs farcies. Parsemez du reste de parmesan.

Glissez le plat au four et laissez cuire 15 mn environ, jusqu'à ce que les fleurs soient dorées et gonflées. Servez aussitôt dans le plat de cuisson.

POUR 6 PERS. *Photos pages 8-9*

Vendée

EMBEURRÉE DE CHOU

1 chou vert de 1 kg
100 g de beurre
sel, poivre

Éliminez les grosses feuilles extérieures du chou et ébouillantez celui-ci 10 mn dans une grande marmite. Ensuite égouttez-le, coupez-le en quatre et retirez le centre dur. Coupez chaque quartier de chou en très fines lanières en éliminant les côtes trop dures.

Faites fondre 75 g de beurre dans une sauteuse antiadhésive de 28 cm et ajoutez le chou. Salez, poivrez, couvrez et laissez cuire pendant 20 mn environ, à feu très doux, jusqu'à ce que le chou soit très tendre. Retirez du feu, ajoutez le reste de beurre et mélangez bien : le chou doit légèrement s'écraser.

Mettez l'embeurrée dans un plat creux et servez aussitôt.

POUR 4 PERS.

Provence

HARICOTS VERTS À L'AIL

750 g de haricots verts très fins
6 gousses d'ail
2 cuil. à soupe de chapelure blanche
2 cuil. à soupe de persil plat ciselé
2 cuil. à soupe d'huile d'olive fruitée
20 g de beurre
sel, poivre

Effilez les haricots, lavez-les et égouttez-les. Plongez-les dans une grande quantité d'eau bouillante salée et faites-les cuire 6 à 8 mn, à découvert et à feu vif : ils doivent rester légèrement croquants.

Égouttez les haricots dans une passoire et plongez-les aussitôt dans une grande quantité d'eau très froide afin qu'ils gardent leur belle couleur verte. Égouttez-les.

Pelez les gousses d'ail et hachez-les très finement. Mettez-les dans une sauteuse antiadhésive de 26 cm avec du poivre, le persil, la chapelure et l'huile. Faites chauffer à feu doux, en tournant pendant 1 mn. Ajoutez le beurre et, lorsqu'il est fondu, les haricots. Faites-les chauffer en mélangeant et servez aussitôt.

POUR 4 PERS.

Flandres

ENDIVES À LA FLAMANDE

L'endive est un légume du Nord, apparu en France en 1879, via la Belgique. On l'appelle aussi « chicorée de Bruxelles » ou « chicon ».

1 kg d'endives moyennes
4 cuil. à soupe de jus de citron
1 cuil. à soupe de cassonade
50 g de beurre
sel, poivre

Retirez les premières feuilles des endives ainsi que la partie amère du cœur. Rincez les endives et épongez-les.

Allumez le four, thermostat 6. Beurrez avec 20 g de beurre un plat à four pouvant contenir les endives en une seule couche.

Rangez les endives tête-bêche dans le plat, salez-les, sucrez-les, poivrez-les et arrosez-les de jus de citron. Ajoutez le reste du beurre en noisettes.

Glissez le plat au four et laissez cuire 45 mn, en retournant les endives, à mi-cuisson.

Lorsque les endives sont cuites, tendres et caramélisées, rangez-les sur un plat de service et portez à table aussitôt.

POUR 4 PERS.

Provence

BEIGNETS DE LÉGUMES

Pour la pâte :
150 g de farine
1,5 dl de lait
2 œufs
1 cuil. à soupe d'huile d'olive
sel
Pour les légumes :
1 aubergine de 150 g
1 courgette de 150 g
2 artichauts poivrade de 125 g chacun
6 fleurs de courgette
1/2 citron
Pour la cuisson :
75 cl d'huile d'arachide

Préparez la pâte à beignets : cassez les œufs en séparant les blancs des jaunes. Réservez les blancs dans un saladier et les jaunes dans leur demi-coquille. Tamisez la farine dans un second saladier. Ajoutez du sel, le lait et l'huile, en fouettant, puis les jaunes d'œufs, sans cesser de fouetter jusqu'à obtention d'une pâte lisse et homogène. Couvrez et laissez reposer 2 h.

Au bout de ce temps, préparez les légumes : lavez les aubergines et les courgettes, et coupez-les en rondelles obliques de 1/2 cm d'épaisseur. Otez le pistil des fleurs de courgette et coupez-les en deux ou trois selon leur grosseur. Cassez la queue des artichauts au ras du cœur ; éliminez les feuilles dures et coupez les feuilles tendres à 1 cm du cœur ; parez les cœurs et frottez-les avec le demi-citron afin qu'ils ne noircissent pas ; coupez-les en lamelles verticales et arrosez-les de jus de citron.

Battez les blancs d'œufs en neige ferme et incorporez-les à la pâte.

Faites chauffer l'huile dans une petite bassine à friture ou une casserole. Lorsqu'elle est bien chaude, plongez les lamelles d'artichaut, les tranches d'aubergine, celles de courgette et les fleurs de courgette d'abord dans la pâte puis dans l'huile, peu à peu, et faites-les cuire 1 à 2 mn.

Retirez les beignets de l'huile chaude avec une écumoire puis posez-les sur un papier absorbant. Dressez-les sur un plat et servez aussitôt.

POUR 6 PERS. *Photos pages 8-9*

EMBEURRÉE DE CHOU (en haut à droite), HARICOTS VERTS À L'AIL (en haut à gauche)
ET ENDIVES À LA FLAMANDE (en bas).
PETER JOHNSON

Périgord

CÈPES FARCIS

12 gros cèpes frais
100 g de jambon cru
100 g de ventrèche
2 cuil. à soupe de persil plat ciselé
2 œufs
2 échalotes grises
2 gousses d'ail
3 cuil. à soupe d'huile d'olive
sel, poivre

Retirez le pied des cèpes et éliminez-en la partie terreuse. Lavez rapidement chapeaux et pieds de cèpes sous l'eau courante et épongez-les. Hachez finement les pieds.

Pelez les gousses d'ail et les échalotes, et hachez-les menu. Hachez finement au couteau le jambon et la ventrèche.

Faites chauffer 1 cuillerée à soupe d'huile dans une poêle antiadhésive de 24 cm et faites-y dorer le hachis de jambon et de ventrèche pendant 2 mn, en remuant sans cesse. Ajoutez le hachis d'ail et d'échalotes, mélangez 2 mn, puis les pieds de cèpes hachés et le persil. Mélangez jusqu'à ce que le tout soit doré puis retirez du feu. Salez légèrement et poivrez. Battez les œufs dans un bol et ajoutez-les au contenu de la poêle, en mélangeant bien.

Allumez le four, thermostat 6. Huilez légèrement un plat à four pouvant contenir les chapeaux de cèpes en une seule couche. Rangez-y les cèpes, côté bombé contre le fond du plat et garnissez-les de farce. Arrosez du reste d'huile et glissez le plat dans le four chaud. Laissez cuire 25 mn, jusqu'à ce que les champignons soient tendres et la farce dorée. Dressez les cèpes dans un plat de service et dégustez sans attendre.

POUR 4 PERS.   *Photo page 207*

Languedoc

MILLAS

Cette galette de maïs est aussi servie poudrée de sucre, en dessert.

250 de farine de maïs
75 g de saindoux
sel, poivre

Versez 1 litre d'eau dans une grande casserole et ajoutez le saindoux, sel et poivre. Portez à ébullition puis versez la farine en pluie. Mélangez pendant 15 mn avec une spatule, jusqu'à ce que la préparation épaississe et forme une masse qui se détache des parois de l'ustensile.

Versez la préparation sur un torchon de lin humidifié : le millas s'étale naturellement. Il est ensuite découpé avec un couteau trempé dans de l'eau froide et servi chaud.

Le millas se sert chaud pour accompagner daubes et fricassées. Lorsqu'il est froid, il est réchauffé dans du saindoux, et servi avec une salade aillée ; ou encore, il est poudré de fromage râpé et gratiné au four...

POUR 6 PERS.

MILLAS (en haut), HARICOTS À LA PÉRIGOURDINE (en bas)
ET HARICOTS BLANCS À LA CRÈME (à droite).

Périgord

HARICOTS À LA PÉRIGOURDINE

2 kg de haricots blancs frais à écosser
500 g de tomates mûres
200 g de couenne de porc fraîche, dégraissée
200 g de poitrine de porc fraîche
1 oignon de 100 g
4 gousses d'ail
20 brins de persil
sel, poivre

Ébouillantez la couenne de porc 5 mn puis rafraîchissez-la sous l'eau courante et coupez-la en carrés de 1 cm. Ébouillantez les tomates 10 secondes, puis rafraîchissez-les sous l'eau courante, pelez-les, coupez-les en deux et éliminez-en les graines ; hachez grossièrement la pulpe. Écossez les haricots. Pelez l'oignon et hachez-le finement.

Mettez les haricots dans une marmite et couvrez-les largement d'eau froide. Ajoutez la couenne, l'oignon et les tomates, et portez à ébullition. Laissez cuire 1 h à feu doux, en remuant de temps en temps.

Pendant ce temps, lavez le persil et épongez-le. Éliminez les tiges et ciselez très finement les feuilles. Pelez les gousses d'ail et hachez-les menu. Hachez finement la poitrine fraîche. Mélangez ail, persil et poitrine de porc.

Au bout de 1 h de cuisson des haricots, ajoutez le hachis dans la marmite et laissez cuire encore 30 mn, en remuant de temps en temps et en ajoutant un peu d'eau si nécessaire.

Lorsque les haricots sont cuits, versez-les dans un plat creux et servez aussitôt.

POUR 6 PERS.

Poitou

HARICOTS BLANCS À LA CRÈME

2 kg de haricots blancs frais à écosser
250 g de crème fraîche épaisse
1 carotte moyenne
1 oignon moyen
1 bouquet garni : 1 feuille de laurier, 1 brin de thym,
   6 tiges de persil, 2 côtes de céleri
2 gousses d'ail
2 clous de girofle
4 pincées de noix muscade râpée
25 g de beurre
sel, poivre

Écossez les haricots. Pelez la carotte, lavez-la et coupez-la en 6 tronçons. Pelez l'oignon et piquez-le des clous de girofle. Liez les éléments du bouquet garni. Pelez les gousses d'ail et coupez-les en deux.

Mettez les haricots dans une marmite et couvrez-les largement d'eau froide. Ajoutez la carotte, l'oignon, l'ail et le bouquet garni. Portez à ébullition. Laissez cuire 1 h 30 à feu doux, en remuant de temps en temps et en rajoutant un peu d'eau si nécessaire.

Lorsque les haricots sont cuits, versez la crème dans une grande casserole. Ajoutez beurre, sel, poivre et noix muscade, et posez la casserole sur feu doux.

Égouttez les haricots et éliminez carotte, oignon, ail et bouquet garni. Mettez les haricots dans la casserole et mélangez afin qu'ils s'enrobent bien du mélange crème-beurre. Versez les haricots dans un plat creux et servez aussitôt.

POUR 6 PERS.

PETER JOHNSON

RISOTTO DES BAUX

Aquitaine

Cèpes à la Bordelaise

750 g de petits cèpes frais
2 gousses d'ail
3 cuil. à soupe de persil plat ciselé
4 cuil. à soupe d'huile d'olive
sel, poivre

Coupez le pied des cèpes au ras du chapeau. Lavez rapidement les cèpes sous l'eau courante et épongez-les.

Pelez les gousses d'ail et hachez-les menu.

Faites chauffer l'huile dans une sauteuse antiadhésive de 26 cm, sur feu vif, et jetez-y les champignons : ils rendent aussitôt beaucoup d'eau.

Laissez-les cuire à feu très vif, en les remuant sans cesse, jusqu'à ce que cette eau s'évapore. Retirez-les et mettez dans la sauteuse le hachis d'ail et de persil. Mélangez 2 mn puis retirez ce hachis de la sauteuse.

Remettez les champignons dans la sauteuse, chapeau contre le fond. Parsemez du hachis d'ail et de persil, et salez. Couvrez et laissez cuire 30 mn.

Au bout de ce temps, dressez les cèpes sur un plat de service. Faites réduire le jus de cuisson jusqu'à ce qu'il soit sirupeux puis nappez-en les cèpes. Servez aussitôt.

POUR 4 PERS.

Provence

Risotto des Baux

300 g de riz de Camargue ou de riz long
2 échalotes
1 gousse d'ail
1 dl de vin blanc sec
12 brins de basilic
1 brin de thym
1 brin de romarin
1 feuille de laurier
2 feuilles de sauge
1 cuil. à soupe d'huile d'olive
80 g de beurre mou
sel, poivre

Pelez la gousse d'ail et les échalotes, et hachez-les finement. Mettez-les dans une cocotte en fonte de 4 litres, avec thym, romarin, laurier et sauge. Ajoutez la moitié du beurre. Faites cuire 2 mn sur feu doux, en tournant sans cesse avec une spatule. Ajoutez le riz, salez, poivrez et mélangez 3 mn, toujours sur feu doux.

Arrosez le riz de vin et laissez-le s'évaporer. Versez 4 dl d'eau, couvrez et laissez cuire 10 mn. Ajoutez ensuite 2 dl d'eau, couvrez et laissez cuire 5 mn. Versez encore 2 dl d'eau et laissez cuire jusqu'à ce que le riz les ait absorbés : le temps total de cuisson est d'environ 25 mn. Pendant toute la cuisson, ne remuez pas le riz.

Lavez les brins de basilic, éliminez les tiges, épongez les feuilles et ciselez-les grossièrement.

Lorsque le riz est cuit, retirez thym, romarin, laurier et sauge. Ajoutez-y le reste de beurre, le basilic et poivrez. Mélangez bien. Servez aussitôt dans la cocotte.

POUR 6 PERS.

Artichauts à la Barigoule

Les artichauts arrivèrent en France avec Catherine de Médicis. Au début, on les préparait simplement grillés, comme des champignons. Or barigoulo est, en provençal, le nom d'un champignon. La recette s'est peu à peu transformée en ce petit sauté parfumé qui porte toujours le nom des origines.

12 jeunes artichauts violets de 125 g chacun
4 gros oignons ronds nouveaux
3 petites carottes
3 gousses d'ail
1 brin de thym
1 feuille de laurier
4 cuil. à soupe d'huile d'olive
1 dl de vin blanc sec
1 citron
sel, poivre

Coupez la queue des artichauts à 2 cm du cœur, retirez les feuilles dures et coupez les plus tendres à 2 cm du cœur. Parez le cœur et la queue des artichauts, et frottez ceux-ci avec le citron coupé en deux.

Pelez les oignons et émincez-les finement. Pelez les carottes, lavez-les et coupez-les en fines rondelles. Pelez les gousses d'ail, coupez-les en lamelles.

Faites chauffer l'huile dans une cocotte en fonte pouvant juste contenir les fonds d'artichauts. Ajoutez les oignons et les carottes et faites-les revenir 5 mn, sans les laisser blondir. Ajoutez l'ail et mélangez 1 mn. Mettez les fonds d'artichauts rincés puis égouttés dans la cocotte, avec le brin de thym émietté et la feuille de laurier. Faites revenir 2 mn en remuant. Versez alors le vin et 1 dl d'eau. Salez, poivrez, couvrez et laissez cuire à feu très doux, pendant 1 h environ, jusqu'à ce que les artichauts soient très tendres — une lame de couteau doit les transpercer facilement — et enrobés d'un jus très court. Servez les artichauts tièdes.

POUR 4 PERS.

Auvergne

CHOU FARCI

1 chou vert frisé de 1,5 kg
200 g de carottes
200 g d'oignons
1 bouquet garni : 1 feuille de laurier, 1 brin de thym,
    10 tiges de persil
1/4 de litre de bouillon de volaille
1 crépine de porc
25 g de beurre
sel, poivre
Pour la farce :
400 g de bœuf : rond, faux filet
400 g d'échine de porc fraîche, désossée et dégraissée
200 g de poitrine de porc fraîche, désossée
1 œuf
50 g de mie de pain
1 dl de lait
2 cuil. à soupe de fines herbes ciselées : persil, ciboulette
1/2 cuil. à café de quatre-épices
2 gousses d'ail
2 échalotes
1/2 cuil. à café de brindilles de thym sec
1 cuil. à soupe d'huile
sel, poivre

❧ Retirez les feuilles trop vertes et trop dures du chou et ébouillantez celui-ci 10 mn dans une grande marmite. Ensuite égouttez-le et laissez-le refroidir.

❧ Préparez la farce : pelez les gousses d'ail et les échalotes, et hachez-les menu. Faites chauffer l'huile dans une poêle antiadhésive de 20 cm et faites-y blondir le hachis d'ail et d'échalotes. Versez le lait dans une casserole et portez à ébullition. Ajoutez la mie de pain en l'émiettant entre vos doigts, retirez du feu et mélangez jusqu'à obtention d'une pâte. Laissez refroidir.

❧ Passez les trois viandes au hachoir à viande ou au robot et mettez-les dans un saladier. Ajoutez le hachis d'ail et d'échalotes, le pain gonflé dans le lait, l'œuf, les herbes, les quatre-épices, le thym, sel et poivre.

❧ Mélangez jusqu'à obtention d'une farce homogène.

❧ Farcissez le chou : posez-le sur son trognon et écartez délicatement les feuilles extérieures en ayant soin de ne pas les briser ; retirez au fur et à mesure les grosses côtes avec un petit couteau. Continuez ainsi jusqu'au cœur où vous placez la moitié de la farce. Remettez les feuilles en place au fur et à mesure en intercalant quelques cuillerées de farce. Recouvrez le tout avec la dernière rangée de feuilles. Rincez la crépine sous l'eau froide et égouttez-la. Enfermez-y le chou.

❧ Allumez le four, thermostat 7. Pelez les carottes, lavez-les et coupez-les en fines rondelles. Pelez les oignons et émincez-les. Liez les éléments du bouquet garni.

❧ Faites fondre le beurre dans une cocotte pouvant juste contenir le chou et faites-y dorer carottes et oignons, en les tournant avec une spatule, pendant 5 mn environ. Ajoutez le bouquet garni, sel, poivre et le bouillon. Posez le chou sur ce lit de légumes. Couvrez la cocotte et glissez-la au four. Laissez cuire 1 h 30 sans y toucher.

❧ Lorsque le chou est cuit, retirez-le de la cocotte et dressez-le sur un plat de service. Filtrez son jus de cuisson et versez-le dans une saucière. Servez le chou coupé en quartiers que vous arroserez de sauce avant de déguster.

POUR 8 PERS.

CHOU FARCI (en haut à droite), CÈPES FARCIS (au centre, recette page 203), TRUFFIAT (premier plan, recette page 212) ET LENTILLES À L'AUVERGNATE (à gauche, recette page 214), PHOTOGRAPHIÉS EN PÉRIGORD.

PIERRE HUSSENOT/AGENCE TOP

BOHÉMIENNE

BOHÉMIENNE

Cette préparation se déguste l'été dans la ville d'Avignon.

1 kg d'aubergines oblongues
750 g de tomates mûres
6 gousses d'ail
6 filets d'anchois à l'huile
1 cuil. à café de sucre
1 feuille de laurier
5 cl de lait
50 g de parmesan finement et fraîchement râpé
4 cuil. à soupe d'huile d'olive
sel, poivre

Lavez les aubergines, pelez-les et coupez-les en cubes de 2 cm de côté.

Faites chauffer la moitié de l'huile dans une sauteuse antiadhésive de 26 cm. Ajoutez 1 dl d'eau et les aubergines.

Baissez la flamme et laissez cuire 1 h à feu doux et à couvert, en remuant souvent, jusqu'à ce que les aubergines soient très tendres et s'écrasent facilement avec une fourchette.

Pelez les gousses d'ail. Ébouillantez les tomates 10 secondes, puis rafraîchissez-les sous l'eau courante, pelez-les, coupez-les en deux et éliminez-en les graines ; coupez la pulpe en petits morceaux.

Faites chauffer le reste d'huile dans une poêle antiadhésive de 26 cm, ajoutez les tomates, les gousses d'ail en les passant au presse-ail, sel, sucre et poivre. Laissez cuire 20 mn à feu vif, jusqu'à ce qu'il n'y ait plus d'eau puis ajoutez le lait et les filets d'anchois. Mélangez 5 mn, jusqu'à ce que les anchois fondent.

Allumez le four, thermostat 6. Lorsque les aubergines sont cuites, ajoutez le coulis de tomates dans la sauteuse et mélangez. Versez la préparation dans un plat à four ovale de 26 cm de long. Poudrez de parmesan et glissez le plat au four. Laissez cuire 20 mn et servez chaud dans le plat de cuisson.

POUR 4 PERS.

ÉPINARDS AUX PIGNONS

1,5 kg d'épinards
75 g de pignons
75 g de raisins de Corinthe
6 gouttes d'eau de fleur d'oranger
3 cuil. à soupe d'huile d'olive
sel, poivre

Mettez les raisins dans un bol et couvrez-les d'eau tiède. Équeutez les épinards, lavez-les et essorez-les.

Faites chauffer 2 cuillerées à soupe d'huile dans une sauteuse antiadhésive de 28 cm et faites-y cuire les épinards à feu vif, en les retournant sans cesse, pendant 5 mn. Salez et poivrez. Réservez au chaud.

Faites chauffer le reste d'huile dans une poêle antiadhésive de 22 cm et ajoutez les raisins égouttés et les pignons. Mélangez 2 mn, jusqu'à ce que les pignons soient blonds puis ajoutez raisins et pignons dans la sauteuse, avec l'eau de fleur d'oranger. Mélangez 30 secondes et retirez du feu.

Dressez les épinards dans un plat de service et portez à table aussitôt.

POUR 4 PERS.

PALETS DE MARRONS

1 kg de marrons frais
2 côtes tendres de céleri avec leurs feuilles
3 jaunes d'œufs
100 g de beurre
sel, poivre

Faites une entaille sur la face plate des marrons. Faites bouillir de l'eau dans une grande casserole et plongez-y les marrons. Laissez-les bouillir 5 mn puis égouttez-les et retirez l'écorce et la peau qui les recouvrent.

Lavez les côtes de céleri et hachez-les. Mettez-les dans une sauteuse antiadhésive de 24 cm avec 40 g de beurre et les marrons. Posez la sauteuse sur feu doux, ajoutez 1 dl d'eau et laissez cuire 1 h environ, en remuant souvent, jusqu'à ce que les marrons soient très tendres. Salez et poivrez pendant la cuisson.

Lorsque les marrons sont cuits, passez-les au moulin à légumes, grille fine, au-dessus d'un saladier. Fouettez les jaunes d'œufs dans un bol et incorporez-les à la purée de marrons. Mettez au réfrigérateur et laissez reposer 2 h.

Au bout de ce temps, façonnez la préparation en palets de 5 cm de diamètre et 1 cm d'épaisseur. Faites fondre le reste du beurre dans une poêle antiadhésive de 28 cm et faites-y cuire les palets 2 mn de chaque côté.

Dressez les palets sur un plat de service et dégustez sans attendre.

POUR 6 PERS.

ÉPINARDS AUX PIGNONS (en haut) ET PALETS DE MARRONS (en bas).

Languedoc

POMMES SARLADAISES

750 g de pommes de terre à chair ferme : BF15
50 g de graisse d'oie
4 gousses d'ail
2 cuil. à soupe de persil plat ciselé
sel, poivre

Pelez les gousses d'ail et hachez-les menu. Pelez les pommes de terre, lavez-les et coupez-les en rondelles de 3 mm d'épaisseur.

Faites fondre la graisse d'oie dans une poêle antiadhésive de 26 cm. Ajoutez les pommes de terre et retournez-les dans la graisse chaude pendant 10 mn. Ajoutez le hachis d'ail et de persil, sel, poivre, et mélangez encore. Couvrez la poêle et laissez cuire 20 mn, à feu doux, en retournant les pommes de terre plusieurs fois.

Faites glisser les pommes de terre dans un plat creux et servez chaud.

POUR 4 PERS.

Savoie

GRATIN SAVOYARD

600 g de pommes de terre à chair ferme : BF15, roseval
2 dl de lait
125 g de beaufort finement et fraîchement râpé
3 dl de bouillon de volaille (p. 253)
40 g de beurre
6 pincées de noix muscade râpée
sel, poivre

Allumez le four, thermostat 5. Versez le bouillon dans une casserole et portez à ébullition sur feu doux. Ajoutez sel, poivre et noix muscade. Retirez du feu.

Pelez les pommes de terre, lavez-les et épongez-les. Coupez-les en très fines rondelles dans un robot.

Beurrez avec 10 g de beurre un plat à four de 26 × 18 cm. Étalez-y une couche de pommes de terre puis une couche de fromage. Continuez ainsi, en terminant par une couche de fromage. Versez le bouillon chaud dans le plat et parsemez du reste de beurre en noisettes.

Glissez le plat au four et laissez cuire 50 mn environ, jusqu'à ce que la surface du gratin soit blonde. Servez chaud dans le plat de cuisson.

POUR 4 PERS.

Provence

BARBOUIADO DE FÈVES ET D'ARTICHAUTS

5 artichauts poivrade de 350 g chacun
1,5 kg de fèves fraîches
1 oignon frais de 50 g
100 g de poitrine fumée
1 brin de thym frais
1 brin de sarriette fraîche
1/2 citron
2 cuil. à soupe d'huile d'olive
sel, poivre

Écossez les fèves et retirez la peau vert tendre qui les entoure. Pelez l'oignon, lavez-le et hachez-le finement.

Coupez la poitrine fumée en fins bâtonnets en éliminant la couenne.

Préparez les artichauts : coupez la queue au ras du cœur et retirez les feuilles extérieures dures. Coupez les feuilles tendres à 1/2 cm du cœur. Parez les cœurs et frottez-les avec le demi-citron. Coupez chaque cœur en quatre et éliminez-en le foin. Coupez chaque quartier en 3 lamelles.

Faites chauffer l'huile dans une cocotte de 4 litres. Ajoutez l'oignon, la poitrine fumée, le brin de thym et de sarriette et faites-les blondir 2 mn, en mélangeant avec une spatule. Ajoutez les lamelles d'artichaut et faites-les cuire 7 à 8 mn à feu modéré, en les remuant sans cesse : les artichauts sont légèrement blonds, presque tendres.

Versez 3 cuillerées à soupe d'eau dans la cocotte et ajoutez les fèves. Salez légèrement. Poivrez. Mélangez. Couvrez et laissez cuire 5 mn. Retirez du feu et éliminez thym et sarriette. Dressez dans un plat creux et servez aussitôt.

POUR 4 PERS.

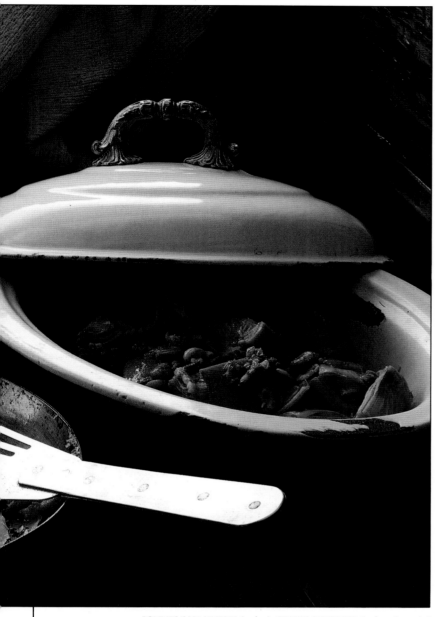

POMMES SARLADAISES (en bas), GRATIN SAVOYARD (en haut à gauche) ET BARBOUIADO DE FÈVES ET D'ARTICHAUTS.

Franche-Comté

MORILLES À LA CRÈME

500 g de morilles fraîches
100 g de crème fraîche épaisse
2 échalotes grises
1 cuil. à soupe de jus de citron
50 g de beurre
sel, poivre

Coupez la partie terreuse du pied des morilles. Lavez les champignons et épongez-les.

Mettez les morilles dans une casserole et ajoutez le jus de citron. Posez la casserole sur feu doux et laissez cuire les morilles 10 mn.

Pendant ce temps, pelez les échalotes et hachez-les menu.

Lorsque les morilles ont cuit 15 mn, égouttez-les avec une écumoire et ajoutez la crème dans la casserole. Mélangez. Faites fondre le beurre dans une poêle antiadhésive de 26 cm et faites-y blondir les échalotes 3 mn, en les remuant avec une spatule. Ajoutez les morilles et mélangez. Salez, poivrez et ajoutez le contenu de la casserole. Augmentez la flamme et laissez cuire 2 à 3 mn, jusqu'à ce que le mélange crème-jus réduise et forme une sauce onctueuse qui enrobe les champignons.

Versez les morilles à la crème dans un plat creux et servez aussitôt.

POUR 4 PERS.

Provence

TIAN DE COURGETTES

Tian est le nom du plat en terre vernissée, carré ou rectangulaire, dans lequel cuisent et gratinent des préparations à base de légumes, de viandes ou de poissons. Par extension, tous les gratins provençaux ont pris le nom de tians.

800 g de courgettes moyennes
750 g de tomates mûres mais fermes
500 g d'oignons frais
1 brin de thym frais
1 brin de sarriette fraîche
2 gousses d'ail
6 cuil. à soupe d'huile d'olive
sel, poivre

Pelez les oignons, lavez-les et coupez-les en rondelles de 1/2 cm d'épaisseur, partie vert tendre comprise. Lavez les courgettes et les tomates, et essuyez-les. Coupez les courgettes en rondelles obliques de 1/2 cm d'épaisseur. Coupez les tomates en autant de fines rondelles. Pelez les gousses d'ail et hachez-les menu. Effeuillez thym et sarriette.

Allumez le four, thermostat 6. Faites chauffer 4 cuillerées à soupe d'huile dans une poêle antiadhésive de 26 cm et faites-y cuire les oignons 8 mn à feu doux, en les tournant souvent, jusqu'à ce qu'ils soient translucides. Ajoutez l'ail, sel, poivre et mélangez encore 2 mn.

Versez le contenu de la poêle dans un plat à four de 26×18 cm, en aplanissant la surface. Disposez les rondelles de courgettes et de tomates, en les alternant, sur quatre rangées, parallèles à la longueur du plat. Parsemez de thym et de sarriette, arrosez du reste d'huile, salez et poivrez.

Glissez le plat au four et laissez cuire pendant 1 h, en surveillant la cuisson : les légumes doivent confire, en dorant très légèrement. Servez chaud ou tiède, dans le plat de cuisson.

POUR 4-5 PERS.   *Photos pages 8-9*

MORILLES À LA CRÈME

Pays de Loire

TRUFFIAT

1 kg de pommes de terre à chair farineuse
150 g de farine
150 g de beurre
3 œufs entiers + 1 jaune
6 pincées de noix muscade râpée
sel, poivre
Pour le moule :
10 g de beurre

Tamisez la farine sur le plan de travail et faites un puits au centre. Ajoutez la moitié du beurre, 1 cuillerée à soupe d'eau et 3 pincées de sel. Travaillez la pâte du bout des doigts jusqu'à ce qu'elle soit lisse et homogène puis roulez-la en boule. Réservez-la 1 h au réfrigérateur.

Pendant ce temps, lavez les pommes de terre et mettez-les dans une casserole. Couvrez-les d'eau froide et portez à ébullition. Laissez cuire 25 mn environ, jusqu'à ce qu'elles soient très tendres et que la pointe d'un couteau les pénètre facilement. Égouttez-les, rafraîchissez-les sous l'eau courante puis pelez-les et passez-les au moulin à légumes grille fine. Incorporez-y le reste du beurre et les œufs entiers. Salez, poivrez et mélangez jusqu'à obtention d'une purée lisse.

Au bout de 1 h de repos de la pâte, allumez le four, thermostat 7. Retirez la pâte du froid et étalez-la au rouleau à pâtisserie. Beurrez un moule à manqué de 24 cm de diamètre et garnissez-le de pâte. Versez-y la purée et lissez-la à la spatule.

Fouettez le jaune d'œuf avec 1 cuillerée à soupe d'eau et tartinez la surface du truffiat de ce mélange, à l'aide d'un pinceau. Glissez au four et laissez cuire 45 mn, jusqu'à ce que le truffiat soit gonflé et doré.

Lorsque le truffiat est cuit, démoulez-le sur un plat et servez chaud ou tiède.

POUR 6 PERS. *Photo page 207*

Provence

PAPETON D'AUBERGINES

Spécialité d'Avignon, l'ancienne ville des papes, le papeton, appelé aussi « aubergines des papes », était autrefois cuit dans un moule dont la forme rappelait la tiare papale.

1,5 kg d'aubergines oblongues
75 g de parmesan finement et fraîchement râpé
5 œufs
2 brins de thym frais
1 gousse d'ail
4 cuil. à soupe d'huile d'olive
sel, poivre
Pour le moule :
1 cuil. à café d'huile
Pour servir :
coulis de tomates au basilic

Lavez les aubergines et épongez-les. Coupez-les en cubes de 5 cm de côté. Pelez la gousse d'ail et hachez-la menu.

Faites chauffer 3 cuillerées à soupe d'huile dans une sauteuse antiadhésive de 28 cm et ajoutez 1 dl d'eau, le thym en effeuillant et l'ail. Mélangez 1 mn puis ajoutez les aubergines. Salez et poivrez. Mélangez, couvrez et laissez cuire 30 mn à feu doux, en remuant de temps en temps, jusqu'à ce que les aubergines soient tendres.

Allumez le four, thermostat 6. Lorsque les aubergines sont cuites, passez-les au moulin à légumes, grille moyenne, au-dessus d'un saladier. Cassez les œufs dans un bol et battez-les à la fourchette. Ajoutez-les dans le saladier avec le parmesan. Mélangez bien.

Huilez un moule à charlotte de 18 cm de diamètre. Versez-y la préparation et lissez-en la surface. Glissez le moule au four et laissez cuire 40 mn, jusqu'à ce que la surface du papeton soit dorée.

Lorsque le papeton est cuit, retirez le moule du four et laissez reposer 10 mn avant de démouler. Servez chaud ou tiède, accompagné de coulis de tomates.

POUR 6 PERS.

Aquitaine

COUSINAT

Cette recette est une spécialité de la ville de Bayonne.

4 petits artichauts violets de 125 g chacun
125 g de haricots verts fins
500 g de fèves fraîches
200 g de petites carottes nouvelles
12 petits oignons nouveaux, ronds
1 poivron rouge de 200 g
200 g de tomates mûres
2 tranches de jambon de Bayonne de 1 cm d'épaisseur
1 dl de vin blanc sec
25 g de graisse d'oie
sel, poivre

Coupez le jambon en petits dés. Lavez les haricots et effilez-les. Écossez les fèves et retirez la petite peau qui les recouvre. Pelez les carottes, lavez-les et coupez-les en fines rondelles. Pelez les oignons et éliminez-en la partie verte ; lavez-les et épongez-les. Lavez les poivrons, coupez-les en quatre, ôtez les graines et les filaments blancs, et coupez la pulpe en fines lanières.

Ébouillantez les tomates 10 secondes, puis rafraîchissez-les sous l'eau courante, pelez-les, coupez-les en deux et éliminez-en les graines ; hachez grossièrement la pulpe. Cassez la queue des artichauts au ras du cœur, éliminez les feuilles extérieures et coupez les autres à 2 cm du cœur ; parez les cœurs.

Faites fondre la graisse d'oie dans une cocotte de 4 litres et faites-y dorer les cubes de jambon 3 mn, en les tournant avec une spatule. Ajoutez oignons, poivrons, artichauts et carottes, et mélangez encore 2 mn avant d'ajouter la pulpe de tomates et les haricots. Laissez cuire 10 mn, en remuant souvent puis versez le vin. Laissez bouillir 5 mn. Salez légèrement, poivrez et couvrez la cocotte. Laissez cuire 1 h à feu très doux, en remuant de temps en temps.

Au bout de ce temps, les légumes sont tendres et enrobés d'un jus sirupeux. Versez-les dans un plat creux et servez.

POUR 4 PERS.

PAPETON D'AUBERGINES (en haut) ET COUSINAT (en bas).

PETER JOHNSON

PETITS POIS À LA VENDÉENNE

Vendée

PETITS POIS À LA VENDÉENNE

1,5 kg de petits pois frais
2 cœurs de laitue
16 petits oignons frais, ronds
1 brin de thym
1 brin d'hysope
1 brin de sarriette
1 brin de persil plat
1 cuil. à café de sucre semoule
50 g de beurre
sel, poivre

Écossez les petits pois. Lavez les cœurs de laitue et coupez-les en quatre. Effeuillez thym, hysope, sarriette et persil.

Faites fondre le beurre dans une sauteuse antiadhésive de 26 cm et ajoutez les oignons et les herbes. Mélangez 3 mn sur feu doux, jusqu'à ce que les oignons blondissent. Ajoutez les petits pois et mélangez encore 2 mn. Ajoutez les cœurs de laitue. Salez, poivrez et couvrez à peine d'eau froide.

Couvrez la sauteuse et laissez cuire pendant 1 h, en remuant de temps en temps.

Lorsque les petits pois sont cuits, versez-les dans un plat creux et servez aussitôt.

POUR 4 PERS.

Auvergne

LENTILLES À L'AUVERGNATE

500 g de lentilles vertes du Puy
2 tranches de poitrine fumée de 100 g chacune
300 g d'oignons
300 g de carottes
2 gousses d'ail
1 cuil. à soupe de persil plat ciselé
1 cuil. à soupe de ciboulette ciselée
1 bouquet garni : 1 feuille de laurier, 1 brin de thym,
    6 tiges de persil

2 clous de girofle
25 g de saindoux
sel, poivre

Pelez les carottes et coupez-les en rondelles de 1/2 cm. Pelez les oignons, piquez-en un des clous de girofle et hachez les autres. Liez les éléments du bouquet garni. Écrasez les gousses d'ail du plat de la main.

Rincez les lentilles et mettez-les dans une marmite. Ajoutez la poitrine fumée, l'oignon, les gousses d'ail, les carottes et le bouquet garni. Couvrez largement d'eau froide et portez à ébullition sur feu doux. Laissez cuire 1 h.

Au bout de ce temps, égouttez la poitrine fumée. Retirez-en la couenne et le gras et émiettez la chair.

Faites fondre le saindoux dans une poêle antiadhésive de 24 cm et faites-y blondir les oignons hachés pendant 3 mn, en remuant avec une spatule. Ajoutez la poitrine fumée et mélangez 2 mn.

Égouttez les lentilles et éliminez l'oignon, l'ail et le bouquet garni. Mélangez-y le contenu de la poêle et ajoutez le persil et la ciboulette.

Versez les lentilles dans un plat creux et servez aussitôt.

POUR 6 PERS. *Photo page 207*

Ile-de-France

POMMES SOUFFLÉES

Il semble que le 26 août 1837, date de l'inauguration de la ligne de chemin de fer Paris - Saint-Germain-en-Laye, soit aussi celle de la création bien involontaire des pommes soufflées. Le chef Collinet, responsable du banquet, à qui l'on annonçait l'arrivée de ses invités, plongea les frites dans leur bain de friture ; hélas, les invités furent retardés. Un second bain de friture et toujours pas d'invités. Le troisième bain apporta au chef la surprise de voir les pommes gonfler dans l'huile chaude ; une fois égouttées, elles restaient légères et dorées et firent l'admiration de tous les convives. Une recette était née, qui porta longtemps le nom de « pommes soufflées de Saint-Germain-en-Laye ».

750 g de pommes de terre à chair ferme : BF15, roseval
2 litres d'huile d'arachide
sel

Pelez les pommes de terre et taillez-les en parallélépipèdes rectangles en éliminant les deux extrémités. Rincez-les et épongez-les. Coupez chaque pomme de terre en tranches de 3 mm d'épaisseur.

Préparez deux bassines à friture, chacune remplie de 1 litre d'huile. Faites chauffer la première huile à 100 °C et la seconde à 220 °C.

Mettez les pommes de terre dans un panier et plongez-les dans l'huile à 100 °C. Laissez cuire jusqu'à ce que les pommes de terre soient juste blondes puis retirez le panier et plongez-le dans l'huile à 220 °C : cette immersion dans une huile bouillante provoque un gonflement des pommes de terre. Égouttez-les aussitôt sur un papier absorbant et dressez-les sur un plat de service. Salez et dégustez sans attendre.

POUR 4 PERS.

POMMES SOUFFLÉES,
PHOTOGRAPHIÉES EN ILE-DE-FRANCE.

PIERRE HUSSENOT/AGENCE TOP

214

AUVERGNE

BOURBONNAIS ROUERGUE

Fromages, montagnes et plateaux

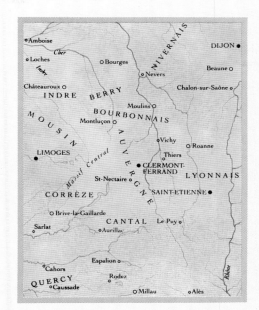

AUVERGNE BOURBONNAIS ROUERGUE

Fromages, montagnes et plateaux

« L'Auvergne, écrit Alexandre Vialatte, produit des ministres, des fromages et des volcans. » Va d'abord pour les fromages. Ils sont les rois des montagnes de France, avec ceux de Savoie. Leur goût d'herbe, leur franche fraîcheur, leur saveur vraie, bref leur authenticité et la vigueur de leur parfum — tous issus du bon lait de vache — leur donnent une place de premier rang dans le cœur des amateurs : herbeux saint-nectaire qui semble droit sorti des pâturages qui l'ont vu naître, avec sa belle croûte grise ou violacée — à ne pas confondre avec le murol de forme voisine mais percé d'un trou, industriel, d'aspect plastique et de goût neutre —, solide et puissant cantal dont la renommée de ses proches cousins de Laguiole — en Aubrac — et de Salers n'éclipse pas la gloire, à la saveur forte de lait pressé et de noisette sèche, fourme d'Ambert, avec ses moisissures légères, aussi fine que le racé stilton anglais, avec son amertume légère en finale et que l'on peut marier avec un grand porto. Mais aussi bleu d'Auvergne, brique du Livradois ou de Courpière, galette de La Chaise-Dieu, tous fromages de production locale justifiant pleinement l'adage selon lequel l'Auvergne est un vaste plateau de fromages.

Avec son appendice sudiste du Rouergue qui produit le roquefort, elle est, à l'étranger, le symbole même de la France éternelle, paisible et fromagère. Le roquefort ? Il est issu de lait de brebis de race

CI-CONTRE : LA JOURNÉE COMMENCE POUR CE BERGER DE SAINT-BÉRAIN, DANS LA RÉGION DU PUY.

PAGES PRÉCÉDENTES : LA MAGNIFIQUE CATHÉDRALE ROMANE NOTRE-DAME-DU-PUY DEMEURE UN IMPORTANT LIEU DE PÈLERINAGE ; SES TOURS DOMINENT LES TOITS DE TUILES ROUGES ET LES RUELLES PAVÉES DE LA VILLE.

Lacaune, pourvu de belles moisissures, 52 % de matières grasses minimum, de pâte molle, de croûte humide, il est « la » vedette du Midi rouergat. Au sud de l'Auvergne et du département de l'Aveyron, dans le village de Roquefort-sur-Soulzon, il se présente sous papier métallique portant la marque du producteur. Ferme sans dureté, de saveur acide, il se marie admirablement aux vins liquoreux, de type sauternes ou monbazillac. Le bleu des Causses, issu, lui, de lait de vache, est son cousin-voisin. Ainsi vont les fromages du beau pays auvergnat.

Mais les volcans ? Ils sont source d'air pur, d'eau vive (les multiples eaux minérales d'ici sont renommées pour leur pouvoir purificateur), de pâturages aérés. Sillonner les routes qui embrassent le Bourbonnais au nord, puis Clermont-Ferrand que domine la perspective du puy de Dôme, virer vers le beau village de Salers avec ses vieux logis de lave noire, son ancien bailliage Renaissance et sa Maison des templiers, c'est parcourir un pays riche, replet, enfermé sur ses richesses. Qui sont d'abord une collection unique en France de volcans éteints.

Puy de Sancy, puy Mary, puy de Montchal, puy de Dôme, si justement renommé qui offre un saisissant spectacle sur les cratères voisins, avec son air de morceau de lune vert et herbeux. Sur cette terre riche, ancienne, reverdie, les troupeaux paissent sans heurts. Les bovins donnent une viande grasse, persillée, savoureuse. Charolais au nord, vers le Bourbonnais, Salers au Sud, Aubrac aux longues cornes sur le massif ainsi nommé. Des bêtes à la robe rouge orangé, soyeuse, qui n'ont brouté que l'herbe tendre.

En Auvergne, la cuisine est copieuse, rustaude, campagnarde, davantage que citadine. Le plat traditionnel est l'aligot : une purée de pommes de terre à la tomme fraîche, frottée d'ail, que l'on prépare en plein air, l'été, face aux burons — ces maisons de pierres sèches des monts d'Aubrac.

De bonnes saucisses l'accompagnent, sèches, grillées, nourries d'herbe. Le pied de porc, mais aussi l'andouillette. Le légume vedette est la lentille verte du Puy, que l'on nomme plaisamment « caviar du pauvre », car elle évoque, par sa forme, les riches petits grains noirs. Le gigot « brayaude » est de l'agneau cuit sept heures, très doucement, en cocotte, avec lard de poitrine, gousses d'ail, oignons et carottes : c'est un vrai plat paysan qui embaume et rend la chair fondante et qui peut se manger à la cuiller. Le « mourtayrol » est le plantureux pot-au-feu des fêtes auvergnates. La « falette » est une poitrine de veau désossée, farcie de jambon, de lard, de veau, d'oignons et d'ail, que l'on cuit à feu doux et que l'on accompagne de chou braisé. La potée auvergnate exige chou, viande de porc salée, notamment tête et jarret. La truite de fontaine se cuit au bleu, c'est-à-dire au court-bouillon, agrémentée de beurre fondu. L'omble-chevalier, cette truite de haute finesse à chair rosée, qui est l'apanage des lacs savoyards, est également l'orgueil du lac Pavin. Les champignons

AU CŒUR DE LA FRANCE, LES MONTAGNES D'AUVERGNE SONT EN RÉALITÉ DES VOLCANS ÉTEINTS, ET CERTAINS DE CES CRATÈRES QUI FURENT JADIS DES GOUFFRES DE FEU SONT À PRÉSENT DES LACS QUI INVITENT AUX LOISIRS, COMME LE LAC CHAMBON, AU SUD DE CLERMONT-FERRAND.

sont ici d'une infinie variété : chanterelles, girolles, lactaires, morilles ou gyromitres. Ils sont, en Velay mais aussi en Combrailles et Aubrac, la source d'une véritable chasse aux trésors.

La truffade ou « truffado » utilise la « truffe » de l'Auvergne, autrement dit la pomme de terre que l'on coupe en épaisses rondelles et fait sauter à la poêle avec lardons et tomme de vache en lamelles : du solide, assurément. Mais quelle saveur ! D'ailleurs toute l'Auvergne est pays de saveurs solides, de forts parfums. Ses liqueurs lui viennent des plantes de ses montagnes : ainsi la verveine, qui est la gloire du Velay, et sert aussi à confectionner des tisanes calmantes, et la gentiane, une racine longue, jaune, herbacée, amère mais douce pourtant, qui donne, après macération, le grand apéritif amer qu'est la Suze. Les vins rouges sont légers, issus de cépage gamay : ce sont chanturgue et châteaugay aux abords de Clermont-Ferrand, côtes du Forez ou roannaises, entre Roanne et Saint-Étienne. Dans le Bourbonnais, le saint-pourçain, frais et léger, existe en trois versions, issu de gamay, de pinot noir, de sauvignon ou de chardonnay ; blanc, rouge ou rosé.

Le Bourbonnais, au nord-est, pourrait d'ailleurs réclamer son autonomie. Aux confins de l'Auvergne, fameux pour ses villes d'eau, telles que Vichy et Bourbon-l'Archambault, il flirte avec le Nivernais, le Berry et la Loire. On y retrouve le chou auvergnat

LA PETITE VILLE D'ESPALION, DANS L'AVEYRON, EST ARROSÉE PAR LE LOT QU'ENJAMBE CE PONT MÉDIÉVAL.

qui sert pour la potée — le pot-au-feu régional — ou encore la fameuse soupe au chou parfumée et roborative. Il enrichit aussi le patrimoine de la grande Auvergne avec des plats originaux : le pâté de « tartouffes » qui est une pâte brisée recouvrant des pommes de terre, avec lardons, oignons et crème double, les « pompes aux gratons » — une tourte briochée aux lardons —, le canard à la Du Chambet, avec pommes parfumées à la cannelle et sauce aux dés de foie : tous plats savoureux et terriens qui font la renommée de l'hôtel de Paris à Moulins.

Le Rouergue pourrait se diviser en deux : la partie sud, vers Millau, ressemble au Midi et au Languedoc ; le nord, de Rodez à Conques, du pays de Marcillac aux maisons de briques, qui donnent un rouge vif et rustique, jusqu'à l'Aubrac des plateaux, est une avancée auvergnate. Les vertes forêts ombragées, les châtaigniers, la profusion des feuillages : dans le vallon perdu de Conques, l'un des plus somptueux villages d'Auvergne, se retrouve la splendide richesse auvergnate qui étonne le voyageur à Murol ou à Saint-Nectaire.

C'est ici encore un pays de nourriture solide, qui tient au corps et ne rechigne pas sur les abats. Les tripes de veau qui font florès à Rodez, les jambons secs de Naucelle, les tripoux qui sont de petits paquets de tripes de mouton ficelés et braisés à feu doux dans une sauce tomatée, l'« estofinado », qui est de la morue séchée cuite avec des pommes de terre, la fouace, ce gâteau parfumé à la fleur d'oranger : voici quelques-uns des plats qu'ont amenés avec eux les « Auvergnats » de Paris qui sont souvent rouergats. La vraie richesse du pays, outre l'aligot déjà nommé — qui est davantage rouergat qu'auvergnat —, est le roquefort : elle est humaine.

L'Auvergnat, gourmand solide et vertueux, est d'abord rude travailleur. Ainsi beaucoup de cafetiers de Paris et d'animateurs de grandes brasseries aujourd'hui sont-ils les garçons de café d'autrefois ou d'anciens propriétaires de « bois-charbons » — ces minces boyaux où l'on vendait jadis le combustible en même temps que le verre de rouge. La plupart sont issus du fameux triangle Espalion-Estaing-Saint-Chély-d'Apcher. Ce haut Rouergue qui flirte avec la proche Auvergne sur l'immense plateau d'Aubrac que traversent les drailles — ces sentiers de pierres sèches — est un pays rude. Nombreux sont ses enfants qui se sont expatriés, travaillant nuit et jour pour gagner leur pain et acheter leurs bistrots. Ainsi Marcellin Cazes, qui fut porteur d'eau avant d'être le promoteur de la Brasserie Lipp sur le boulevard Saint-Germain. Ce sont ces citoyens-là qui ont été les plus vaillants ambassadeurs de leur région. Et de ses plats merveilleux — truffade, falette, tripoux et aligot — que l'on mange avec le couteau de Laguiole à manche de corne et qui chantent, avec gaieté, le grand pays d'Auvergne.

DESSERTS
Que de douceurs !

QUELQUES CONFISERIES DÉCORATIVES : CHARDONS PRALINÉS,
PÂTES DE FRUITS ET PÂTES D'AMANDE.

DESSERTS

Que de douceurs !

EN FRANCE, LE RAISIN N'ÉVOQUE PAS SEULEMENT LE VIN ; LES RAISINS SECS
ENTRENT DANS TOUTES SORTES DE RECETTES RÉGIONALES TELLES QUE
LE DÉLICIEUX *KOUGELHOPF* ALSACIEN.

Et si on parlait d'abord fromages ? Pour Brillat-Savarin, il s'agit du « premier des desserts ». Mais les fromages français si variés (« un pays qui possède quatre cents sortes de fromages ne peut mourir », lançait Churchill lors de la débâcle de 1940) restent un prélude.

Terre de gourmandise, la France n'échappe pas à la grande attraction du sucré. Sur les marches de l'Est, l'influence de la Mitteleuropa — cette « Europe du milieu » qui avait Vienne pour centre et les cafés pour lieux de rendez-vous — se fait sentir. Une ville comme Metz possède un des meilleurs chocolatiers de France — Pierre Kœnig qui expédie ses truffes, ses pralinés, ses ganaches mi-amères dans le monde entier — et une dizaine de pâtisseries-salons de thé de haut niveau. Strasbourg est évidemment une des villes les plus délicieusement sucrées du monde. Et les spécialités abondent, à commencer par le kougelhopf, le « büeraweka » (pain aux fruits secs), le mendiant dit « Bettelmann », le « schneck » ou escargot, connu dans toute la France sous le nom de pain aux raisins.

D'ailleurs, de nombreux plats pâtissiers de l'Est ont essaimé un peu partout : la meringue chantilly que l'on retrouve aussi en Ile-de-France, le « nid d'abeilles » (pâte briochée, saupoudrée de sucre et farcie d'une crème aux œufs) devenu « tarte au sucre » en Artois et en Picardie et « tarte tropézienne » dans le Var.

PAGES PRÉCÉDENTES : ŒUFS À LA NEIGE (en haut à gauche, recette page 232), MERINGUES À LA CHANTILLY (au centre à gauche, recette page 231), PARIS-BREST (en haut à droite, recette page 246) ET CRÊPES SUZETTE (en bas à droite, recette page 250), PHOTOGRAPHIÉS EN ILE-DE-FRANCE.
PIERRE HUSSENOT/AGENCE TOP

Certaines régions possèdent elles aussi leurs spécialités pâtissières qui utilisent les ressources du terroir : ainsi la Bretagne avec ses « kouign amann » au miel, son far aux pruneaux, son quatre-quarts et ses galettes au beurre salé. Le clafoutis (qui mêle pâte et fruits) est de partout, bien qu'il ait fait souche en Limousin, le « crémet » qui utilise le fromage blanc est d'Anjou, comme les poires pochées au vin. Le baba est-il lorrain ? Il devient savarin, lorsqu'il est garni de chantilly et servi à Paris.

La crème glacée, introduite à la cour de France par Catherine de Médicis qui épouse le futur Henri II, ne fait son apparition véritable à Paris qu'un siècle plus tard, lorsque Francesco Procopio ouvre le premier « café » de Paris. Glaces — qui ne sont à la crème et aux œufs que vers 1775 — et sorbets pur fruit de tous parfums vont faire florès. Au XVIIIe siècle, on recense deux cent cinquante limonadiers à Paris vendant des glaces durant l'été.

Depuis, les bombes glacées et les entremets de même type ont banalisé l'usage du dessert rafraîchissant. La diététique moderne a plébiscité l'usage des sorbets — très ancienne invention chinoise transmise aux Persans et aux Arabes — qui n'utilisent ni œufs, ni matières grasses et sont réputés plus légers. Usant de la pulpe du fruit frais, que l'on congèle hélas assez souvent, ils suivent avec docilité le mouvement des saisons.

LEO MEIER

MILLE-FEUILLES, TARTES AUX MIRABELLES, CHOUX À LA CHANTILLY, MOUSSES FRAISE, RELIGIEUSES, ÉCLAIRS : QUELQUES-UNES DES DÉLICIEUSES SPÉCIALITÉS QUE L'ON TROUVE DANS TOUTE PÂTISSERIE FRANÇAISE.

LES FRANÇAIS PRENNENT TRÈS À CŒUR LA FRAÎCHEUR DES INGRÉDIENTS ; CLIENTS DIFFICILES À SATISFAIRE, ILS PRENNENT LE TEMPS DE CHOISIR LES MEILLEURS PRODUITS.

LEO MEIER

225

Les tartes épousent, elles aussi, les fruits de toutes les régions et de toutes les saisons. Les crêpes ne sont pas forcément bretonnes, ainsi les très parisiennes crêpes Suzette, aux zestes d'orange, dont le flambage donne lieu à un bel exercice de service dit « au guéridon ». Car le dessert, qui est l'issue du repas, doit être aussi une fête de l'œil. D'où l'importance accordée à la présentation. Les grands cuisiniers n'y ont jamais été indifférents. Urbain Dubois, qui fut le chef du Rocher de Cancale, puis du Café Anglais, avant d'exercer ses talents au service du prince Orloff en Russie ou chez Guillaume Ier en Allemagne, édicta ses règles esthétiques dans son ouvrage désormais classique, *La Cuisine artistique*, qui date de 1870 et précède de treize ans son *Grand Livre des pâtissiers et des cuisiniers*.

Un siècle plus tard, Gaston Lenôtre, pâtissier à Pont-Audemer, deviendra le plus célèbre traiteur du monde : il aura compris, après son maître Urbain Dubois, qu'une grande cuisine sans dessert déçoit le gourmet à l'issue de la fête et que celle-là ne saurait être complète sans une présentation adéquate. Ses défilés, pièces montées portées par une armée de mitrons en toque, glaces à foison, sorbets digestes et fruités pour l'issue resteront dans les mémoires comme de vivants tableaux de Watteau. Les fêtes de la fin du XXe siècle, de Paris au monde entier, lui doivent à la fois un peu de leur éclat sucré et beaucoup de leur magie.

TARTES AUX FRUITS, GÂTEAUX, PRÉPARÉS CHAQUE JOUR, PARENT LA VITRINE DE CETTE PÂTISSERIE QUIMPÉROISE. DANS LA VITRE SE REFLÈTENT LES MAISONS ADROITEMENT RESTAURÉES DU CENTRE ANCIEN DE LA VILLE.

CETTE PÂTISSERIE DE DINAN, ÉGALEMENT BOUTIQUE DE TRAITEUR, OFFRE DE QUOI SATISFAIRE TOUS LES GOÛTS.

Aquitaine

LE NÈGRE

Ce gâteau de chocolat noir, beurre et sucre se prépare sur toute la côte d'Aquitaine, depuis Bayonne jusqu'à Bordeaux. La façon de le préparer varie selon les familles, mais l'important est de ne pas utiliser de farine afin d'obtenir un gâteau très moelleux, comme une mousse cuite, que l'on peut déguster tiède ou froid, avec une crème anglaise.

200 g de chocolat noir amer
200 g de beurre mou
200 g de sucre
4 œufs
Pour le moule :
10 g de beurre

Allumez le four, thermostat 5. Beurrez un moule à manqué de 22 cm de diamètre.

Cassez le chocolat en petits morceaux et faites-le fondre au bain-marie. Ajoutez le beurre et lissez le tout avec une spatule.

Cassez les œufs en séparant les blancs des jaunes. Réservez les blancs dans un premier saladier et les jaunes dans un second. Ajoutez la moitié du sucre aux jaunes et fouettez jusqu'à ce que le mélange blanchisse. Ajoutez le chocolat au beurre et mélangez bien.

Fouettez les blancs en neige ferme et incorporez le reste de sucre, sans cesser de fouetter, jusqu'à ce qu'ils soient lisses et brillants. Incorporez-les délicatement à la préparation au chocolat, à l'aide d'une spatule souple.

Versez la préparation dans le moule et glissez-le dans le four. Laissez cuire 40 mn.

Lorsque le gâteau est cuit, laissez-le tiédir 10 mn avant de le démouler. Servez tiède, froid ou glacé.

POUR 6 PERS.

LE NÈGRE

JALOUSIES

Maine

JALOUSIE

600 g de pâte feuilletée (p. 252)
200 g de confiture d'abricots
Pour dorer :
1 jaune d'œuf
1 cuil. à soupe de lait

Allumez le four, thermostat 7. Faites chauffer la confiture dans une petite casserole puis passez-la dans une passoire fine afin d'éliminer la peau des fruits. Laissez-la refroidir. Étalez la pâte feuilletée en deux bandes de 20 cm de long et 8 cm de large.

Mouillez légèrement la plaque du four et posez-y une première bande de pâte. Garnissez-la de confiture, jusqu'à 1 cm des bords. Posez dessus la seconde bande de pâte, côté lisse — celui qui était en contact avec le plan de travail — vers le haut. Appuyez bien sur tout le pourtour afin de faire adhérer les deux pâtes. Incisez le bord de la pâte de petits coups de couteau espacés de 1 cm.

Fouettez le jaune d'œuf et le lait et badigeonnez la surface de la pâte de ce mélange, à l'aide d'un pinceau, sans le faire couler sur le bord du gâteau, ce qui empêcherait la pâte de gonfler à la cuisson. Avec la pointe d'un couteau et en incisant profondément la pâte, dessinez des incisions obliques distantes de 1 cm jusqu'à 1/2 cm de chaque bord de la pâte.

Glissez la plaque au four et laissez cuire le gâteau 30 mn. Faites glisser les jalousies sur un plat et dégustez-les tièdes.

POUR 6 PERS.

227

PETER JOHNSON

PITHIVIERS

PITHIVIERS

600 g de pâte feuilletée (p. 252)
Pour la garniture :
150 g de poudre d'amandes
150 g de beurre mou
150 g de sucre glace
2 œufs
2 cuil. à soupe de rhum ambré
Pour dorer :
1 jaune d'œuf
1 cuil. à soupe de lait
2 cuil. à soupe de sucre glace

❧ Préparez la garniture : mélangez la poudre d'amandes et le sucre dans un bol. Fouettez le beurre dans un saladier, avec une spatule, jusqu'à ce qu'il soit crémeux puis ajoutez le mélange précédent. Ajoutez les œufs et le rhum, et mélangez bien.

❧ Allumez le four, thermostat 7. Coupez la pâte feuilletée en deux parties égales et étalez-les en deux disques de 30 cm de diamètre : pour qu'ils soient parfaitement ronds, découpez-les en prenant une grande assiette ou un moule que vous posez sur la pâte ; découpez ensuite la pâte tout autour en tenant le couteau bien droit, afin de ne pas écraser la pâte et pour qu'elle gonfle uniformément à la cuisson.

❧ Mouillez légèrement la plaque du four et posez-y un premier disque de pâte. Garnissez-le de la préparation aux amandes, jusqu'à 1 cm des bords. Posez dessus le second côté de pâte, côté lisse — celui qui était en contact avec le plan de travail — vers le haut. Appuyez bien sur tout le pourtour afin de faire adhérer les deux pâtes. Incisez le bord du pithiviers de petits coups de couteau espacés de 1 cm.

❧ Fouettez le jaune d'œuf et le lait, et badigeonnez la surface du pithiviers de ce mélange, à l'aide d'un pinceau, sans le faire couler sur le bord du gâteau, ce qui empêcherait la pâte de gonfler à la cuisson. Avec la pointe d'un couteau et en n'incisant la pâte que très superficiellement, dessinez de nombreux arcs de cercle rayonnant vers le centre.

❧ Glissez la plaque au four et laissez cuire le gâteau 30 mn. Poudrez-le alors de sucre glace et laissez cuire encore 5 mn afin que sa surface devienne brillante et légèrement caramélisée.

❧ Faites glisser le pithiviers sur un plat et dégustez-le tiède.

POUR 6 PERS.

FAR

Le far est l'un des desserts bretons les plus populaires. Selon les régions, il est nature, comme à Saint-Pol-de-Léon, garni de pruneaux comme à Quiberon ou encore de raisins secs comme à Brest.

75 g de farine de blé blanche
1/2 litre de lait
120 g de sucre semoule
350 g de pruneaux
3 œufs
20 g de beurre

❧ Faites tremper les pruneaux 2 h. dans un bol rempli d'eau tiède. Faites chauffer le lait dans une petite casserole, sur feu doux.

❧ Allumez le four, thermostat 6. Cassez les œufs dans un saladier et ajoutez le sucre. Battez au fouet à main jusqu'à ce que le mélange blanchisse. Incorporez la farine puis le lait, sans cesser de fouetter.

❧ Beurrez un moule à tarte à bord haut en porcelaine à feu de 26 cm de diamètre. Égouttez les pruneaux et étalez-les au fond du plat. Nappez-les de la préparation précédente et glissez le plat au four. Laissez cuire 45 mn environ, jusqu'à ce que le dessus du far soit doré.

❧ Retirez le plat du four et laissez tiédir. Servez tiède dans le plat de cuisson.

POUR 6 PERS.

KOUIGN AMANN

Ce délicieux gâteau est originaire de la région de Douarnenez ; son nom signifie pain et beurre.

300 g de pâte à pain (p. 253)
200 g de beurre demi-sel
200 g de sucre semoule
Pour le moule :
20 g de beurre
Pour dorer :
25 g de sucre semoule

❧ Mettez le beurre dans une assiette creuse et travaillez-le à la fourchette afin qu'il soit souple, de même consistance que la pâte.

❧ Étalez la pâte sur le plan de travail légèrement fariné en un carré de 1 cm d'épaisseur. Tartinez-le de beurre jusqu'à 2 cm des bords puis poudrez de sucre. Pliez la pâte en trois dans un sens puis en trois dans l'autre et applatissez-la au rouleau à pâtisserie, le plus finement possible, en prenant soin de ne laisser échapper ni le beurre ni le sucre. Pliez à nouveau la pâte.

❧ Beurrez un moule à manqué de 26 cm de diamètre. Posez le carré de pâte dans le moule et aplatissez-le avec vos doigts, délicatement afin de ne pas briser la pâte, en partant du centre afin qu'il épouse la forme du moule et que son épaisseur soit partout la même. Laissez reposer 30 mn. Au bout de 10 mn, allumez le four, thermostat 7. Lorsque le gâteau a reposé, glissez-le au four et laissez-le cuire 35 mn, en l'arrosant pendant les 15 dernières minutes du beurre qui remonte à la surface.

❧ Lorsque le gâteau est cuit, retirez-le du four et saupoudrez-le de sucre. Laissez tiédir puis démoulez et servez.

POUR 8 PERS.

CLAFOUTIS

Limousin

CLAFOUTIS

L'origine du clafoutis est inconnue ; mais le Limousin et l'Auvergne — où l'on prépare le « millard », très proche — revendiquent tous deux son invention.

750 g de cerises noires, mûres
75 g de farine de blé blanche
75 g de beurre
125 g de sucre semoule
1 sachet de sucre vanillé
2 œufs entiers + 1 jaune
1/4 de litre de lait
Pour le moule :
10 g de beurre

Allumez le four, thermostat 6. Lavez les cerises, équeutez-les et épongez-les. Beurrez un moule en porcelaine à feu ou en terre vernissée pouvant contenir les cerises en une seule couche. Étalez-y les cerises.

Mettez les œufs et le jaune dans un saladier, ajoutez le sucre et battez au fouet à main, jusqu'à ce que le mélange blanchisse.

Faites fondre le beurre sur feu doux puis ajoutez-le dans la terrine, en fouettant. Incorporez la farine en la tamisant puis le lait. Fouettez jusqu'à ce que la pâte soit lisse puis nappez-en les cerises.

Glissez le moule au four et laissez cuire 40 mn, jusqu'à ce que le clafoutis soit doré. Retirez le clafoutis du four et saupoudrez-le de sucre vanillé. Laissez tiédir avant de servir dans le plat de cuisson.

POUR 6 PERS.

Lorraine

BABA

Trouvant le kougethopf trop sec, Stanislas Leszczynski eut l'idée de le mouiller avec du vin de Malaga. Il le baptisa « Ali-Baba », en hommage aux Mille et Une Nuits, *ouvrage qu'il admirait tout particulièrement. Plus tard il est devenu simplement « baba » et le vin de Malaga fut remplacé par du rhum.*

125 g de farine de blé blanche
1 sachet de levure lyophilisée de 8 g
1 cuil. à soupe de sucre
3 cuil. à soupe de lait
50 g de beurre
2 œufs
3 pincées de sel
Pour le sirop :
200 g de sucre
1 dl de rhum ambré
Pour le moule :
10 g de beurre

Mettez un tiers du sucre semoule dans un verre de 2 dl. Ajoutez 4 cuillerées à soupe d'eau tiède et mélangez jusqu'à ce que le sucre soit dissous. Ajoutez la levure en pluie, mélangez et laissez gonfler la levure dans un endroit tiède pendant 10 mn environ, jusqu'à ce qu'elle atteigne les bords du verre.

Pendant ce temps, faites tiédir le lait dans une petite casserole. Travaillez le beurre avec une spatule jusqu'à ce qu'il soit crémeux.

Tamisez la farine au-dessus d'un saladier. Faites un puits au centre et ajoutez les œufs, le sel, le reste de sucre, le lait et la levure. Mélangez avec une spatule et ajoutez le beurre. Mélangez encore puis travaillez la pâte avec la main, en la soulevant le plus haut possible et en la faisant retomber.

BABA AU RHUM

Beurrez un moule en couronne de 24 cm et mettez-y la pâte. Couvrez d'un torchon et laissez lever la pâte pendant 1 h environ, jusqu'à ce qu'elle atteigne le bord du moule.

Au bout de ce temps, allumez le four, thermostat 6. Dès qu'il est chaud, glissez-y le moule et laissez cuire 25 mn.

Pendant ce temps, préparez le sirop : mettez le sucre dans une casserole et ajoutez 4 dl d'eau. Portez à ébullition puis retirez du feu, ajoutez le rhum et mélangez.

Lorsque le gâteau est cuit, retirez-le du four et démoulez-le sur un plat de service. Piquez le baba de nombreux coups d'aiguille et arrosez-le de sirop. Récupérez le sirop tombé dans le plat et arrosez-en à nouveau le biscuit, jusqu'à ce qu'il soit entièrement imbibé de sirop. Mettez-le alors au réfrigérateur et laissez-le reposer 4 h au moins avant de le servir.

POUR 6 PERS.

Île-de-France
MERINGUES À LA CHANTILLY

Grand gourmet, l'ancien roi de Pologne Stanislas Leszczynski, réfugié en Alsace, fit venir de Suisse, en 1720, le pâtissier Gasparini. Celui-ci créa un gâteau qui fut baptisé « meringue », de Mehringhen, village suisse d'où Gaspari était originaire. Quant à la chantilly, elle avait été créée en 1714 par Vatel qui officiait au château de Chantilly.

Pour les meringues :
4 blancs d'œufs
150 g de sucre semoule
100 g de sucre glace
Pour la chantilly :
1/2 litre de crème liquide, très froide
25 g de sucre semoule
Pour la cuisson :
10 g de beurre
1 cuil. à soupe de farine

Préparez les meringues : allumez le four, thermostat 3. Beurrez la plaque du four puis farinez-la et retournez-la pour en éliminer l'excédent.

Mettez les blancs d'œufs dans un grand saladier et battez-les en neige très ferme. Ajoutez 50 g de sucre semoule sans cesser de fouetter, jusqu'à ce que les blancs soient lisses et brillants. Ajoutez le reste de sucre semoule en fouettant encore 2 mn à petite vitesse. Cessez ensuite de fouetter et incorporez le sucre glace en soulevant la préparation avec une spatule souple.

Dressez la préparation sur la plaque, en la glissant dans une poche à pâtisserie munie d'une douille cannelée de 2 cm de diamètre : tracez des petits dômes ou des tourbillons.

Glissez la plaque au four et laissez cuire 1 h environ. Surveillez la cuisson : les meringues doivent prendre une couleur ivoire ; si elles se colorent trop, baissez le thermostat.

Quand les meringues sont cuites, détachez-les de la plaque avec une spatule métallique puis laissez-les refroidir sur une grille.

Préparez la chantilly : versez la crème dans un saladier et fouettez-la au batteur électrique jusqu'à ce qu'elle soit ferme. Ajoutez le sucre sans cesser de fouetter, jusqu'à ce qu'elle forme des pics entre les branches du batteur. Si vous n'utilisez pas la crème tout de suite, conservez-la au réfrigérateur.

Au moment de servir, glissez la chantilly dans une poche munie d'une petite douille lisse ou cannelée et garnissez-en la face plate d'une meringue. Posez une seconde meringue contre la chantilly et continuez ainsi, jusqu'à épuisement des meringues. Servez sans attendre.

POUR 8 PERS.   *Photos pages 222-223*

PETER JOHNSON

PRUNEAUX AU VIN (en haut) ET POIRES BELLE-ANGEVINE (en bas, recette page 232).

Pays de Loire
PRUNEAUX AU VIN

1 kg de pruneaux
7,5 dl de vin de Loire rouge
100 g de sucre semoule
2 citrons non traités
1 gousse de vanille
1 morceau de cannelle de 10 cm

Rincez les citrons et épongez-les. Prélevez-en le zeste en long ruban. Fendez la gousse de vanille en deux dans la longueur.

Mettez les pruneaux dans un grand saladier et couvrez-les de vin. Ajoutez les zestes de citron, la vanille et la cannelle, et mélangez. Couvrez et laissez gonfler les pruneaux pendant 4 h.

Au bout de ce temps, égouttez les pruneaux et versez le vin dans une grande casserole. Ajoutez citron, vanille, cannelle et sucre. Mélangez et posez la casserole sur feu vif. Portez à ébullition et remuez jusqu'à ce que le sucre fonde. Ajoutez les pruneaux et laissez-les pocher 10 mn dans le vin. Ensuite égouttez-les et réservez-les dans une jatte. Faites réduire le jus de cuisson sur feu vif, jusqu'à ce qu'il reste environ 1/4 de litre de liquide sirupeux et parfumé. Nappez-en les pruneaux, en retirant les zestes de citron, la cannelle et la vanille, et laissez refroidir.

Mettez les pruneaux au vin au réfrigérateur et laissez reposer 12 h avant de servir.

POUR 6 PERS.

Anjou

POIRES BELLE-ANGEVINE

4 poires de 200 g chacune : williams rouges
7,5 dl de vin rouge
125 g de sucre semoule
1 citron non traité
1 morceau de cannelle de 10 cm

Rincez le citron et épongez-le. Prélevez-en le zeste en long ruban. Versez le vin dans une casserole. Ajoutez le zeste de citron, la cannelle et le sucre, et mélangez. Posez la casserole sur feu vif. Portez à ébullition et remuez jusqu'à ce que le sucre fonde.

Pelez les poires en les gardant entières avec leur queue. Mettez-les dans une cocotte pouvant les contenir couchées, sans qu'elles se chevauchent. Arrosez-les de vin et laissez-les cuire 20 mn sur feu doux, en les retournant souvent.

Lorsque les poires sont cuites, égouttez-les et réservez-les dans une jatte. Faites réduire le jus de cuisson sur feu vif, jusqu'à ce qu'il reste environ 1/4 de litre de liquide sirupeux et parfumé. Retirez citron et cannelle, et laissez tiédir.

Nappez les poires de vin et laissez refroidir. Réservez au réfrigérateur et laissez reposer 2 h au moins avant de servir.

POUR 4 PERS. *Photo page 231*

SOUFFLÉ AU KIRSCH

Alsace

SOUFFLÉ AU KIRSCH

3 cuil. à soupe de kirsch
5 cuil. à soupe de lait
15 g de fécule de maïs ou de pomme de terre
60 g de sucre semoule
20 g de beurre
2 œufs entiers + 1 blanc
1 pincée de sel
Pour le moule :
15 g de beurre
1 cuil. à soupe de sucre semoule

Allumez le four, thermostat 5. Beurrez le fond et les parois d'un moule à soufflé de 16 cm de diamètre et de 10 cm de hauteur. Saupoudrez de sucre et faites tourner le moule entre vos mains afin que le sucre tapisse tout l'intérieur du moule.

Cassez les œufs en séparant les blancs des jaunes. Mettez les blancs dans une terrine, avec le blanc supplémentaire, et saupoudrez de sel. Réservez les jaunes dans leur demi-coquille.

Mettez 2 cuillerées à soupe de sucre, la fécule et le lait dans une casserole. Mélangez vivement au fouet et posez la casserole sur feu modéré. Faites cuire jusqu'au premier bouillon, en ne cessant pas de fouetter vivement, afin que le mélange épaississe en restant lisse. Retirez du feu dès l'apparition des premières bulles et incorporez, en fouettant toujours, le beurre d'abord puis le kirsch et enfin les jaunes d'œufs.

Battez les blancs d'œufs en neige puis ajoutez le reste de sucre et fouettez-les encore 1 mn, jusqu'à ce qu'ils soient lisses et brillants. Mettez une grosse cuillerée de blanc dans la casserole et fouettez vivement. Versez ensuite le contenu de la casserole sur les blancs et mélangez en soulevant la masse avec une spatule.

Versez la préparation dans le moule et glissez-le au four. Laissez cuire 25 mn.

Lorsque le soufflé est cuit, gonflé et doré, servez-le sans attendre, en le servant avec une cuillère.

POUR 3 PERS.

Ile-de-France

ŒUFS À LA NEIGE

1 litre de lait entier
1 gousse de vanille
8 œufs
150 g de sucre semoule
Pour le caramel :
100 g de sucre semoule

Fendez la gousse de vanille dans la longueur à l'aide d'un petit couteau. Mettez-la dans une casserole et ajoutez le lait. Portez à ébullition puis retirez du feu, couvrez et laissez infuser.

Cassez les œufs en séparant les blancs des jaunes. Mettez les blancs dans un très grand saladier et les jaunes dans une grande casserole.

Saupoudrez les jaunes de 100 g de sucre, en battant avec un fouet à main, jusqu'à ce que le mélange blanchisse. Versez-y alors le lait chaud, sans cesser de fouetter. Posez la casserole sur feu doux et laissez cuire en remuant sans cesse avec une spatule, jusqu'à obtention d'une crème épaisse qui nappe la spatule. Retirez du feu.

Filtrez la crème au-dessus d'un saladier et laissez-la refroidir en remuant de temps en temps.

Battez les blancs d'œufs en neige ferme puis ajoutez les 50 g de sucre réservés, sans cesser de battre jusqu'à ce qu'ils soient meringués.

Faites bouillir de l'eau dans une sauteuse de 28 cm et dès qu'elle arrive à ébullition, baissez le feu afin de maintenir un léger frémissement.

Plongez dans de l'eau froide une grande cuillère à long manche et prélevez dans le saladier de grosses cuillerées de blanc que vous déposerez au fur et à mesure dans l'eau frémissante. Entre chaque opération, plongez la cuillère dans de l'eau froide afin de faciliter le glissement des blancs. Après 30 secondes, retournez chaque blanc et laissez-le cuire encore 30 secondes de l'autre côté.

232

PETER JOHNSON

❦ Lorsque les blancs sont cuits, retirez-les à l'aide d'une écumoire et posez-les sur une grille recouverte d'un torchon, en les séparant les uns des autres.

❦ Au moment de servir, versez la crème dans une jatte et posez les blancs dessus, en dômes. Préparez le caramel : mettez le sucre dans une casserole avec 3 cuillerées à soupe d'eau. Posez la casserole sur feu doux et laissez cuire jusqu'à obtention d'un caramel ambré. Versez-le en mince filet sur les îles et servez sans attendre.

POUR 6 PERS.   *Photos pages 222-223*

Bretagne

SORBET AUX FRAISES

De mai à juillet, toute la France savoure ces merveilleux fruits sucrés et parfumés que sont les fraises. La fraise de Plougastel — capitale bretonne de la fraise — au goût et à la saveur incomparables est sans doute la plus recherchée.

400 g de fraises
160 g de sucre semoule
1 cuil. à soupe de jus de citron
Pour servir :
fruits rouges

❦ Mettez le sucre dans une casserole et ajoutez 1 dl d'eau. Portez à ébullition puis retirez du feu. Refroidissez le sirop en plongeant le fond de la casserole dans de l'eau froide.

❦ Lavez les fraises, égouttez-les et équeutez-les. Passez-les au moulin à légumes grille fine (si vous n'aimez pas retrouver leurs petites graines) ou au mixeur. Versez la purée obtenue dans un saladier et ajoutez le jus de citron et le sirop. Mélangez bien.

❦ Faites prendre le sorbet dans une sorbetière ou dans un bac, au froid. Servez le sorbet en boules, dans des coupes, accompagné de fruits rouges : framboises, fraises des bois, groseilles...

POUR 4 PERS.

Anjou

POIRIER D'ANJOU

1 kg de poires williams : 4 grosses poires
200 g de farine
250 g de sucre
2 dl de lait
100 g de beurre
2 œufs
2 cuil. à café de levure chimique
3 cuil. à soupe de cointreau
2 cuil. à soupe de gelée de groseille
1 gousse de vanille
Pour le moule :
10 g de beurre

❦ Versez 100 g de sucre dans une grande casserole et ajoutez 1/2 litre d'eau et la gousse de vanille fendue en deux dans la longueur. Portez à ébullition sur feu doux.

❦ Coupez les poires en deux, pelez-les et retirez-en le cœur. Lorsque le sirop bout, plongez-y les demi-poires et laissez cuire 30 mn, jusqu'à ce qu'elles soient tendres. Ensuite égouttez-les.

❦ Allumez le four, thermostat 7. Faites fondre le beurre dans une petite casserole et laissez-le tiédir. Beurrez un moule à manqué de 24 cm de diamètre.

❦ Mettez la farine et la levure dans le bol d'un robot. Ajoutez les œufs, le reste de sucre, le beurre et le lait, et mixez jusqu'à obtention d'une pâte lisse. Versez-la dans le moule. Coupez chaque quartier de poire en lamelles verticales de 1 cm d'épaisseur et posez-les sur la pâte, en rosace en partant du centre. Glissez le moule au four et laissez cuire 40 mn.

❦ Pendant ce temps, faites réduire le sirop de cuisson des poires sur feu vif, jusqu'à ce qu'il soit très sirupeux. Ajoutez la gelée de groseille, laissez bouillir encore 1 mn puis ajoutez le cointreau et retirez du feu.

❦ Lorsque le gâteau est cuit, nappez-le de la préparation à la gelée de groseille et laissez cuire encore 5 mn. Retirez du feu et démoulez le poirier sur un plat de service. Servez tiède ou froid.

POUR 6 PERS.

SORBET AUX FRAISES

POIRIER D'ANJOU

MONT-BLANC

Savoie

MONT-BLANC

Un dôme de purée de marrons surmonté de chantilly : un hommage au mont Blanc.

2 kg de châtaignes fraîches
1 litre de lait entier
200 g de sucre semoule
1 gousse de vanille
1 sachet de sucre vanillé
1/4 de litre de crème liquide, froide

❦ Fendez les châtaignes sur leur face plate et plongez-les dans une casserole d'eau bouillante. Laissez cuire 5 mn puis égouttez-les et retirez l'écorce et la peau brune qui recouvrent le fruit.

❦ Versez le lait dans une grande casserole et ajoutez la gousse de vanille fendue en deux dans la longueur. Portez à ébullition puis ajoutez les châtaignes, mélangez, couvrez et laissez cuire 30 mn, en remuant de temps en temps.

❦ Au bout de ce temps, ajoutez le sucre dans la casserole, mélangez et laissez cuire encore 30 mn environ, en remuant souvent jusqu'à ce que les châtaignes forment une épaisse purée qui se détache des bords de la casserole.

❦ Au bout de ce temps, passez la purée de châtaignes au moulin à légumes, grille moyenne, au-dessus d'un plat de service, en brisant le moins possible les vermicelles formés par le passage des châtaignes dans la grille du moulin. Réservez au réfrigérateur 2 h au moins.

❦ Au moment de servir, fouettez la crème en y incorporant le sucre vanillé. Glissez-la dans une poche munie d'une petite douille lisse ou cannelée et décorez-en le dessus et le tour du mont-blanc. Servez aussitôt.

POUR 6 PERS.

Languedoc

GIMBLETTES D'ALBI

Les gimblettes faisaient autrefois partie des décors que l'on accrochait aux rameaux d'olivier, le jour des Rameaux. Aujourd'hui, elles sont devenues une pâtisserie quotidienne.

400 g de farine de blé blanche
1 sachet de levure lyophilisée de 8 g

50 g de beurre
3 œufs
3 cuillerées à soupe de lait
1 cuil. à café d'eau de fleur d'oranger
50 g de zeste de cédrat confit
1 citron non traité
Pour dorer :
1 jaune d'œuf
1 cuil. à soupe de lait
Pour la cuisson
10 g de beurre

❦ Mettez 1 cuillerée à café de sucre et 3 cuillerées à soupe d'eau tiède dans un verre de 2 dl de contenance. Mélangez jusqu'à ce que le sucre fonde puis ajoutez la levure en pluie. Mélangez et laissez gonfler la levure 10 mn dans un endroit chaud.

❦ Faites chauffer le lait dans une petite casserole. Ajoutez le beurre et mélangez jusqu'à ce qu'il soit fondu et laissez tiédir. Lavez le citron, épongez-le et râpez son zeste au-dessus d'une coupelle. Coupez le cédrat en tout petits cubes.

❦ Tamisez la farine dans un second saladier et ajoutez le reste de sucre. Mélangez et faites un puits au centre. Ajoutez le mélange lait-beurre, les œufs, le zeste de citron, le cédrat, l'eau de fleur d'oranger et la levure. Mélangez avec une spatule, du centre vers l'extérieur, jusqu'à obtention d'une pâte trop épaisse pour être travaillée à la spatule. Soulevez-la avec vos mains puis laissez-la retomber afin de l'aérer au maximum, pendant 10 mn environ. Roulez-la en boule et posez-la dans le saladier. Couvrez le saladier d'un torchon et laissez la pâte doubler de volume dans un endroit tiède, pendant 1 h 30 environ.

❦ Au bout de ce temps, travaillez la pâte 2 mn puis séparez-la en morceaux de 40 g. Roulez-les en petites boules puis enfoncez l'index fariné au centre d'une boule afin de faire un trou. Faites tourner la pâte autour de votre index afin d'obtenir un petit anneau.

❦ Faites bouillir de l'eau dans une marmite et maintenez une légère ébullition. Plongez les anneaux de pâte dans l'eau bouillante, peu à peu, et laissez-les cuire 30 secondes environ, le temps qu'ils remontent tout gonflés à la surface. Égouttez-les avec une écumoire et posez-les sur un linge.

❦ Allumez le four, thermostat 6. Beurrez une plaque à pâtisserie et posez-y les anneaux. Fouettez le jaune d'œuf et le lait dans un bol, avec une fourchette. Badigeonnez chaque anneau de ce mélange, à l'aide d'un pinceau.

❦ Lorsque le four est chaud, glissez-y la plaque et laissez cuire les gimblettes 20 mn environ, jusqu'à ce qu'elles soient dorées. Servez froid.

POUR 6 PERS.

GIMBLETTES D'ALBI (à droite) ET PASTIS LANDAIS (à gauche).

GÂTEAU DE NANCY (en bas) ET BARQUETTES D'ORANGES (en haut).

Aquitaine

PASTIS LANDAIS

300 g de farine de blé blanche
1 sachet de levure lyophilisée de 8 g
75 g de sucre semoule
50 g de beurre
2 œufs
2 pincées de vanille en poudre
2 cuil. à soupe de liqueur d'anis
1 cuil. à soupe d'eau de fleur d'oranger
le zeste râpé d'un citron non traité
3 pincées de sel
Pour le moule :
10 g de beurre

Mettez 1 cuillerée à café de sucre et 3 cuillerées à soupe d'eau tiède dans un verre de 2 dl. Mélangez jusqu'à ce que le sucre fonde puis ajoutez la levure en pluie. Mélangez et laissez gonfler la levure 10 mn dans un endroit chaud.

Faites fondre le beurre dans une casserole et laissez-le refroidir. Cassez les œufs et réservez les jaunes dans leur demi-coquille et les blancs dans un saladier.

Tamisez la farine dans un second saladier et ajoutez le reste de sucre, le sel et la vanille. Mélangez et faites un puits au centre. Ajoutez la liqueur d'anis, l'eau de fleur d'oranger, le zeste de citron, le beurre fondu, les jaunes d'œufs et la levure. Mélangez avec une spatule, du centre vers l'extérieur, jusqu'à obtention d'une pâte trop épaisse pour être travaillée à la spatule. Soulevez-la avec vos mains puis laissez-la retomber afin de l'aérer au maximum, pendant 10 mn environ.

Battez les blancs d'œufs en neige pas trop ferme puis incorporez-les à la pâte à la spatule, en trois fois ; la première fois en mélangeant vivement et les deux autres, en la soulevant. Couvrez le saladier d'un torchon et laissez la pâte doubler de volume dans un endroit tiède, pendant 1 h 30 environ.

Lorsque la pâte a levé, beurrez un moule à charlotte de 18 cm de diamètre. Versez-y la pâte sans la travailler puis laissez-la encore gonfler dans le moule, jusqu'à ce qu'elle arrive au ras du bord, pendant 45 mn environ.

Au bout de ce temps, allumez le four, thermostat 6. Dès qu'il est chaud, glissez-y le moule et laissez cuire 45 mn, jusqu'à ce que le pastis soit gonflé et doré.

Retirez le gâteau du four et laissez-le reposer 10 mn avant de le démouler. Laissez-le refroidir sur une grille. Dégustez tel quel ou pour accompagner toutes sortes d'entremets.

POUR 6 PERS.

Lorraine

GÂTEAU DE NANCY

150 g de chocolat noir amer
125 g de sucre semoule
125 g de beurre
100 g de poudre d'amandes
4 œufs
1 cuil. à soupe rase de fécule de pomme de terre
Pour le moule :
10 g de beurre
Pour servir :
2 cuil. à soupe de sucre glace

Allumez le four, thermostat 5. Beurrez un moule à manqué de 22 cm de diamètre. Faites ramollir le chocolat au bain-marie puis ajoutez le beurre et lissez le tout avec une spatule.

Cassez les œufs en séparant les blancs des jaunes. Réservez les blancs dans un premier saladier et les jaunes dans un second

saladier. Ajoutez le sucre aux jaunes d'œufs et battez au fouet à main jusqu'à ce que le mélange blanchisse. Ajoutez-y le mélange beurre chocolat, sans cesser de fouetter, puis la poudre d'amandes et la fécule, en la tamisant.

Versez la préparation dans le moule et glissez-le au four. Laissez cuire 35 mn.

Lorsque le gâteau est cuit, retirez-le du four et laissez-le reposer 10 mn avant de le démouler sur un plat. Poudrez-le de sucre glace en le tamisant et servez froid.

POUR 6 PERS.

Languedoc

BARQUETTES D'ORANGES

2 oranges non traitées
200 g d'amandes mondées
200 g de sucre semoule
4 blancs d'œufs
80 g de fécule de pomme de terre
3 cuil. à soupe de curaçao
Pour dorer :
50 g de sucre cristallisé
Pour les moules :
20 g de beurre

Allumez le four, thermostat 5. Beurrez 24 barquettes ovales de 8 cm de long.

Mixez dans un robot les amandes et 150 g de sucre semoule afin d'obtenir une fine poudre. Mettez-la dans un saladier et ajoutez la fécule en la tamisant et le curaçao. Lavez les oranges, et retirez leur zeste au zesteur. Ajoutez-le dans le saladier.

Battez les blancs d'œufs en neige ferme et ajoutez le reste de sucre, sans cesser de battre, jusqu'à ce qu'ils soient lisses et blancs. Incorporez-y le mélange contenu dans le saladier, en soulevant la préparation avec une spatule souple.

Répartissez la pâte dans les barquettes et aplatissez-la légèrement avec le dos d'une cuillère afin que la surface soit lisse. Poudrez chaque barquette de sucre cristallisé.

Posez les barquettes sur la plaque du four et glissez au four. Laissez cuire 25 mn, jusqu'à ce que les barquettes soient dorées. Retirez du four et laissez tiédir 10 mn avant de démouler. Servez froid.

POUR 6-8 PERS.

PETER JOHNSON

CRÈME CARAMEL

Île-de-France

CRÈME CARAMEL

Ce dessert familial se prépare aussi sans caramel ; il porte alors le nom d'œufs au lait.

1 litre de lait entier
8 œufs
200 g de sucre semoule
1 gousse de vanille
1/2 cuil. à café de jus de citron

Allumez le four, thermostat 5. Fendez la gousse de vanille en deux dans la longueur et mettez-la dans une casserole, avec le lait. Portez à ébullition puis retirez du feu et couvrez. Laissez infuser.

Préparez un caramel : mettez 100 g de sucre dans une petite casserole et ajoutez le jus de citron et 2 cuillerées à soupe d'eau. Portez à ébullition et laissez cuire jusqu'à obtention d'un caramel ambré. Retirez la casserole du feu et versez le caramel dans un moule à charlotte, à soufflé, à manqué ou à cake de 2 litres. Vous pouvez aussi le répartir entre des moules à soufflé individuels. Faites tourner le ou les moules entre vos mains afin que le caramel en tapisse fond et parois.

Cassez les œufs dans un grand saladier et ajoutez le sucre. Battez au fouet jusqu'à obtention d'un mélange homogène puis versez le lait chaud, sans cesser de battre. Filtrez ce mélange dans une passoire fine au-dessus du ou des moules.

Posez le ou les moules dans un bain-marie et glissez le tout au four. Laissez cuire de 45 mn à 1 h, selon que vous avez choisi des petits moules ou un seul grand : la crème doit être prise et un couteau enfoncé en son centre doit en ressortir sec.

Retirez la crème caramel du four et du bain-marie, et laissez refroidir. Vous pouvez la servir à température ambiante après l'avoir démoulée sur un plat ou froide ; dans ce cas, mettez-la au réfrigérateur et au moment de servir, plongez le fond du moule 30 secondes dans de l'eau chaude avant de démouler.

POUR 6-8 PERS.

Bretagne

TARTE AUX FRAISES

300 g de pâte sucrée (p. 252)
1 kg de fraises
200 g de gelée de framboise
Pour le moule :
10 g de beurre

Allumez le four, thermostat 7. Beurrez un moule à tarte de 26 cm de diamètre.

Étalez la pâte au rouleau à pâtisserie et garnissez-en le moule. Tapissez-en le fond de papier sulfurisé et étalez dessus des légumes secs ou des petites billes de porcelaine spéciales pour la cuisson à blanc. Glissez la tarte au four et laissez cuire 15 mn. Retirez alors les légumes secs et le papier, et laissez cuire encore 20 mn, jusqu'à ce que le fond de pâte soit doré. Retirez-le du four et faites-le glisser sur une grille. Laissez-le refroidir. Vous pouvez préparer ce fond de tarte plusieurs heures avant de servir.

1 h avant de servir, mettez la gelée et 2 cuillerées à soupe d'eau dans une petite casserole. Laissez fondre la gelée sur feu doux puis retirez du feu et laissez refroidir.

Lavez les fraises, égouttez-les et équeutez-les. Épongez-les dans un papier absorbant et réservez au réfrigérateur.

15 mn avant de servir, garnissez de fraises le fond de pâte, en les posant la partie pointue en l'air. Nappez-les de gelée refroidie et servez.

POUR 8 PERS.

Alsace

TARTE AUX POMMES À L'ALSACIENNE

300 g de pâte sucrée (p. 252)
750 g de pommes : goldens ou reinettes
100 g de sucre
2 dl de crème liquide
4 jaunes d'œufs
1 sachet de sucre vanillé
4 pincées de cannelle en poudre
Pour le moule :
10 g de beurre

Allumez le four, thermostat 7. Beurrez un moule à tarte en porcelaine à feu à bord haut, de 26 cm de diamètre. Étalez la pâte au rouleau à pâtisserie et garnissez-en le moule.

Coupez les pommes en quartiers, pelez-les et retirez le cœur. Coupez chaque quartier en 4 lamelles et répartissez-les sur le fond de pâte, en rosace, en partant de l'extérieur, et en les faisant légèrement se chevaucher. Glissez le moule dans le four chaud et laissez cuire 15 mn.

Pendant ce temps, mettez les jaunes d'œufs dans un saladier et battez-les au fouet à main en incorporant le sucre semoule, le sucre vanillé et la cannelle. Ajoutez ensuite la crème et fouettez encore. Nappez les pommes à demi cuites de cette préparation et glissez le moule au four. Laissez cuire 35 mn.

Lorsque la tarte est cuite, retirez-la du four et faites-la glisser sur un plat. Servez cette tarte tiède.

POUR 6 PERS.

TARTE AUX FRAISES (en haut)
ET TARTE AUX POMMES À L'ALSACIENNE (en bas).

PETER JOHNSON

Provence

TARTE AU CITRON

250 g de pâte sucrée (p. 252)
3 citrons non traités
200 g de sucre semoule
125 g de beurre
4 œufs
Pour le moule :
10 g de beurre

❧ Allumez le four, thermostat 7. Beurrez un moule à tarte de 24 cm de diamètre. Étalez la pâte au rouleau à pâtisserie et garnissez-en le moule. Tapissez-en le fond de papier sulfurisé et étalez dessus des légumes secs ou des petites billes de porcelaine spéciales pour la cuisson à blanc. Glissez la tarte au four et laissez cuire 15 mn.

❧ Pendant ce temps, préparez la garniture : lavez les citrons, épongez-les et râpez leur zeste au-dessus d'un bol. Coupez les citrons en deux, pressez-les et versez 2 dl de leur jus dans le bol. Cassez 3 œufs en séparant les blancs des jaunes ; réservez les jaunes dans un bol, avec l'œuf entier et fouettez-les à la fourchette, et les blancs dans un saladier.

❧ Faites fondre le beurre dans une casserole et ajoutez 150 g de sucre. Mélangez puis ajoutez les jaunes d'œufs et le mélange zeste-jus. Laissez cuire 5 mn sur feu doux, en fouettant sans cesse, jusqu'à ce que la préparation épaississe. Filtrez-la au-dessus d'un saladier et laissez-la refroidir.

❧ Retirez haricots secs et papier sulfurisé de la tarte, et faites cuire le fond de tarte seul encore 10 mn environ, jusqu'à ce qu'il soit doré. Versez-y ensuite la crème au citron. Fouettez les blancs d'œufs en neige ferme puis incorporez-y le reste de sucre, sans cesser de fouetter, jusqu'à ce qu'ils soient meringués.

❧ Répartissez les blancs à la surface de la tarte, soit à la cuillère, ou à la douille. Glissez le moule au four et laissez cuire encore 10 à 15 mn environ, jusqu'à ce que la surface des blancs blondisse. Retirez du four et laissez tiédir.

❧ Démoulez la tarte sur un plat de service et dégustez froid.

POUR 6 PERS.

Provence

TOURTE AUX BLETTES

400 g de pâte sucrée (p. 252)
Pour la garniture :
800 g de vert de blettes
100 g de cassonade
100 g de raisins de Corinthe
75 g de pignons
50 g de fromage finement et fraîchement râpé : édam, gouda, emmental
2 œufs
1 cuil. à café de zeste de citron râpé
poivre
Pour dorer :
1 jaune d'œuf
1 cuil. à soupe de lait
Pour le moule :
10 g de beurre

❧ Allumez le four, thermostat 6. Beurrez un moule à tarte en porcelaine à feu à bord haut de 22 cm de diamètre. Divisez la pâte en deux parties, l'une un peu plus grosse que l'autre. Étalez la plus grosse moitié de la pâte au rouleau à pâtisserie et garnissez-en le moule.

❧ Préparez la garniture : lavez le vert de blettes et mettez-le dans une grande marmite, sans l'éponger. Couvrez et laissez cuire 5 mn sur feu vif. Égouttez le vert de blettes. Laissez refroidir. Pressez-le entre vos mains afin d'éliminer le maximum d'eau puis hachez-le grossièrement au couteau.

❧ Cassez les œufs dans un saladier et battez-les à la fourchette en y incorporant le sucre. Ajoutez le fromage, le vert de blettes, les raisins, les pignons, le zeste de citron et du poivre. Mélangez et versez cette farce dans le moule. Mouillez la pâte sur tout le bord avec un pinceau. Étalez le reste de pâte et couvrez-en la farce. Pincez les deux bords de pâte afin qu'ils se soudent.

❧ Fouettez le jaune d'œuf avec le lait et badigeonnez de ce mélange toute la surface de la tarte, au pinceau. Glissez la tarte au four et laissez cuire 45 mn.

❧ Retirez la tarte du four et laissez-la tiédir 10 mn avant de la démouler. Laissez-la refroidir sur une grille et dégustez-la froide.

POUR 6 PERS.

Provence

FOUGASSE

Elle était à l'origine l'un des treize desserts du Noël provençal. Selon les régions, on l'appelle fouace, pompe, pogne... Aujourd'hui, on la retrouve toute l'année chez tous les boulangers, salée, fourrée d'anchois ou de lard, ou sucrée, garnie de fruits confits ou poudrée de sucre concassé.

500 g de farine de blé blanche
1 sachet de levure lyophilisée de 8 g
1 cuil. à soupe de sucre semoule
1 dl de lait
3 cuil. à soupe d'huile d'olive
1 cuil. à soupe d'eau de fleur d'oranger
200 g de fruits confits assortis
3 pincées de sel
Pour dorer :
1 jaune d'œuf
1 cuil. à soupe de lait
Pour la cuisson :
1 cuil. à café d'huile d'arachide

❧ Mettez le sucre dans un verre de 2 dl de contenance. Ajoutez 4 cuillerées à soupe d'eau tiède et mélangez jusqu'à ce que le sucre soit dissous. Ajoutez la levure en pluie, mélangez et laissez gonfler la levure dans un endroit tiède pendant 10 mn environ, jusqu'à ce qu'elle atteigne les bords du verre.

❧ Pendant ce temps, faites tiédir le lait dans une petite casserole.

❧ Tamisez la farine au-dessus d'un saladier. Faites un puits au centre et ajoutez le sel, l'huile, l'eau de fleur d'oranger, le lait et la levure. Mélangez avec une spatule puis travaillez la pâte avec la main, en l'écrasant avec la paume de la main puis en la roulant en boule, jusqu'à ce qu'elle soit lisse et se détache des doigts. Couvrez la pâte d'un linge et laissez-la reposer jusqu'à ce qu'elle double de volume, pendant 2 h environ.

❧ Au bout de ce temps, allumez le four, thermostat 7. Coupez les écorces et les fruits confits en cubes de 1/2 cm. Écrasez la pâte d'un coup sec de la main et ajoutez la moitié des fruits. Travaillez la pâte 5 mn puis donnez-lui la forme d'un huit.

❧ Huilez la plaque du four ou une plaque antiadhésive et déposez-y la pâte. Garnissez du reste d'écorces et de fruits confits, en les enfonçant légèrement dans la pâte. Laissez gonfler la pâte pendant environ 20 mn.

❧ Au bout de ce temps, fouettez le jaune d'œuf et le lait, et badigeonnez-en la pâte à l'aide d'un pinceau. Glissez la plaque au four et laissez cuire 30 mn environ, jusqu'à ce que la fougasse soit gonflée et dorée. Retirez-la du four et faites-la refroidir sur une grille avant de la déguster.

POUR 6 PERS.

Bretagne

GALETTE BRETONNE

250 g de farine de blé blanche
150 g de beurre demi-sel mou
150 g de sucre semoule
50 g d'angélique confite
2 œufs
3 cuil. à soupe de rhum
Pour le moule :
10 g de beurre
Pour dorer :
1 jaune d'œuf
1 cuil. à soupe de lait

Allumez le four, thermostat 6. Beurrez un moule à tarte de 24 cm en porcelaine à feu à bord haut. Coupez l'angélique en tout petits dés et mettez-la dans un bol. Arrosez de rhum et mélangez.

Mettez le beurre dans un saladier et ajoutez le sucre. Fouettez jusqu'à ce que le mélange blanchisse puis ajoutez la moitié de la farine en tournant avec une spatule, les œufs et enfin le reste de la farine et l'angélique au rhum. Mélangez une dernière fois.

Posez la pâte au centre du moule et aplatissez-la avec la paume de votre main, jusqu'à atteindre le bord du moule, en ayant une surface aussi lisse que possible.

Fouettez le jaune d'œuf et le lait dans un bol, avec une fourchette. Badigeonnez toute la surface de la galette de ce mélange. Tracez à l'aide de la pointe d'un couteau des quadrillages sur la galette et glissez-la au four. Laissez cuire 30 mn environ, jusqu'à ce que la galette soit dorée.

Faites glisser la galette sur une grille et laissez-la refroidir avant de servir.

POUR 6 PERS.

FOUGASSE (en haut) ET GALETTE BRETONNE (en bas).

CRÉMETS

Anjou

CRÉMETS

4 dl de crème liquide
2 blancs d'œufs
Pour servir :
crème liquide froide
fruits rouges
sucre semoule

Fouettez la crème jusqu'à ce qu'elle forme des pics entre les branches du fouet. Fouettez les blancs d'œufs en neige ferme. Mélangez les deux préparations en fouettant pendant 10 secondes.

Tapissez de mousseline 4 petites faisselles, rondes ou en forme de cœur, pouvant contenir chacune le quart de la préparation. Répartissez-la dans les faisselles et rabattez dessus les coins de la mousseline. Mettez les faisselles sur une assiette et réservez-les au réfrigérateur. Laissez-les refroidir pendant 3 h.

Au bout de ce temps, retirez les faisselles du froid et rabattez les coins de la mousseline. Démoulez chaque faisselle dans une assiette à dessert et retirez la mousseline. Servez les crémets accompagnés de sucre à volonté, de crème et de fruits rouges de votre choix : fraises, framboises, groseilles, fraises des bois...

POUR 4 PERS.

239

SABLÉS NORMANDS (en haut) ET CROQUANTS (en bas).

Normandie

SABLÉS NORMANDS

On trouve les mêmes petits sablés en Bretagne, mais ils sont préparés avec du beurre demi-sel et dorés à l'œuf.

150 g de farine de blé blanche
100 g de beurre mou
75 g de sucre semoule
2 jaunes d'œufs
Pour la cuisson :
20 g de beurre

Tamisez la farine sur le plan de travail. Ajoutez le sucre et mélangez. Faites un puits au centre et mettez-y le beurre et les jaunes d'œufs. Travaillez rapidement la pâte du bout des doigts puis roulez-la en boule. Laissez-la reposer 1 h dans un endroit frais.

Au bout de ce temps, allumez le four, thermostat 5. Beurrez une grande plaque à pâtisserie ou deux petites. Étalez la pâte au rouleau sur 1/2 cm d'épaisseur et découpez-y des disques de 3 à 4 cm de diamètre, à l'emporte-pièce lisse ou dentelé.

Posez les sablés sur la plaque et glissez-la dans le four chaud. Laissez cuire les sablés pendant 10 mn environ : ils doivent être juste blonds. Retirez-les du four et laissez-les refroidir sur une grille avant de les croquer.

Ces sablés se conservent plusieurs semaines dans une boîte métallique hermétiquement close.

POUR 6 PERS.

Auvergne

CROQUANTS

Ces petits gâteaux particulièrement croquants sont la spécialité de Mauriac, jolie petite ville du Cantal.

250 g de farine de blé blanche
100 g de sucre semoule
50 g de miel liquide
25 g de beurre mou
2 œufs

Pour dorer :
1 jaune d'œuf
1 cuil. à soupe de miel liquide
Pour la cuisson :
20 g de beurre

Tamisez la farine sur le plan de travail. Faites un puits au centre et ajoutez le sucre, le miel, le beurre et les œufs. Mélangez rapidement du bout des doigts, jusqu'à obtention d'une pâte lisse et ferme. Roulez-la en boule et laissez-la reposer 1 h dans un endroit frais.

Lorsque la pâte a reposé, allumez le four, thermostat 5. Beurrez une grande plaque à pâtisserie ou deux petites. Étalez la pâte sur le plan de travail légèrement fariné sur 1/2 cm. Découpez-y des formes diverses : feuilles, cœurs, couronnes...

Déposez les croquants sur la plaque. Fouettez le jaune d'œuf et le miel, et badigeonnez-en les croquants au pinceau. Glissez au four et laissez cuire 15 mn. Faites refroidir les croquants sur une grille avant de les croquer.

POUR 6 PERS.

Artois

TARTE AU SUCRE

250 g de farine de blé blanche
1 sachet de levure lyophilisée de 8 g
75 g de beurre mou
75 g de sucre semoule
2 jaunes d'œufs
1 dl de lait
6 pincées de sel
Pour dorer :
125 g de vergeoise brune ou blonde
50 g de beurre
Pour le moule :
10 g de beurre

Mettez 1 cuillerée à café de sucre semoule dans un verre de 2 dl. Ajoutez 4 cuillerées à soupe d'eau tiède et mélangez jusqu'à ce que le sucre soit dissous. Ajoutez la levure, mélangez et laissez gonfler la levure dans un endroit tiède pendant 10 mn, jusqu'à ce qu'elle atteigne les bords du verre.

Pendant ce temps, faites tiédir le lait dans une casserole. Tamisez la farine au-dessus d'un saladier et faites un puits au centre. Mettez le beurre dans un second saladier et fouettez-le jusqu'à obtention d'une crème lisse. Ajoutez le reste de sucre et fouettez jusqu'à ce que le mélange blanchisse. Ajoutez les jaunes d'œufs et le lait puis la levure gonflée et mélangez bien. Versez cette préparation au centre de la farine et mélangez à la spatule afin d'obtenir une pâte homogène.

Posez la pâte sur le plan de travail et travaillez-la de la façon suivante : écrasez-la en la poussant loin devant vous puis pliez-la en deux. Continuez à la travailler ainsi pendant 10 mn, jusqu'à ce qu'elle soit lisse et se détache des doigts. Mettez-la dans un saladier, couvrez-la d'un linge et laissez-la lever 2 h dans un endroit tiède jusqu'à ce qu'elle double de volume.

Au bout de ce temps, allumez le four, thermostat 7. Beurrez un moule à manqué de 22 cm. Écrasez la pâte d'un coup sec de la main puis travaillez-la 5 mn, comme la première fois. Étalez-la au rouleau jusqu'à obtention d'un disque de 22 cm et déposez-la dans le moule. Poudrez-la de cassonade et parsemez de beurre en tout petits morceaux. Laissez reposer 20 mn, jusqu'à ce que la pâte arrive au ras du moule.

Lorsque la pâte a levé, glissez le moule au four et laissez cuire 30 mn environ, jusqu'à ce que la tarte soit dorée et gonflée. Faites-la glisser sur un plat et servez tiède ou froid.

POUR 6 PERS.

Lorraine

TARTE AU FROMAGE BLANC

250 g de pâte sucrée (p. 252)
500 g de fromage blanc égoutté : faisselle
100 g de crème fraîche épaisse
125 g de sucre semoule
1 citron non traité
1 cuil. à café rase de farine
3 œufs entiers + 1 jaune
Pour le moule :
10 g de beurre

❦ Allumez le four, thermostat 6. Beurrez un moule à tarte en porcelaine à feu à bord haut de 24 cm de diamètre. Étalez la pâte au rouleau à pâtisserie et garnissez-en le moule.

❦ Préparez la garniture : lavez le citron, épongez-le et râpez-en le zeste au-dessus d'un saladier. Ajoutez le sucre et les œufs entiers et le jaune, et battez au fouet à main jusqu'à ce que le mélange blanchisse. Ajoutez la crème et le fromage égoutté, et continuez de battre jusqu'à obtention d'une préparation lisse.

❦ Versez la garniture dans le moule et lissez-en la surface à la spatule. Glissez le moule au four et laissez cuire 50 mn, jusqu'à ce que le dessus de la tarte soit doré et gonflé.

❦ Retirez la tarte du four et laissez-la refroidir avant de la démouler et de la déguster.

POUR 6 PERS.

Lorraine

GÂTEAU DE METZ

125 g de chocolat noir amer
125 g de farine de blé blanche
200 g de sucre semoule
200 g de crème fraîche épaisse
4 œufs
Pour le moule :
10 g de beurre

❦ Allumez le four, thermostat 5. Beurrez un moule à manqué de 22 cm de diamètre. Réduisez le chocolat en petites paillettes dans un robot ou sur une râpe. Vous pouvez utiliser des chips de chocolat.

❦ Cassez les œufs dans un saladier et ajoutez le sucre. Fouettez jusqu'à ce que le mélange blanchisse puis incorporez la farine en la tamisant. Ajoutez la crème et le chocolat et mélangez bien.

❦ Versez la préparation dans le moule et glissez-le au four. Laissez cuire 45 mn, jusqu'à ce que le gâteau soit gonflé et doré.

❦ Retirez le gâteau du four et démoulez-le sur une grille. Laissez-le refroidir avant de déguster.

POUR 6 PERS.

TARTE AU SUCRE (en bas à gauche), TARTE AU FROMAGE BLANC (en bas à droite) ET GÂTEAU DE METZ (en haut).

241

CORNETS DE MURAT (en haut) ET MADELEINES (en bas).

Auvergne

CORNETS DE MURAT

2 blancs d'œufs
100 g de sucre semoule
60 g de farine de blé blanche
60 g de beurre
1 cuil. à soupe de rhum ambré
Pour la garniture :
6 dl de crème liquide très froide
1 sachet de sucre vanillé
Pour la cuisson :
20 g de beurre

❧ Allumez le four, thermostat 5. Beurrez une grande plaque à pâtisserie ou deux petites.

❧ Faites fondre le beurre dans une petite casserole puis retirez du feu et laissez refroidir.

❧ Mettez les blancs d'œufs dans un saladier et battez-les avec une fourchette, jusqu'à ce qu'ils moussent. Ajoutez le sucre et mélangez. Tamisez la farine au-dessus du saladier, mélangez encore et ajoutez le beurre et le rhum. Battez rapidement.

❧ Versez la pâte avec une cuillère à soupe sur la plaque : elle s'étale légèrement en formant de petits disques. Glissez au four et laissez cuire de 8 à 10 mn, jusqu'à ce que ces disques soient juste blonds. Retirez-les du four et roulez la pâte toute chaude en cornets, sur des douilles ou enfoncez-la légèrement dans des goulots de bouteille. En refroidissant, la pâte séchera et gardera la forme donnée. Au moment de servir, fouettez la crème en y incorporant le sucre, jusqu'à ce qu'elle forme des pics entre les branches du fouet. Garnissez-en les cornets, à l'aide d'une poche munie d'une petite douille cannelée.

❧ Une fois garnis de crème, les cornets (que vous pouvez préparer plusieurs heures à l'avance) seront dégustés sans attendre.

POUR 8 PERS.

Lorraine

MADELEINES DE COMMERCY

Invention de Stanislas Leszczynski, de la cuisinière de Marie Leszczynska, d'Avice, cuisinier de Talleyrand ou d'une certaine Madeleine Paulmier, cuisinière de Mme Perrotin de Barmond ? Le mystère reste entier. Mais ce « petit coquillage de pâtisserie, si grassement sensuel sous son plissement sévère et dévot » (Marcel Proust) reste la spécialité incontestée de la petite ville de Commercy.

120 g de farine de blé blanche
150 g de sucre semoule
125 g de beurre
1/2 cuil. à café d'eau de fleur d'oranger
3 œufs
Pour les moules :
20 g de beurre

❧ Allumez le four, thermostat 5. Beurrez 24 à 28 moules à madeleines (selon leur taille). Faites fondre le beurre et laissez-le refroidir.

❧ Cassez les œufs dans un saladier et ajoutez le sucre. Fouettez jusqu'à ce que le mélange blanchisse. Ajoutez l'eau de fleur d'oranger et le beurre, et mélangez encore. Ajoutez la farine en la tamisant et en soulevant la pâte avec une spatule souple.

❧ Répartissez la pâte dans les moules, en ne les remplissant qu'aux trois quarts. Glissez au four et laissez cuire les madeleines environ 15 mn, jusqu'à ce qu'elles soient blondes et gonflées. Démoulez-les et laissez-les refroidir sur une grille avant de les déguster.

POUR 6 PERS.

Lorraine

MACARONS DE NANCY

L'origine des macarons remonte à la révolution. En 1792, les ordres monastiques furent dispersés. Des religieuses trouvèrent asile rue de la Hache à Nancy, dans une maison bourgeoise où, pour payer leur hébergement, elles confectionnaient de délicieuses friandises. Le succès de leurs macarons fut si grand qu'elles en firent commerce et furent appelées « sœurs macarons ».

2 blancs d'œufs
140 g de sucre semoule
140 g de poudre d'amandes
1 cuil. à soupe de sucre glace
Pour la cuisson :
1 cuil. à café d'huile d'arachide

❧ Mélangez le sucre semoule et la poudre d'amandes dans un saladier. Ajoutez les blancs et mélangez rapidement à la spatule, afin que tous les éléments soient bien amalgamés. Couvrez et laissez reposer au réfrigérateur, 2 h au moins, 8 h au plus.

❧ Au bout de ce temps, allumez le four, thermostat 4. Huilez très légèrement une plaque à pâtisserie et garnissez de papier sulfurisé. Huilez-le avec le reste d'huile. Séparez la pâte en 16 boules que vous roulez entre vos mains mouillées. Déposez-les sur le papier et aplatissez-les en petits disques d'1/2 cm d'épaisseur. Poudrez-les de sucre glace en le tamisant.

❧ Lorsque le four est chaud, glissez-y les macarons et laissez cuire 15 mn : les macarons doivent être blond pâle.

❧ Lorsque les macarons sont cuits, retirez-les du four et faites glisser le papier sur un torchon mouillé : les macarons se décolleront très facilement du papier une fois froids.

POUR 4 PERS.

MACARONS DE NANCY (à droite), NID D'ABEILLES (en bas, recette page 244) ET KOUGELHOPF (en haut, recette page 244), PHOTOGRAPHIÉS EN ALSACE.

Alsace

NID D'ABEILLES

Pour la pâte à pain :
250 g de farine
100 g de beurre mou
1 œuf
1 dl de lait tiède
1 sachet de levure lyophilisée
25 g de sucre
3 pincées de sel
Pour la garniture :
1/2 litre de lait
3 jaunes d'œufs
100 g de sucre semoule
50 g de farine
1 cuil. à soupe de kirsch
Pour la couverture :
70 g de beurre
80 g de sucre semoule
1 cuil. à soupe de miel
100 g d'amandes effilées
Pour le moule :
10 g de beurre

Préparez la pâte à pain selon la recette de la page 253 en incorporant le beurre et l'œuf en même temps que le lait. Laissez-la reposer 2 h, jusqu'à ce qu'elle ait doublé de volume.

Au bout de ce temps, beurrez un moule à tarte à bord haut en porcelaine à feu de 26 cm de diamètre. Tapotez la pâte pour lui redonner son volume initial puis mettez-la dans le moule et étalez-la avec la main.

Préparez la couverture : mettez le beurre et le miel dans une casserole et posez-la sur feu doux. Tournez avec une spatule jusqu'à ce que le mélange soit fondu puis ajoutez sucre et amandes. Mélangez. Répartissez ce mélange sur la pâte par petites cuillerées et mettez le moule dans un endroit tiède, 30 mn environ, jusqu'à ce que la pâte ait doublé de volume.

15 mn avant la cuisson, allumez le four, thermostat 6. Glissez-y le moule. Laissez cuire 25 mn. Si le gâteau a tendance à trop dorer, baissez le thermostat à 5 1/2.

Pendant ce temps, préparez la garniture : faites bouillir le lait dans une petite casserole. Mettez les jaunes d'œufs et le sucre dans une grande casserole et battez au fouet à main jusqu'à ce que le mélange blanchisse. Ajoutez la farine et mélangez encore. Délayez ce mélange avec le lait bouillant, sans cesser de fouetter. Posez la casserole sur feu modéré et laissez cuire la crème en ne cessant de fouetter, jusqu'à ce qu'elle épaississe. Laissez bouillir 1 mn puis retirez du feu et ajoutez le kirsch. Laissez refroidir en mélangeant souvent.

Lorsque le gâteau est cuit, retirez-le du four. Laissez-le refroidir 5 mn avant de le démouler. Pour ne pas abîmer sa couverture dorée, couvrez-le de papier sulfurisé, renversez-le sur un plat puis retournez-le sur la grille où il refroidira.

Lorsque le gâteau est froid, coupez-le en deux horizontalement, fourrez-le de crème et servez.

POUR 8 PERS. *Photo page 243*

Alsace

KOUGELHOPF

La légende veut qu'un certain Kügel, potier de son état, ait donné l'hospitalité aux Rois mages de retour de Bethléem et que, pour le remercier, ils aient confectionné un gâteau et son moule bien particulier : le kougelhopf. En réalité, on ne connaît pas la véritable histoire du kougelhopf, mais il semble que Marie-Antoinette ait apporté en France ce gâteau autrichien, devenu depuis l'une des fiertés de l'Alsace.

250 g de farine
1 sachet de levure lyophilisée de 8 g
125 g de beurre mou
60 g de sucre semoule
1 dl de lait
2 œufs
75 g de raisins de Malaga
2 cuil. à soupe de kirsch
4 pincées de sel
Pour le moule :
20 g de beurre
2 cuil. à soupe de farine
2 cuil. à soupe d'amandes effilées
Pour servir :
1 cuil. à soupe de sucre glace

Rincez les raisins sous l'eau tiède, égouttez-les et mettez-les dans un bol. Arrosez-les de kirsch.

Mettez un tiers du sucre semoule dans un verre de 2 dl. Ajoutez 4 cuillerées à soupe d'eau tiède et mélangez jusqu'à ce que le sucre soit dissous. Ajoutez la levure en pluie, mélangez et laissez gonfler la levure dans un endroit tiède pendant 10 mn, jusqu'à ce qu'elle atteigne les bords du verre.

Pendant ce temps, faites tiédir le lait dans une casserole. Travaillez le beurre à la spatule pour qu'il soit crémeux.

Tamisez la farine au-dessus d'un saladier. Faites un puits au centre et ajoutez les œufs, le sel, le reste de sucre, le lait et la levure. Mélangez avec une spatule et ajoutez le beurre. Mélangez encore puis travaillez la pâte avec la main en ajoutant les raisins, en la soulevant le plus haut possible et en la faisant retomber, pour l'aérer au maximum.

Beurrez un moule à kougelhopf et poudrez-le de farine. Retournez-le et secouez-le pour en éliminer l'excédent puis tapissez les cannelures d'amandes en appuyant. Versez la pâte dans le moule. Couvrez d'un torchon et laissez lever la pâte pendant 1 h, jusqu'à ce qu'elle atteigne le bord du moule.

Au bout de ce temps, allumez le four, thermostat 5. Lorsqu'il est chaud, glissez-y le moule et laissez cuire 40 mn. Retirez le moule du four et démoulez le gâteau sur une grille. Laissez-le refroidir puis mettez-le sur un plat de service. Saupoudrez de sucre glace et dégustez.

POUR 6 PERS.

Languedoc

CASTANHET

À l'origine, ce gâteau se dégustait à la fin de la récolte des châtaignes, dans les Cévennes et l'Ardèche, accompagné d'un verre de liqueur du pays.

1 kg de châtaignes fraîches
150 g de sucre semoule
50 g de beurre
2 œufs
1 sachet de sucre vanillé
Pour le moule :
10 g de beurre

Faites une entaille sur la face plate des châtaignes et plongez-les dans une casserole d'eau bouillante. Laissez-les cuire 30 mn puis égouttez-les et, encore chaudes, retirez l'écorce puis la peau brune qui recouvre le fruit.

Allumez le four, thermostat 6. Beurrez un moule à manqué de 24 cm de diamètre.

Passez les châtaignes au moulin à légumes grille fine et incorporez-y le beurre en remuant avec une spatule. Fouettez les œufs et le sucre dans un saladier jusqu'à ce que le mélange blanchisse. Incorporez-y la purée de châtaignes et glissez le moule au four. Laissez cuire le gâteau 30 mn.

🍂 Démoulez le gâteau sur un plat de service et saupoudrez-le de sucre vanillé. Laissez-le refroidir avant de le déguster.

POUR 6 PERS.

Limousin/Auvergne

GÂTEAU AU POTIRON

1 kg de pulpe de potiron
120 g de sucre semoule
50 g de farine de maïs
25 g de farine de blé blanche
3 œufs
2 cuil. à soupe de rhum ambré
Pour le moule :
10 g de beurre

🍂 Coupez la pulpe de potiron en cubes de 2 cm de côté et faites-la cuire 20 mn à la vapeur, jusqu'à ce qu'elle soit très tendre. Laissez-la s'égoutter dans une passoire puis passez-la au moulin à légumes grille fine ou au robot afin d'obtenir une fine purée.

🍂 Allumez le four, thermostat 6. Beurrez un moule à manqué de 24 cm de diamètre.

🍂 Cassez les œufs en séparant les blancs des jaunes ; réservez les blancs dans un premier saladier et les jaunes dans un second. Ajoutez le sucre aux jaunes et fouettez jusqu'à ce que le mélange blanchisse. Incorporez le rhum et la purée de potiron. Ajoutez les deux farines dans le saladier, en mélangeant avec une spatule.

🍂 Fouettez les blancs d'œufs en neige et incorporez-les à la préparation précédente, en soulevant le mélange et non en tournant. Versez la pâte dans le moule et glissez-le au four. Laissez cuire 40 mn.

🍂 Lorsque le gâteau est cuit, laissez-le tiédir 10 mn avant de le démouler. Laissez refroidir avant de servir.

POUR 6 PERS.

PETER JOHNSON

GÂTEAU AU POTIRON (en haut) ET CASTANHET (en bas).

GLACE PLOMBIÈRES

Lorraine

GLACE PLOMBIÈRES

En 1858, Napoléon III rencontre Cavour à Plombières-les-Bains. En l'honneur de cette visite, un traiteur local imagina cet entremets baptisé « plombières » ou « glace plombières ». Aujourd'hui on appelle aussi plombières une glace faite à partir de crème anglaise à l'amande additionnée de fruits confits macérés au kirsch.

200 g d'amandes mondées
1 cuil. à café d'extrait naturel d'amande amère
1,5 litre de crème liquide
1/4 de litre de lait
10 jaunes d'œufs
200 g de sucre
250 g de confiture d'abricots

🍂 Versez 1 litre de crème dans une casserole et portez à ébullition. Retirez du feu.

🍂 Mettez les amandes dans le bol d'un robot avec le lait. Mixez jusqu'à ce que les amandes soient pilées puis filtrez la préparation au-dessus de la casserole de crème.

🍂 Mettez les jaunes d'œufs dans une seconde casserole et ajoutez le sucre. Fouettez jusqu'à ce que le mélange blanchisse puis versez-y la crème à l'amande. Posez la casserole sur feu doux et laissez cuire la crème, en tournant sans cesse avec une spatule, jusqu'à ce qu'elle nappe la spatule. Retirez du feu, ajoutez l'extrait d'amande amère et laissez refroidir en remuant de temps en temps.

🍂 Lorsque la préparation est froide, fouettez le reste de crème jusqu'à ce qu'elle forme des pics entre les branches du fouet. Incorporez-la à la crème à l'amande et versez la préparation dans un moule rond ou carré. Mettez le moule au congélateur jusqu'à ce que la glace soit ferme.

🍂 Pendant ce temps, faites chauffer la confiture dans une petite casserole puis passez-la dans une passoire fine et laissez-la refroidir.

🍂 Au moment de servir la glace, démoulez-la sur un plat après avoir plongé le moule 20 secondes dans de l'eau chaude. Nappez-la de confiture et dégustez sans attendre.

POUR 8 PERS.

TARTE TATIN

Orléanais

TARTE TATIN

Au début du siècle, les sœurs Tatin tenaient un restaurant à Lamotte-Beuvron en Sologne ; elles créèrent cette tarte à la pâte croustillante et dorée sous des pommes fondantes et caramélisées. Cette tarte cuite à l'envers porte aussi le nom de « tarte renversée » ou « tarte à l'envers ».

250 g de pâte sucrée (p. 252)
1,5 kg de pommes : reine des reinettes ou golden
100 g de sucre semoule
100 g de beurre mou

Étalez les deux tiers des pommes dans un moule à manqué de 24 cm et parsemez des deux tiers du sucre. Coupez les pommes en deux, pelez-les et retirez le cœur. Rangez les demi-pommes debout dans le moule, bien serrées les unes contre les autres. Parsemez-les du reste de sucre et de beurre en noisettes.

Allumez le four, thermostat 7. Posez le moule sur un feu moyen et laissez cuire 20 mn, jusqu'à obtention d'un caramel blond au fond du plat. Faites glisser les demi-pommes à plat, la face coupée vers le haut. Glissez alors le moule au four et laissez cuire 5 mn, afin que les pommes cuisent sur le dessus. Retirez ensuite le plat du four.

Étalez la pâte au rouleau à pâtisserie, sur 3 mm d'épaisseur. en un disque de 26 cm de diamètre. Posez-le sur le moule et passez le rouleau afin d'éliminer la pâte qui dépasse à l'extérieur : la pâte s'affaisse sur les pommes, glissant le long du bord.

Remettez le moule au four et laissez cuire encore 20 mn, jusqu'à ce que la pâte soit bien dorée.

Lorsque la tarte est cuite, retournez-la sur un plat de service et dégustez aussitôt.

POUR 6 PERS.

Pays basque

CRÈME BRÛLÉE

2 œufs + 3 jaunes
3 dl de lait
1 dl de crème liquide
2 gousses de vanille
60 g de cassonade

Allumez le four, thermostat 2. Versez le lait dans une petite casserole, ajoutez les gousses de vanille fendues en deux, portez à ébullition.

Retirez du feu et laissez infuser 10 mn. Retirez ensuite les gousses de vanille et versez la crème dans la casserole. Portez à ébullition et retirez du feu.

Fouettez les œufs entiers et les jaunes dans une terrine. Ajoutez le sucre semoule, sans cesser de fouetter, jusqu'à ce que le mélange blanchisse. Versez le mélange lait-crème chaud, en fouettant sans cesse.

Filtrez la préparation au-dessus de quatre plats à œufs de 15 cm de diamètre.

Glissez au four et laissez cuire 30 mn. Éteignez alors le four et laissez-y reposer les crèmes 15 mn. Retirez-les alors du four et laissez-les refroidir. Réservez au réfrigérateur de 4 à 8 h.

Au bout de ce temps, retirez les crèmes du froid et allumez le grill du four. Parsemez la surface des crèmes de sucre et glissez-les au four, près de la source de chaleur, pendant 1 mn 30, afin qu'elles caramélisent. Retirez du four et laissez refroidir. Réservez les crèmes au réfrigérateur et laissez refroidir 1 h avant de servir.

POUR 4 PERS.

Ile-de-France

PARIS-BREST

En 1891, un pâtissier parisien qui voyait passer devant sa boutique la course cycliste Paris-Brest eut l'idée de créer ce gâteau en forme de cercle, imitant les roues des vélos.

400 g de pâte à choux
Pour la garniture :
3,5 dl de lait
3 jaunes d'œufs
50 g de farine
80 g de sucre semoule
1/2 gousse de vanille
100 g de praliné en poudre
80 g de beurre mou
Pour la couverture :
1 blanc d'œuf
50 g d'amandes effilées
2 cuil. à soupe de sucre glace
1 blanc d'œuf
Pour la cuisson :
1 cuil. à café d'huile d'arachide

Allumez le four, thermostat 7. Huilez légèrement une plaque antiadhésive. Posez au centre de la plaque une assiette de 20 cm de diamètre. Glissez la pâte à choux dans une poche à pâtisserie munie d'une douille lisse de 1,5 cm de diamètre et dressez un cercle de pâte autour de l'assiette en suivant le bord. Retirez l'assiette et dressez un second cercle de pâte à l'intérieur du premier. Dressez enfin un troisième cercle de pâte à cheval sur les deux premiers.

Battez légèrement le blanc d'œuf à la fourchette jusqu'à ce qu'il mousse puis badigeonnez-en au pinceau la surface de la pâte. Parsemez d'amandes effilées.

Glissez la plaque au four et laissez cuire 15 mn puis baissez le thermostat à 5 1/2 et laissez cuire encore 15 mn.

Pendant ce temps, préparez la garniture : faites bouillir le lait dans une petite casserole. Mettez les jaunes d'œufs, le sucre et la vanille dans une grande casserole, et battez au fouet à main jusqu'à ce que le mélange blanchisse. Ajoutez la farine et mélangez encore. Délayez ce mélange avec le lait bouillant, sans cesser de fouetter. Posez la casserole sur feu modéré et laissez cuire la crème en ne cessant de fouetter, jusqu'à ce qu'elle épaississe. Laissez bouillir 1 mn, retirez du feu et laissez refroidir en tournant de temps en temps. Incorporez alors le praliné puis le beurre, en battant 2 mn avec un fouet à main. Laissez refroidir puis mettez au réfrigérateur.

Lorsque le gâteau est cuit, éteignez le four, entrouvrez la porte et laissez-le reposer 10 mn dans le four éteint afin qu'il ne retombe pas à sa sortie du four. Ensuite, retirez-le du four, laissez-le refroidir puis coupez-le en deux horizontalement, aux deux tiers de sa hauteur : la partie inférieure — qui doit être fourrée — doit être plus haute.

Lorsque la garniture est froide, glissez-la dans une poche à pâtisserie munie d'une douille cannelée de 2 cm de diamètre. Fourrez le gâteau de crème en la laissant légèrement déborder puis couvrez-le de son dessus. Saupoudrez de sucre glace et réservez le gâteau au frais jusqu'au moment de servir.

POUR 6 PERS.   *Photos pages 222-223*

Alsace

BISCUIT AU RIESLING

1 dl de riesling
2 œufs
180 g de sucre semoule
200 g de farine
5 cuil. à soupe d'huile d'arachide
1 sachet de levure chimique
1 pincée de sel
Pour le moule :
1 noisette de beurre

Allumez le four, thermostat 6. Beurrez un moule à manqué de 22 cm de diamètre. Tamisez la farine, la levure et le sel.

Cassez les œufs dans une terrine et fouettez-les en y incorporant le sucre. Dès que le mélange blanchit, ajoutez l'huile et le vin, puis peu à peu, la farine tamisée.

Versez la pâte dans le moule et glissez-le au four. Laissez cuire 35 mn, jusqu'à ce que le biscuit soit doré et gonflé.

Laissez reposer le biscuit 10 mn avant de le démouler. Dégustez froid, tel quel ou accompagné d'une crème anglaise ou pâtissière.

POUR 6 PERS.

Provence

OREILLETTES

Oreillettes en Provence, bottereaux en Vendée, bugnes à Lyon, frivoles en Champagne, merveilles en Charentes, guenilles en Auvergne, craquelins en Savoie... Ces sortes de beignets se préparent dans toute la France, pour Mardi gras, à la mi-carême ou à la Noël, et à l'occasion des fêtes de famille.

300 g de farine de blé blanche
30 g de beurre mou
3 œufs
le zeste râpé d'une orange non traitée
le zeste râpé d'un citron non traité
1 cuil. à café d'eau de fleur d'oranger
3 pincées de sel
Pour la cuisson :
2 litres d'huile d'arachide
Pour servir :
sucre semoule

Tamisez la farine sur le plan de travail et faites un puits au centre. Ajoutez les œufs, le beurre, les zestes râpés, l'eau de fleur d'oranger et le sel. Mélangez du bout des doigts en partant du centre vers l'extérieur puis écrasez la pâte devant vous du plat de la main, jusqu'à ce qu'elle soit lisse, souple et se détache des doigts.

Roulez la pâte en boule, enfermez-la dans un film adhésif et laissez-la reposer 4 h au réfrigérateur.

Au bout de ce temps, retirez la pâte du froid et étalez-la le plus finement possible sur le plan de travail fariné, à l'aide d'un rouleau à pâtisserie. Coupez-la en rectangles de 8 cm de long et 4 cm de large.

Faites chauffer l'huile dans une grande bassine à friture et plongez-y les oreillettes : en quelques secondes, elles sont gonflées et dorées. Retournez-les avec une écumoire puis égouttez-les sur un papier absorbant.

Lorsque toutes les oreillettes sont cuites, dressez-les sur un plat, en dôme, en les poudrant de sucre entre chaque couche. Dégustez le jour même de la fabrication.

POUR 6 PERS.

Normandie

TERRINÉE

Dessert traditionnel normand, la terrinée porte aussi les noms de beurgoule ou teurgoule. Autrefois, elle cuisait toute la nuit dans le four du boulanger. On la sert souvent avec une tranche de fallue, sorte de brioche, ou des sablés normands.

125 g de riz grain rond, non traité
125 g de sucre semoule
2 litres de lait entier
4 pincées de cannelle en poudre

Allumez le four, thermostat 2. Versez le lait dans une casserole, portez-le à ébullition et laissez-le refroidir.

Mettez le riz, la cannelle et le sucre dans une cocotte de 4 litres allant au four. Mélangez et arrosez de lait refroidi. Mélangez encore.

Glissez la cocotte dans le four chaud et laissez cuire 6 h, à découvert, sans y toucher.

Lorsque la terrinée est cuite, retirez la cocotte du four : le riz est couvert d'une épaisse pellicule brune et brillante, au délicieux goût de caramel au lait. Servez la terrinée dans la cocotte de cuisson, chaude ou tiède.

POUR 6 PERS.

TERRINÉE

PETER JOHNSON

PAIN D'ÉPICE

Bourgogne

PAIN D'ÉPICE

Le pain d'épice, dont la base est un mélange de farines et de miel, additionné d'épices, se retrouve ici et là tout au long de l'histoire. En France, la recette la plus célèbre est aujourd'hui celle du pain d'épice de Dijon, dont le succès a supplanté celui de Reims. Ses origines remontent sans doute à 1452 : Philippe le Bon avait goûté en Flandres une galette au miel et aux épices ; il mit immédiatement à son service celui qui l'avait confectionnée et le ramena en France. Ainsi commença une ère de gloire pour Dijon avec ses trois fleurons gourmands : la moutarde, le cassis et le pain d'épice.

250 g de farine de blé blanche
50 g de farine de seigle
125 g de miel
125 g de sucre semoule
1 sachet de levure chimique
1 orange non traitée
1 cuil. à soupe de cannelle en poudre
1 cuil. à café d'anis vert en poudre
1/2 cuil. à café de gingembre en poudre
1 pincée de sel
Pour les moules :
20 g de beurre

Allumez le four, thermostat 5. Beurrez un moule à cake de 22 cm de long.
Versez 1,25 dl d'eau dans une casserole et ajoutez le sucre. Portez à ébullition, mélangez et laissez cuire 5 mn, sur feu doux. Retirez du feu, ajoutez le miel et mélangez encore.
Tamisez les deux farines et la levure au-dessus d'un grand saladier. Lavez l'orange, essuyez-la et râpez son zeste au-dessus du saladier. Ajoutez les épices et le sel, et mélangez. Creusez un puits au centre et versez le contenu de la casserole. Mélangez avec une spatule pendant 5 mn et versez la pâte dans le moule.

Glissez le moule au four et laissez cuire le pain d'épice 40 mn. Lorsqu'il est cuit, laissez-le tiédir 15 mn avant de le démouler et de le laisser refroidir sur une grille.
Le pain d'épice se conserve plusieurs semaines enfermé dans une boîte métallique hermétiquement close.

POUR 6 PERS.

Pays basque

GÂTEAU BASQUE

À Itxassou et à Sarre, le gâteau basque est fourré non pas de crème pâtissière, mais de confiture de cerises et de cerises noires au sirop.

Pour la pâte :
280 g de farine de blé blanche
170 g de sucre semoule
140 g de beurre
1 cuil. à café de levure chimique
1 cuil. à soupe de rhum ambré
4 pincées de vanille en poudre
2 pincées de sel
Pour la garniture :
1/4 de litre de lait
3 jaunes d'œufs
90 g de sucre semoule
30 g de farine
1 cuil. à soupe de rhum ambré
4 pincées de vanille en poudre
Pour dorer :
1 jaune d'œuf
1 cuil. à soupe de lait
Pour le moule :
10 g de beurre

Préparez la pâte : faites fondre le beurre à feu doux dans une petite casserole puis laissez-le refroidir. Cassez les œufs dans un saladier, ajoutez le sucre et la vanille et mélangez à la spatule. Ajoutez le beurre et le rhum, et mélangez encore. Versez la farine en la tamisant et incorporez-la à la préparation précédente en travaillant à la spatule, jusqu'à obtention d'une pâte souple. Mettez-la au réfrigérateur et laissez-la reposer 1 h.
Pendant ce temps, préparez la garniture : faites bouillir le lait dans une petite casserole. Mettez les jaunes d'œufs, le sucre et la vanille dans une grande casserole, et battez au fouet à main jusqu'à ce que le mélange blanchisse. Ajoutez la farine et mélangez encore. Délayez ce mélange avec le lait bouillant, sans cesser de fouetter. Posez la casserole sur feu modéré et laissez cuire la crème en ne cessant pas de fouetter, jusqu'à ce qu'elle épaississe. Laissez bouillir 1 mn puis retirez du feu et ajoutez le rhum. Laissez refroidir en mélangeant souvent.
Allumez le four, thermostat 6. Beurrez un moule à manqué de 26 cm de diamètre. Divisez la pâte en deux parties, l'une un peu plus grosse que l'autre. Étalez la plus grosse moitié de la pâte au rouleau à pâtisserie en un disque de 26 cm de diamètre et 1 cm d'épaisseur. Garnissez-en le moule, délicatement et plaquez-la contre le bord. Versez la crème sur la pâte et rabattez le bord de la pâte sur la crème sans appuyer. Mouillez ce bord avec un pinceau trempé dans de l'eau froide. Étalez le reste de pâte en un disque de 24 cm et couvrez-en le gâteau, en faisant glisser le bord à l'intérieur du moule.
Fouettez le jaune d'œuf avec le lait et badigeonnez de ce mélange toute la surface du gâteau, au pinceau. Glissez le gâteau au four et laissez cuire 40 mn.
Retirez le gâteau du four et laissez-le refroidir avant de le démouler. Dégustez-le froid, après quelques heures de repos.

POUR 8 PERS.

GÂTEAU BASQUE

Île-de-France

CRÊPES SUZETTE

Inventées en 1896 au « Café de Paris » pour le prince de Galles — accompagné d'une certaine Suzette — ou en 1898 au restaurant « Maire » ? Le mystère demeure. Quant à leur garniture, certains affirment qu'elle doit absolument comporter des mandarines, et d'autres des oranges.

Pour la pâte :
125 g de farine de blé blanche
1/2 litre de lait
2 œufs
1 cuil. à soupe d'huile d'arachide
1 cuil. à soupe de sucre semoule
1 sachet de sucre vanillé
4 pincées de sel
Pour la garniture :
100 g de beurre mou
100 g de sucre semoule
2 mandarines non traitées
1 dl de curaçao
3 cuil. à soupe de cognac
Pour la cuisson :
20 g de beurre

Préparez la pâte : mettez la farine dans le bol d'un robot. Ajoutez les œufs, les deux sucres, le sel et l'huile. Mixez jusqu'à obtention d'une pâte lisse. Filtrez-la au-dessus d'un saladier et laissez-la reposer 1 h.

Au bout de ce temps, faites cuire les crêpes : faites fondre le beurre dans une poêle antiadhésive de 20 cm de diamètre puis versez-le dans un bol. Versez la pâte dans l'ustensile avec une petite louche et aidez-la à s'étaler en soulevant la poêle et en la faisant basculer de tous côtés. Après 40 secondes de cuisson, retournez la crêpe avec une spatule et laissez-la cuire de l'autre côté encore 30 secondes environ.

10 mn avant de servir, rincez les mandarines et épongez-les. Râpez finement leur zeste au-dessus de la poêle de cuisson des crêpes. Coupez les fruits en deux, pressez-les et versez leur jus dans la poêle. Ajoutez le beurre, le sucre, 1 cuillerée à soupe de cognac et 3 de curaçao. Laissez bouillir 1 mn, jusqu'à obtention d'un sirop épais.

Passez les crêpes une par une dans la poêle puis pliez-les en quatre et posez-les sur un grand plat tenu au chaud. Nappez-les du sirop resté dans la poêle.

Faites chauffer le cognac et le curaçao restants dans une petite casserole. Portez les crêpes très chaudes à table et le mélange d'alcool bouillant. Versez-le sur les crêpes et enflammez-le. Servez dès que la flamme s'est éteinte.

POUR 6 PERS.   *Photos pages 222-223*

Savoie

BISCUIT DE SAVOIE

100 g de farine de blé blanche
100 g de fécule de pomme de terre
250 g de sucre semoule
7 œufs
1 cuil. à café de vanille en poudre
Pour le moule :
10 g de beurre
20 g de fécule
Pour servir :
1 cuil. à soupe de sucre glace

Allumez le four, thermostat 4. Beurrez un moule à manqué de 24 cm, poudrez-le de fécule et faites-le tourner entre vos mains afin qu'elle se répartisse à l'intérieur du moule. Retournez-le ensuite pour en éliminer l'excédent.

Cassez les œufs en séparant les blancs des jaunes. Réservez les blancs dans un premier saladier et les jaunes dans un second. Ajoutez le sucre aux jaunes et fouettez longuement au batteur électrique jusqu'à ce que le mélange blanchisse et triple de volume. Incorporez alors la fécule, la farine en la tamisant et la vanille, avec une spatule souple. Battez les blancs en neige ferme et incorporez-les rapidement à la préparation précédente, en la soulevant avec la spatule.

Versez la pâte dans le moule et glissez-le au four. Laissez cuire 50 mn.

Au bout de ce temps, vérifiez la cuisson du gâteau en enfonçant un couteau en son centre : la lame doit ressortir sèche ; si ce n'est pas le cas, poursuivez la cuisson quelques minutes.

Lorsque le gâteau est cuit, éteignez le four et laissez-y reposer le gâteau 10 mn, en ouvrant la porte. Ensuite démoulez-le sur une grille et laissez-le refroidir. Saupoudrez-le de sucre glace et servez.

Vous pouvez remplacer la vanille par le zeste finement râpé d'un citron non traité. Ce gâteau se déguste tel quel, ou fourré de mousse au chocolat, de confiture, de crème pâtissière... ou accompagné de crème anglaise. Il peut servir de base à toutes sortes de charlottes.

POUR 6 PERS.

Savoie/Dauphiné

GRENOBLOIS

250 g de cerneaux de noix
200 g de sucre semoule
300 g de beurre
100 g de chapelure
6 œufs
3 cuil. à soupe de rhum ambré
1 cuil. à café d'extrait naturel de café
Pour le moule :
10 g de beurre
Pour servir :
100 g de sucre semoule
1/2 cuil. à café de jus de citron
cerneaux de noix

Allumez le four, thermostat 6. Beurrez un moule à manqué de 24 cm. Faites fondre le beurre dans une petite casserole puis laissez-le refroidir. Râpez finement les noix au robot.

Cassez les œufs en séparant les blancs des jaunes. Réservez les blancs dans un premier saladier et les jaunes dans un second. Ajoutez 150 g de sucre aux jaunes et fouettez jusqu'à ce que le mélange blanchisse et double de volume, pendant 10 mn environ. Ajoutez le beurre, le rhum et l'extrait de café. Mélangez bien avant d'incorporer la chapelure et les noix.

Battez les blancs d'œufs en neige et incorporez-y le reste de sucre, sans cesser de fouetter, jusqu'à ce qu'ils soient lisses et brillants. Incorporez les blancs à la préparation précédente, en soulevant le mélange avec une spatule souple. Versez la pâte dans le moule et glissez-le au four. Laissez cuire 35 mn, jusqu'à ce que le gâteau soit doré.

Préparez le caramel : mettez le sucre dans une casserole et ajoutez 1 dl d'eau et le jus de citron. Portez à ébullition et laissez cuire jusqu'à obtention d'un caramel ambré.

Lorsque le gâteau est cuit, retirez-le du four et retournez-le sur un plat de service. Arrosez le gâteau de caramel, décorez-le de cerneaux de noix et laissez-le refroidir avant de le déguster.

POUR 8 PERS.

GÂTEAU DE SAVOIE (en haut) ET GRENOBLOIS (en bas).
PETER JOHNSON

SIX RECETTES DE BASE

PÂTE BRISÉE

150 g de farine de blé blanche
100 g de beurre mou
1 cuil. 1/2 à soupe d'eau
1/2 cuil. à café de sel

Préparez cette pâte de préférence la veille afin qu'elle perde toute élasticité et s'étale très facilement.

Mettez la farine, le beurre, le sel et l'eau dans le bol d'un robot. Mixez 30 secondes, le temps que la pâte forme une boule.

Glissez cette boule de pâte sans la travailler dans une poche en plastique et mettez-la au réfrigérateur. Retirez la pâte du réfrigérateur et laissez-la reposer à température ambiante 1 h avant de l'étaler sur le plan de travail légèrement fariné. Une fois le moule garni de pâte, mettez-le 1 h au réfrigérateur ; cette opération n'est pas obligatoire, mais la cuisson de la pâte se fait alors plus harmonieusement.

Pour environ 250 g de pâte

PÂTE SUCRÉE

250 g de farine de blé blanche
125 g de beurre mou
100 g de sucre semoule
1 œuf
2 pincées de sel

Mettez le beurre dans une terrine, ajoutez le sucre et mélangez en tournant avec une spatule jusqu'à ce que la préparation blanchisse. Ajoutez l'œuf et tournez 30 secondes. Ajoutez la farine et le sel. Continuez de tourner à la spatule jusqu'à ce que la pâte soit homogène.

Posez la pâte sur le plan de travail et travaillez-la à la main : écrasez-la sous la paume de la main, puis roulez-la en boule et écrasez-la à nouveau, jusqu'à ce qu'elle soit lisse et élastique. Ce travail dure 5 mn environ.

Mettez la boule de pâte dans une poche en plastique et laissez-la reposer au réfrigérateur pendant 2 h au moins ou beaucoup plus longtemps. Retirez-la du réfrigérateur 1 h avant de l'utiliser. S'il vous reste de la pâte, vous pouvez soit la conserver quatre jours au réfrigérateur, soit la congeler.

Cette pâte peut cuire avec sa garniture sans se détremper grâce à la présence de l'œuf qui la rend imperméable. Elle peut aussi cuire seule (à blanc) — dans des petits ou des grands moules, tapissés de papier sulfurisé et remplis de noyaux d'abricots, légumes secs ou petites billes spéciales de porcelaine ou de métal — à demi ou complètement ; dans le premier cas, elle cuira à nouveau avec sa garniture ; dans le second cas elle sera garnie de mousses, crèmes, fruits, gelées...

Pour environ 500 g de pâte

PÂTE FEUILLETÉE

500 g de farine de blé blanche
500 g de beurre
1/4 de litre d'eau
1 cuil. à café de sel

Sortez le beurre du réfrigérateur 1 h avant de préparer la pâte. Mettez-le dans un grand saladier et travaillez-le avec une spatule afin qu'il soit lisse et moelleux.

Tamisez la farine au-dessus du plan de travail. Creusez un puits au centre et ajoutez-y le sel et les 3/4 de l'eau. Travaillez la farine d'une main, du bout des doigts, en la faisant glisser du bord vers le centre avec l'autre main. Ajoutez peu à peu le reste de l'eau — la quantité d'eau est extrêmement variable, selon la qualité de la farine et sa capacité d'absorption — sans cesser de travailler, jusqu'à obtention d'une pâte de la consistance du beurre déjà préparé. La pâte obtenue est appelée « détrempe ». Roulez-la en boule et laissez-la reposer 15 mn.

Au bout de ce temps, étalez la détrempe sur le plan de travail fariné, au rouleau à pâtisserie, en un disque de 2 cm d'épaisseur et 15 cm de diamètre. Déposez le beurre au centre du disque, sur 2 cm d'épaisseur, avec vos doigts humidifiés. Repliez les bords de la pâte sur le beurre, en les faisant se chevaucher sur 2 cm. Vous obtenez une sorte d'enveloppe où le beurre est enfermé : le « pâton ».

Poudrez de farine le pâton et le rouleau à pâtisserie et étalez le pâton en formant un rectangle de 30×10 cm : appuyez délicatement le rouleau au centre du pâton, afin que la pâte glisse sans coller et que le beurre ne s'échappe pas.

Commencez alors l'opération dite de « tourage ». Prenez le bord inférieur de la pâte et portez-le à 10 cm du bord opposé. Appuyez légèrement avec le rouleau sur ce pli. Repliez dessus le troisième tiers de la pâte et appuyez de la même façon : la pâte vient d'avoir son premier tour. Les tours se donnent deux par deux, mais il faut toujours faire pivoter le pâton d'un quart de tour dans le sens des aiguilles d'une montre. Les pliures ne sont alors plus en haut et en bas, mais à gauche et à droite. Aplatissez à nouveau le pâton et repliez-le en trois, comme la première fois : vous venez de lui donner un nouveau tour. Avec le pouce et l'index, faites deux petites marques au centre du rectangle, face à vous, pour indiquer que la pâte a eu deux tours. Couvrez-la d'un torchon et mettez-la au réfrigérateur. Laissez-la reposer 20 mn.

Au bout de ce temps, donnez deux tours à la pâte, comme précédemment, et imprimez quatre petites marques avec vos doigts afin d'indiquer que la pâte a eu quatre tours.

La pâte feuilletée classique a six tours, et il est préférable de lui donner les deux derniers au moment de l'utilisation. La pâte à quatre tours doit reposer 20 mn, mais elle peut attendre jusqu'à 48 h au réfrigérateur avant d'être utilisée.

Lorsque la pâte a eu ses six tours, aplatissez-la au rouleau à pâtisserie et découpez-la selon vos besoins. Pour que le feuilletage gonfle bien à la cuisson, il faut couper la pâte en tenant le couteau à la verticale pour ne pas briser les « feuilles » de pâte. La pâte cuit toujours sur une plaque humidifiée et non beurrée.

Pour environ 1,2 kg de pâte

PÂTE À PAIN

500 g de farine de blé blanche
1/4 de litre d'eau tiède
1 sachet de levure lyophilisée de 8 g
1 cuil. à café de sucre semoule
1 cuil. 1/2 à café de sel

❧ Mettez le sucre dans un verre de 2 dl de contenance. Ajoutez 1 dl d'eau tiède et mélangez jusqu'à ce que le sucre soit dissous. Ajoutez la levure en pluie, mélangez et laissez gonfler la levure dans un endroit tiède, pendant 10 mn environ, jusqu'à ce qu'elle atteigne les bords du verre.

❧ Au bout de ce temps, tamisez la farine sur le plan de travail et saupoudrez-la de sel. Mélangez et faites un puits au centre. Versez-y le reste d'eau et le contenu du verre.

❧ Du bout des doigts et en un mouvement rapide du centre vers l'extérieur, mélangez tous les éléments puis roulez la pâte en boule. Travaillez-la de la façon suivante : écrasez-la en la poussant loin devant vous, pliez-la en deux, faites-lui faire un quart de tour sur elle-même dans le sens inverse des aiguilles d'une montre et recommencez l'opération. Travaillez ainsi la pâte pendant 10 mn, jusqu'à ce qu'elle se détache des doigts.

❧ Mettez alors la pâte dans un saladier fariné et couvrez-la d'un torchon. Laissez-la gonfler dans un endroit tiède, à l'abri des courants d'air : elle doit doubler de volume en 1 h 30 environ.

❧ Au bout de ce temps, écrasez la pâte d'un coup sec du plat de la main et travaillez-la comme la première fois, pendant 3 mn environ. La pâte est alors prête à l'emploi : vous pouvez en faire un ou plusieurs pains, mais aussi l'utiliser comme base de tartes ou de gâteaux.

❧ Cette recette est la plus simple ; mais elle peut être préparée avec des farines mélangées, enrichie d'œufs, d'huile ou de beurre, parfumée d'épices ou d'aromates...

Pour environ 750 g de pâte

PÂTE À CHOUX

150 g de farine de blé blanche
100 g de beurre
5 œufs
1/4 de litre d'eau
2 cuil. à café de sucre
1 cuil. à café de sel

❧ Tamisez la farine au-dessus d'un saladier.

❧ Mettez l'eau, le sel, le sucre et le beurre dans une casserole. Posez-la sur feu doux et, dès le premier bouillon, retirez-la du feu. Incorporez la farine en pluie, en tournant rapidement avec une spatule.

❧ Remettez la casserole sur feu doux et tournez pendant encore 1 mn, afin que la pâte se dessèche. Retirez du feu et incorporez les œufs un à un : chaque œuf doit être parfaitement incorporé avant d'en ajouter un autre. Une fois le dernier œuf incorporé, la pâte ne doit plus être travaillée : cette précaution vous permettra d'obtenir des choux lisses et unis.

❧ Une fois la pâte prête, vous pouvez l'utiliser tout de suite en la glissant dans une poche à douille. Vous pouvez aussi la conserver plusieurs jours au réfrigérateur, dans une poche en plastique.

❧ La cuisson de la pâte à choux se fait dans un four chaud, pendant 15 mn, puis dans un four plus doux. Une fois cuits, les choux doivent reposer 5 mn dans le four éteint, porte entrouverte, afin que le brusque passage du chaud au froid ne les fasse pas retomber.

Pour environ 800 g de pâte

BOUILLON DE VOLAILLE

2 kg de carcasses et d'abattis de volaille
1 carotte de 100 g
1 feuille de poireau
1 oignon de 50 g
1 côte de céleri
1 clou de girofle
1 feuille de laurier
1 brin de thym sec
12 grains de poivre noir
1/2 cuil. à café de gros sel de mer

❧ Rincez carcasses et abattis. Pelez la carotte et lavez-la avec la côte de céleri et la feuille de poireau. Pelez l'oignon et piquez-le du clou de girofle.

❧ Mettez carcasses et abattis dans une grande marmite. Versez 3 litres d'eau froide et posez la marmite sur feu doux. Portez à ébullition et écumez la première mousse brune. Ajoutez les légumes, le thym, le laurier, le sel et le poivre. Laissez cuire 2 h à petits frémissements, marmite à demi couverte, quasiment sans surveillance.

❧ Au bout de 2 h de cuisson, filtrez le bouillon réduit : il vous reste environ 1,2 litre de très bon bouillon parfumé, fin et délicat.

❧ Ce bouillon entre dans la préparation de nombreux plats. Vous pouvez le conserver au congélateur, dans plusieurs petits récipients.

Pour environ 1,2 litre de bouillon

INDEX

REMERCIEMENTS

Les éditeurs désirent remercier les personnes et les organismes suivants pour leur aide au cours de la réalisation de ce livre : Appley Hoare Antiques, à Mosman, Corso de'Fiori, Chatswood, Villeroy et Boch, Hale Imports, The Chef's Warehouse, John Normyle de Paddington, Sentimental Journey, Mosman Portobello, pour les objets figurant sur les photographies ; Inger Marchant, Maureen Simpson, David Furley et Linda Byak qui ont aimablement prêté des objets personnels pour les photographies ; Jackie Wisbey, Elizabeth McLeod et Michelle Gorry qui ont collaboré à la photographie et au stylisme ; Penny Pilmer, Dorren Grézoux, Laurine Croasdale, Rosemary Wilkinson, Shelley Bright, Helen Cooney, Annette Crueger et Tristan Phillips pour leur aide éditoriale et administrative.